Sergio Rodríguez

GITANIDAD

Otra manera de ver el mundo

Prólogo de Norbert Bilbeny

© 2010 by Sergio Rodríguez
© de la edición en castellano:
2011 by Editorial Kairós, S.A.

Editorial Kairós, S.A.
Numancia 117-121, 08029 Barcelona, España
www.editorialkairos.com

Nirvana Libros S.A. de C.V.
3ª Cerrada de Minas 501-8, CP 01280 México, D.F.
www.nirvanalibros.com.mx

Primera edición: Abril 2011

ISBN: 978-84-7245-897-0
Depósito legal: B-5.110/2011

Fotocomposición: Grafime. Mallorca 1. 08014 Barcelona
Tipografía: Times, cuerpo 11, interlineado 12,8
Impresión y encuadernación: Romanyà-Valls. Verdaguer, 1. 08786 Capellades

Este libro ha sido impreso con papel certificado FSC, proviene de fuentes respetuosas con la sociedad y el medio ambiente, y cuenta con los requisitos necesarios para ser considerado un "libro amigo de los bosques".

Hemos intentado contactar con todos los propietarios de los derechos de autor
de las imágenes. Lamentamos cualquier omisión o error, y nos comprometemos a rectificar
los que nos señalen tan pronto como sea posible.

Todos los derechos reservados.
Cualquier forma de reproducción, distribución, comunicación pública
o transformación de esta obra sólo puede ser realizada con la autorización
de sus titulares, salvo excepción prevista por la ley.
Diríjase a CEDRO (Centro Español de Derechos Reprográficos, www.cedro.org)
si necesita algún fragmento de esta obra.

Para mi hijo Yago

*Para la familia Reyes,
gitanos astigitanos*

SUMARIO

Prólogo 11
Presentación 15

Parte I. INTRODUCCIÓN
Cómo he llegado hasta aquí
  1. La reflexión científica sobre los gitanos 21
  2. Un problema científico 26
  3. Una nueva hipótesis de trabajo 29
  4. Una nueva perspectiva metodológica 31

Parte II. LA REALIDAD GITANA
El horizonte existencial de los gitanos
  5. Perspectiva biológica 47
  6. Perspectiva histórica 55
  7. Perspectiva cultural 70
  8. Perspectiva social 77

Parte III. EPISTEMOLOGÍA GITANA
Ver el mundo a la manera gitana
  9. Definición y clasificaciones
     de la epistemología 87
  10. Origen y fundamentación del conocimiento
      entre los gitanos 92
  11. Procesos epistemológicos y operaciones
      lógicas de los gitanos 109
  12. El sentido de la filosofía del lenguaje 135

13. Historia de la lengua gitana 139
14. Características de la lengua gitana 144
15. La representación gitana de la realidad 159
16. La dimensión social del lenguaje
    entre los gitanos 177

Parte IV. ANTROPOLOGÍA GITANA
Ser persona, en clave gitana
17. Definición y clasificaciones
    de la antropología 187
18. El modelo gitano de persona 190
19. El condicionante de la comunidad 212
20. El condicionante de la historia 222

Parte V. ÉTICA GITANA
Comportarse a la manera gitana
21. Definición y clasificaciones de la ética 233
22. La concepción gitana de acto libre 238
23. Valores y contravalores gitanos 247
24. Las normas morales gitanas 257
25. La educación moral entre los gitanos 265

Parte VI. ESTÉTICA GITANA
Sentir a la manera gitana
26. Definición y clasificaciones de la estética . . . 275
27. Estatuto del arte entre los gitanos 281
28. La obra de arte como fenómeno estético 289
29. Funciones estéticas de la experiencia
    artística 305

Parte VII. METAFÍSICA GITANA
La trascendencia en la vida gitana
  30. Definición y clasificaciones de la filosofía
     de la religión 313
  31. Importancia de la religión en el pueblo
     gitano 321
  32. Estatuto ontológico de la verdad revelada
     entre los gitanos. 325
  33. Procesos epistemológicos en las creencias
     religiosas de los gitanos. 333
  34. La dimensión religiosa de la existencia
     en la comunidad gitana 344

Parte VIII. CONCLUSIONES
Destilando la esencia de la gitanidad
  35. Primera hipótesis 359
  36. Segunda hipótesis. 362
  37. Tercera hipótesis 364
  38. La identidad gitana 367
  39. A modo de epílogo 376

Bibliografía
  Fuentes orales. 381
  Fuentes escritas 383
  Otras fuentes (audiovisuales y sonoras). 405

Anexo 407
Índice onomástico 425
Agradecimientos. 439

PRÓLOGO

No sé muy bien por qué dice el autor, en la Presentación, que el *stablishment* arremeterá contra su libro. Cree que, al ir más allá de las perspectivas académicas al uso, así sucederá.

Pero yo lo veo de distinta manera. Académico es todo libro o escrito que reúne los requisitos de constituir una aportación al conocimiento, sobre la base de un buen fundamento y la exigencia de rigor expositivo. Que el libro de Sergio Rodríguez es claro y posee un apoyo firme es indiscutible. Que aporta conocimiento no lo es menos. Es, pues, un libro académico, pero no academicista. Posee un estilo propio, preocupado por ir a la raíz de las cosas, y por narrar los resultados de este viaje de la inteligencia y la sensibilidad de una forma transparente y, a su pesar, quizás, persuasiva.

Por todo ello, a pesar de la estructura formal del texto y de sus innumerables citas, la presente obra consigue adentrarnos en el tema de estudio, la *gitanidad*, con la inmediatez y familiaridad que las obras academicistas no transmiten y la solidez metódica que la obras de puro ensayo polémico tampoco consiguen. De modo que los académicos aprendemos de este libro y el lector en general, también. Ambos encontramos en él las *claves* de la cultura gitana. No es un retrato, y menos la apología de sus usos y costumbres. Es una propuesta para entender paso a paso la *gitanidad* como cultura en el sentido más amplio y principal: como *parte del mundo*, no solo mirándose a sí misma, y como *visión del mundo*, "cosmovisión", sin fijarse solo en alguna de sus perspectivas.

Pues lo más fácil, incluso desde el estudio académico, es incurrir en el tópico de lo gitano como un conjunto de rasgos étnicos autosuficientes y cerrados a la comparación en clave universal con otras culturas. Pero Sergio Rodríguez nos recuerda a lo largo de su trabajo que la cultura gitana está abierta al mundo y es evolutiva. Las claves que el autor nos suministra así lo recogen y a la vez, a su modo, lo fomentan. No es un "gitanista", pero alienta, desde el conocimiento, a la comprensión de esta cultura, que es el mejor homenaje que se puede hacer a cualquier cultura. Él mismo nos dice que no «analiza», sino que «interpreta». Porque lo importante, añade, es captar lo «esencial». Es decir, que trata, y en gran medida lo consigue, de *comprender* eso que él llama la *gitanidad*.

Entonces, ¿qué mejor que al hablar o tratar de acercarnos a una cultura, como a un grupo de gente, pequeño o grande, hacer el esfuerzo de *comprenderlos*? Describir no basta, ni, en el otro extremo, destacar ideas. Entender no es comprender, aún, aunque es el primer gran paso para hacerlo. Comprender es, a la postre, lo que hace no sólo saber de algo o alguien, sino pasar a tenerlo en consideración; y si se trata de seres humanos, muy en especial, pasar a su *respeto* y *reconocimiento*. Este libro, pues, nos pone en la buena senda hacia el conocimiento más apropiado de la *romipēn*, comprendiéndola en y por sus claves principales –del arte a la religión, de la demografía a la metafísica, ¡ahí es nada!–, sin limitarse a los datos descriptivos ni a la enunciación de ideas generales. Puede un especialista, incluso un "gitanólogo", ser magistral en este menester, el de la "explicación" de una cultura, y sin embargo destilar una actitud nada favorable a ella, o en la práctica este mismo analista ser beligerante con ella. El racismo y la xenofobia modernos cuentan con no pocos intelectuales y científicos que parecen conocer bien y respetar –en teoría– los grupos sociales o las comunidades culturales que estudian, pero que a la vez rechazan. La ciencia no basta para no discriminar; se necesita la sabiduría, *comprender* lo que se estudia.

Además de por dicha voluntad de comprensión, este libro tiene el mérito de propiciar el acercamiento entre la visión gitana y la del resto de culturas. Rodríguez se percata y da cuenta de la necesidad actual de convivir en sociedades irreversiblemente plurales y con instituciones pluralistas. La convivencia intercultural representa un cierto grado de pérdida o aculturación para todos. Es inevitable. Pero a la vez, y sobre todo, representa la obtención de una nueva cultura común, que coexiste con las particulares: la cultura de los derechos humanos, el respeto a la ley, la participación ciudadana, la solidaridad económica, el civismo, las expectativas de promoción personal, el respeto a la diversidad, la enriquecedora experiencia del intercambio cultural.

Ningún grupo o comunidad puede ni debe sustraerse a estas responsabilidades compartidas que van creando entre todos una nueva cultura cívica común. Por suerte, pues, el presente libro no es "monoculturalista", ni de lo gitano ni de lo no gitano, sin caer tampoco en el multiculturalismo diferencialista, aquel que subraya lo diferente antes que lo común a todas las culturas. ¿No son los gitanos mismos quienes se quieren a sí mismos como los *humanos*?

NORBERT BILBENY
Catedrático de Ética
Universidad de Barcelona

PRESENTACIÓN

¿Ha tenido alguna vez una intuición? ¿Cómo decirlo… un presagio, una corazonada? Eso es lo que me sucedió hace algunos años, en un momento que no sabría precisar, tras miles de horas inmerso en el mundo gitano. Reparé en la enorme afinidad que había entre los gitanos y los indios. Fue como si un velo se destapara. Comprendí plenamente que la interpelación de una mirada, el tañido de una fragua, el desgarro de una voz, el estrépito de una trompeta, el misterio de una cítara, la fuerza de un abrazo… no eran sino expresiones de un mismo espíritu oriental que lleva más de cinco siglos entre nosotros.

Poco a poco, con esa nueva perspectiva, volví sobre mis pasos. Releí todo lo que tenía al alcance de temática gitana, que era mucho. Y todo lo que había caído en mis manos sobre el mundo oriental, que también era considerable. Mis libros empezaron a llenarse con extrañas marcas en algunos párrafos. La letra "G" aparecía por doquier, como misteriosas referencias que apuntaban a algo ausente y presente al mismo tiempo en el texto. Sí, indicaba que tenía que ver con los gitanos. Poco a poco lo vi claro: los gitanos eran una porción de Oriente en Occidente. ¿Soportarían esas intuiciones el contraste con la propia realidad? Así fue: mi intuición se confirmó, porque las notas tomadas tras algunas vivencias eran ondas que transmitían una misma resonancia que ha perdurado a través de los tiempos. Era, en síntesis, el alma gitana. Sí, me refiero a los gitanos: esa cultura que tenemos tan cerca y, a la vez, tan lejos de nosotros.

La sinceridad es uno de los principales valores que he aprendido de los gitanos. Así que, verdad en mano, debo decir que este no es un libro sobre gitanos "al uso". Quien lo haya adquirido pensando que en él va a encontrar una descripción detallada del mundo gitano, se ha equivocado en su compra (pregunte al librero si aún está a tiempo de cambiarlo). No es un manual de *gitanología*, en el que se analiza hasta el más nimio de los detalles del comportamiento gitano, a la manera de un catálogo de *usos y costumbres*. Es un libro sobre *gitanería*, en su acepción positiva y genuina. O, formulado académicamente, es un ensayo sobre *romipēn*, es decir, la esencia de la *gitanidad*, a la manera de los tratados medievales sobre *seres y estares*. No se *describe*, sino que se *explica*, y no se *analiza*, sino que se *interpreta*. No ha sido mi intención ser *exhaustivo* sino *esencial*. Su objetivo es entender a los gitanos: su manera de pensar, de sentir, de comportarse, de expresarse, de trascenderse... y, sin la referencia a Oriente, eso resulta imposible.

En aras de esa sinceridad, también debo decir que esta obra se basa en la tesis doctoral en Filosofía que, bajo el título *Romipén: aproximación a la identidad de las personas de cultura gitana*, expuse y defendí en el año 2009 en la Universidad Ramón Llull de Barcelona, donde obtuvo la calificación de sobresaliente *cum laude* y la propuesta al Premio Extraordinario de Doctorado. En ella quería dar respuesta a la cuestión central de la realidad gitana («¿Qué significa ser gitano?»), que permanecía aún sin respuesta tras casi dos siglos de producción científica sobre esta materia. Entre otros motivos, por no haber sido abordada. Y pretendía hacerlo superando los paradigmas académicos, basados en el idealismo y el estructuralismo, que han dominado esa misma producción (básicamente, la antropología social y cultural) desde mediados del siglo XX. De ahí que –de nuevo, la sinceridad–, sea una obra polémica, como fue una tesis polémica: no por la voluntad de provocar, sino por la reacción del *stablishment*, acomodado académica y económicamente en este tipo de reflexiones desde hace más de 40 años.

De ahí que haya sido necesario un trabajo de adaptación, a fin de transformar la tesis en un ensayo. Para ello, he optado por suprimir las cuestiones formales de tipo académico y dejar sólo las citas imprescindibles. También he reordenado y renombrado algunos epígrafes. Ha quedado intacto, sin embargo, el aparato demostrativo que acreditaba las afirmaciones fundamentales en el texto original. Gracias a ellas, la obra trasciende el propio género del ensayo, porque no apunta *ideas* ni *impresiones*, sino que formula *teorías* apoyadas en *demostraciones*. Partiendo de la propia realidad gitana, abstraída de sus coordenadas espacio-temporales, interpreta las actitudes profundas que subyacen bajo la mentalidad gitana, de forma más o menos consciente, hasta singularizar la "esencia gitana" presente en todos los gitanos y gitanas del mundo, pese a su diversidad. Esta común matriz identitaria es lo que denominamos *romipēn*, un estado del ser –de origen claramente oriental– que impregna todas las dimensiones de la existencia gitana y que convierte a los gitanos en una porción de Oriente en Occidente. Le invito a adentrarse en la cultura gitana sin prejuicios, positivos o negativos, y, por qué no, a adoptar algunos de los elementos que conforman la identidad gitana: a ser, en definitiva, un poco más gitanos.

El Autor
Poblet, 2009-11

PARTE I. INTRODUCCIÓN
Cómo he llegado hasta aquí

1. LA REFLEXIÓN CIENTÍFICA SOBRE LOS GITANOS[1]

Pese a su aparente novedad, la reflexión de temática gitana es muy antigua. Se atribuye al lingüista Muhammad Ibn Menzur al-Misri ser uno de los primeros autores en citar a los gitanos, ni que sea indirectamente. En su obra *Lisan al-Arab*, escrita en el siglo XIV, explicaba que el sah Bahram Ghur de Persia había capturado en la India a unos *zott* para divertir a su pueblo, si bien no resulta evidente que aquellos músicos fueran lo que hoy conocemos por gitanos. No olvidemos que, entre los siglos XI y XIII, la población gitana se había establecido sucesivamente en Persia, Kurdistán y Capadocia, territorios musulmanes en mayor o menor medida.

Aun así, la fascinación por la cultura gitana resulta una constante en la Historia de Europa desde aquel mismo siglo XIV, momento de su llegada al continente. El carácter oriental de su apariencia, costumbres y lengua –tan distintos a los de tradición cultural de matriz semítico-greco-latina–, fascinó inicialmente a los europeos, lo que les llevó erróneamente a situar su origen en Egipto o a otorgarles una pretendida condición innata para el arte o la magia. Como del

---

1. Utilizaremos el término "gitanos" para referirnos a las personas de etnia o de cultura gitana, evitando así la perífrasis. Hay que entender esta expresión de forma inclusiva, al referirse a todas las personas de esta condición, independientemente de su sexo. En cambio, su uso variará como adjetivo: realidad gitana, comunidad gitana, historia gitana, joven gitano...

amor al odio hay un paso, también de esa fascinación pasaron pronto al menosprecio, motivando así las actitudes de rechazo –frecuentemente violento– que han caracterizado la casi totalidad de las relaciones entre gitanos y no gitanos[2] hasta el siglo XX.

En el siglo XVIII, con la llegada de la Modernidad, la reflexión de temática gitana adquiere carácter científico. La filología fue la primera disciplina académica en abordarla de forma sistemática, a partir de la constatación fortuita que el seminarista húngaro Stefán Vályi hizo en 1760 sobre el origen indio de los gitanos. Esto llevó a numerosos lingüistas, sobre todo del ámbito germánico, a interesarse por la lengua gitana, una tendencia que continuó a lo largo del siglo XIX, con la consolidación de la lingüística como ciencia. Los analizaremos detenidamente en el epígrafe «La importancia de la investigación socio-lingüística».

El interés científico por la cultura gitana sería el origen, en 1888, de la creación de la *Gypsy Lore Society*, primera entidad del mundo dedicada a promover estudios de temática gitana. En algunos casos, la popularización de la etnografía como disciplina hizo que muchas de aquellas obras mezclaran la investigación filológica con la descripción costumbrista, confundiendo la lengua gitana con la jerga de los grupos excluidos de la sociedad. Esa tendencia tuvo su traslación en la literatura costumbrista, basada en la descripción de la fisonomía, indumentaria, costumbres o ambientes gitanos, de

---

2. Esta expresión servirá para referirnos a quienes no son gitanos, evitando así cualquiera de los apelativos que se utilizan en el lenguaje oral: payos, *gaché*, *lacré*, *busné*, *bengalé*, castellanos, señores... todos ellos con una carga semántica, positiva o negativa. Además, la autoproclamación como payo es una tautología, porque uno no se afirma en contraposición a lo que no es sino, al contrario, diciendo lo que es. Así, por ejemplo, un alemán fuera de su país se referirá siempre a sí mismo como alemán, nunca como extranjero.

forma a menudo idealizada. Recordemos, sin ir más lejos, el viaje del pastor anglicano George Borrow por la España gitana de la década de 1830. Esta doble tendencia filológica y etnográfica continuó hasta mediados del siglo XX, cuando el abanico de disciplinas interesadas por la realidad gitana aumentó con la incorporación de la medicina, la historia, la etnología y, más recientemente, la sociología y la pedagogía. Por lo que respecta a la filología, hay que destacar las importantes investigaciones del alemán Yaron Matras, el danés Peter Bakker o el francés Marcel Courthiade. En lo relativo a la etnografía, influenciada por otras disciplinas, debemos citar al macedonio Trajko Petrovski y al francés Bernard Leblon. Muy destacadas, en cambio, han sido las contribuciones de la historiografía, que ha dado autores de la talla del británico Donald Kenrick, desde la década de 1950, o el español Antonio Gómez-Alfaro, desde la de 1970. En cuanto a la etnología, más conocida como antropología social, son muchos los científicos que, a partir de la aplicación del estructuralismo al ámbito antropológico, durante la década de 1960, han aplicado a la temática gitana las pautas de investigación –basadas en la identificación de patrones– que otros autores habían aplicado a las poblaciones primigenias, especialmente africanas y americanas, así como a determinados ámbitos urbanos. En esta tendencia hay que destacar autores como el británico Thomas A. Acton, el francés Jean-Pierre Liégeois o la española Teresa San Román.[3] Finalmente, dos disciplinas se han interesado

---

3. Esta tendencia a la fragmentación ha sido explotada exponencialmente, con la proliferación de investigaciones muy concretas que, aun así, se han presentado casi siempre como aportaciones fundamentales para la comprensión de la realidad gitana en su totalidad. De ahí libros como *Els gitanos de Badalona*, *El pueblo gitano en Murcia*, *Del «chalaneo» al peonaje*, *Gitanos de Madrid y Barcelona*, *Nosotros los gitanos*, *La prensa ante el pueblo gitano*... El paradigma teórico

más recientemente por la realidad gitana, durante la década de 1980: la sociología (que ha dado autores como el gitano norteamericano Ian F. Hancock) y la pedagogía (donde destacan, por méritos propios, el español José E. Abajo y el gitano búlgaro Hristo Kyuchukov).

Ese mismo siglo es también el de la incorporación de la medicina y la biología a la temática gitana, a partir de los resultados de la antropometría en el siglo anterior. Pero empezó con mal pie, con las macabras investigaciones de los científicos alemanes, entre 1936 y 1945, en los campos de trabajo, concentración y exterminio nazis. A causa de ello han sido, en comparación, pocos los médicos o biólogos que más tarde se han atrevido a investigar a los gitanos desde ambas disciplinas, circunscribiéndose básicamente sus estudios al ámbito alimentario, del crecimiento, patológico, epidemiológico, inmunitario o socio-sanitario.

Finalmente, vale la pena citar el importante impulso dado por la Iglesia católica o las Administraciones a las investigaciones de temática gitana. Fruto de ello fue la puesta en marcha de publicaciones científicas especializadas, como la francesa *Études Tsiganes* (París, 1955), la española *Pomezia* (Barcelona, 1965-1978), la italiana *Lacio Drom* (Roma, 1968) y la india *Rromā*[4] (Chandigarh, la India, 1970). También permitieron la creación de centros como el *Indian Institute of Rromani Studies* (Chandigarh, la India), durante la década

---

continúa siendo sustancialmente el mismo: continuar explicando el *cómo* y sus sucesivas actualizaciones, basándose en la utilidad social de la investigación. Muchos de estos antropólogos sociales representarían una versión perfeccionada de los escritores costumbristas que, desde una perspectiva romántica, abordaron la temática gitana desde mediados del siglo XIX.

4. Durante este estudio, en relación a la lengua gitana, utilizaremos este sistema neo-indio de acentuación para marcar la tónica sonora; sólo prescindiremos de él cuando se trate de expresiones en caló.

de 1970; el *Centre de Recherches Tsiganes* de la Universidad René Descartes (París, Francia), durante la de 1980; o el reciente Instituto Nacional de Cultura Gitana, fundación pública del Ministerio de Cultura, en la década de 2000.

2. UN PROBLEMA CIENTÍFICO

Como hemos visto, la realidad gitana ha sido abordada desde diferentes disciplinas académicas a lo largo de la Historia, especialmente durante los siglos XIX y XX. Las aportaciones de ambos siglos han sido muy significativas, cuantitativa y cualitativamente, gracias a su metodología científica. Eso ha permitido superar la fase pre-científica anterior, basada en impresiones no demostradas, que no había hecho sino alimentar estereotipos sobre la cultura gitana.

Cabe objetar una importante limitación epistemológica a la mayor parte de investigaciones etnológicas y sociológicas realizadas desde 1960. Pese a su rigor, han tenido la pretensión, a menudo no explicitada, de explicar la realidad gitana en su totalidad a partir de muestras muy concretas. Han transmitido la idea de que, describiendo la organización gitana, se podía entender la forma de ser de los gitanos. Sin embargo, sólo han contribuido a comprender su comportamiento social, a partir de la descripción de patrones funcionales y estructurales basados en parentesco y poder. Han descrito procesos o efectos más que explicado causas. Lo que no es poco. Pero el uso –y abuso– de esas metodologías estructuralistas ha comportado cuatro problemas:

- una *fragmentación* de la realidad gitana: se han obtenido resultados tan vinculados a un determinado grupo gitano que resulta difícil extrapolarlos al resto de grupos gitanos, tanto culturales como sociales;

- una *nominalización* de la realidad gitana: se ha conseguido poner nombre a lo descrito, algo muy práctico para la intervención social pero muy poco para la comprensión global de la realidad gitana;
- una *idealización* de la realidad gitana: a causa de la filiación de los investigadores a un grupo ideológico o a un contexto socio-político, se ha conseguido encontrar problemas nunca percibidos por los gitanos, transformando así la propia realidad gitana,[1] y
- una *determinación* de la identidad gitana, al basarla en el mantenimiento de unos determinados patrones de comportamiento, lo que complica el debate colectivo y dificulta la evolución. Si ser gitano se basa en lo particular (como, por ejemplo, verificar la virginidad de la novia o someterse a la ley gitana), se condena a los gitanos a un modelo estático de identidad.

Esta es la razón por la que, después de más de dos siglos de reflexión sobre la realidad gitana, ninguna investigación haya conseguido singularizar una identidad gitana más allá de los grupos estudiados. Si los gitanos son una misma cultura –cabría preguntarse–, ¿por qué hay diferencias tan destacadas entre ellos, incluso contrapuestas?. Tal es el problema científico que resuelve esta obra, definiendo *cuáles* son los elementos que intervienen en la construcción de la identidad gitana, para dar así respuesta a las preguntas ¿*Quién* es gi-

---

1. Baste, como ejemplo, la voluntad de transformar la situación de las mujeres gitanas en el seno de su comunidad según el proceso vivido por las mujeres no gitanas en las sociedades patriarcales. En un claro ejemplo de colonialismo cultural, se ha pretendido cambiar su estatus y rol desde pautas y procesos extraños a la propia cultura gitana. Sucede lo mismo con la voluntad de exportar un modelo concreto de democracia, pretendidamente desprovisto de connotaciones culturales, a los países musulmanes.

tano? y, sobre todo, ¿*Qué* significa ser gitano?. El escolapio Francesc Botey fue el primero en advertir las limitaciones del estructuralismo en la interpretación del mundo gitano, justo cuando se empezaba a utilizar en el contexto español:

> Conozco dónde se encuentra el *pecado* de la descripción [...] que del pueblo gitano daré [...]: toda esquematización es una idealización [Botey, 1970: 47].

3. UNA NUEVA HIPÓTESIS DE TRABAJO

Más allá de esas consideraciones académicas y sociales, para aproximarse a un objeto de conocimiento hay que partir siempre de una idea. Afirma José Ángel García Cuadrado que, «para remontarse a las causas, hay que partir primero de la experiencia» (García, 2003: 34). Para entendernos: hay que interrogarse sobre la realidad con una cierta idea de lo que podría ser su explicación, sin que eso signifique hacerlo con apriorismos. Jaime Vélez Correa concreta aún más, al decir que «para formularse un interrogante, quien pregunta debe tener antes una idea de sí mismo, ni que sea confusa» (Vélez, 1995: 18).

Esa idea de la realidad gitana se había ido formando en mi mente a lo largo de 15 años. Y eso, cuando se vive intensamente, es mucho tiempo. Un espacio vital formado por experiencias con gitanos muy distintos, en contextos muy variados, por la geografía gitana de Europa; pero también conformado por la lectura de casi todo lo publicado sobre temática gitana, tanto por gitanos como por no gitanos. Pues bien, no sabría decir cuándo, ni cómo ni por qué, pero poco a poco acabé por madurar dos intuiciones:

- Que los gitanos constituían un pueblo porque, pese a su carácter aparentemente heterogéneo, comparten una misma cultura.

- Que esa cultura, frecuentemente negada, tenía un origen oriental que subyace bajo sus expresiones culturales y su propio comportamiento.

Según Ferrater Mora, una tesis debe hacer a la vez una doble propuesta inicial, como es reconocer un problema y plantear a la vez una solución, apuntando una idea que subyazca bajo la argumentación de los enunciados (Ferrater, 1994: 165). Es lo que denominamos "tesis de la tesis", "tesis bajo la tesis" o, de forma más breve, *hipótesis*. Trasladadas al campo científico, mis dos intuiciones conformaron tres hipótesis de trabajo, que partían del reconocimiento de un problema (el desconocimiento de qué significa ser gitano) y de la propuesta de tres posibles soluciones:

- que ser gitano iba más allá de tener unos vínculos puramente biológicos o de comportarse según unos patrones sociales y culturales;
- que esa visión gitana de la realidad estaba constituida por una forma propia de aprehenderla, de concebirse, de comportarse y de expresarse, así como de trascenderse, y
- que tal visión estaba mucho más influenciada por sus raíces indias de lo que los científicos y los propios gitanos consideraban, hasta ser –pese a la lógica adaptación al contexto espacio-temporal– una porción de Oriente en Occidente.

Y quise ver si las impresiones que había tenido, contrastadas con la realidad gitana en su conjunto, se confirmaban o no. Las siguientes páginas son el resultado de aquel proceso de alquimia, en el que el mundo gitano se va destilando por sustracción hasta obtener la piedra filosofal de la *gitanidad*.

4. UNA NUEVA PERSPECTIVA METODOLÓGICA

Para poder afrontar esta cuestión central de la realidad gitana era necesario un nuevo paradigma. Hacía falta una metodología científica que permitiera superar las limitaciones del estructuralismo. Y eso sólo era posible si el enfoque se realizaba desde otra disciplina académica. En ese contexto, únicamente la filosofía parecía aportar el horizonte cognitivo para realizar tal misión.

La aplicación de la filosofía a la reflexión sobre la identidad de los pueblos es reciente. Desde mediados del siglo XX, diversas investigaciones han intentado demostrar la importancia que las cosmovisiones colectivas tienen en los procesos de formación de la identidad personal –lo que se ha denominado como *etnofilosofía*– y, paralelamente, su aplicación al estudio de determinadas culturas, sobre todo de África.

Sus resultados han servido posteriormente para ampliar el contenido de la historia de la filosofía, a menudo acusada de etnocentrista, e incluir así la producción de los principales autores y corrientes filosóficas de otros continentes –en especial de África, Asia y América–, pese a la prevención con que se debe aplicar el término *filosofía* a los esfuerzos de otras latitudes en la búsqueda de la verdad y la producción de conocimiento.

Hay que decir que la transmisión del conocimiento colectivo, en cualquier grupo humano, debe entenderse como un proceso cultural, diferente del capital humano que sin duda se transmite a través de los genes y que perpetúa, a través de las generaciones, elementos físicos (que no el carácter). Por este motivo, las propuestas destinadas a aplicar la *etnofilosofía* a la identidad de género –considerando, por ejemplo, que la cosmovisión de las mujeres es diferente a la de los hombres– se han visto abocadas al fracaso.

PARTIENDO DE LA REALIDAD

Nuestra investigación, como no podía ser de otra forma, partió de materiales extraídos de la propia realidad. De ahí que la primera etapa estuviera destinada a seleccionar las fuentes sobre las que se articularía la reflexión. Hacían falta unos materiales con los que contrastar las tres hipótesis de trabajo. En nuestro caso, la información provino de *observaciones*, fuentes *orales* y fuentes *escritas*.

Las *observaciones personales* constituyen la verdadera riqueza de esta obra. Las fui anotando cuidadosamente en mi memoria, transcribiéndolas más tarde en una libreta, para garantizar la espontaneidad y la sinceridad de los informantes. Se produjeron en todo tipo de momentos (alegres, tristes), la mayoría de ellos informales, vividos con gitanos europeos de toda condición a lo largo de 15 años. Las aproveché prácticamente todas, porque al anotarlas priorizaba las que pudieran confirmar o rebatir las hipótesis de trabajo. Actué como sugiere Vasili Kandinski en *De lo espiritual en el arte* (1912), siendo el espectador quien hace el cuadro con su mirada. Posteriormente fueron transcritas y ordenadas.[1]

---

1. Los informantes aparecen citados por su nombre y apellidos (también el segundo cuando podía haber lugar a confusión), con tipografía redonda y con declaracio-

Las observaciones se complementaron con las fuentes *orales*, obteniendo así un trabajo de campo completo. Para ello, formulé dos preguntas a cada uno de los grupos humanos implicados en el objeto de estudio: «¿Qué significa, para ti, ser gitano?» (gitanos, entre 25 y 75 años, de diferente origen geográfico y diverso grupo social y cultural) y «¿Cómo crees que son los gitanos, a partir de tu experiencia?» (no gitanos, con una trayectoria de presencia en el mundo gitano superior a 25 años). Luego las transcribí en dos diferentes tablas, una para cada grupo, y las tabulé según la concreción semántica de su respuesta, eliminando las que no aportaban ningún elemento definitorio.[2]

El trabajo de campo se complementó y contrastó con las fuentes *escritas*. La producción escrita sobre la realidad gitana es muy amplia y variada. Entre las posibles obras, hice un vaciado sistemático de casi 500 libros y artículos, priorizando los escritos por los propios gitanos, así como los relatos orales tradicionales, descartando los que no aportaban nada a la investigación o lo hacían de forma redundante. Posteriormente hubo un proceso de vaciado sistemático de las obras seleccionadas, transcribiendo y ordenando los párrafos seleccionados.

Una vez obtenida toda la información, fue necesario relacionar los tres tipos de fuentes entre sí. Gracias a ello pude asegurarme de que en el trabajo de campo había fenómenos también observados por otros autores, para inferir o no tendencias que pudieran confirmar o no las hipótesis de traba-

---

nes entrecomilladas; únicamente comparten con las fuentes *escritas* su citación, el apellido del informante y el año de anotación entre paréntesis. Se facilita alguna nota contextual (condición, ocupación, procedencia...), para valorar su relevancia.

2. Su tratamiento tipográfico ha sido igual al de las *observaciones*, aunque el año es el de respuesta.

jo. Eso garantizaba que lo constatado en un grupo gitano podía ser extrapolado a otros segmentos de la población gitana. Sólo en la medida en que tales tendencias se consolidaban procedí a asignar citas a cada una de ellas, para ejemplificar las ideas demostradas.

Paralelamente, se incorporaron al *corpus* bibliográfico los manuales y autores de referencia sobre métodos filosóficos (especialmente el fenomenológico) y especialidades filosóficas (especialmente la antropología, la epistemología, la ética y la estética, así como la filosofía del lenguaje y la filosofía de la religión). También se incluyeron otros títulos sobre los elementos que integran las cosmovisiones, las diferentes maneras de aprehender la realidad, el pensamiento como herramienta en la construcción de la identidad y la identidad como fundamento de la etnicidad. Unas últimas incorporaciones sobre pensamiento índico contribuyeron a validar en qué medida una u otra tendencia podía tener –o no– su origen en la India. Hay que agradecer, en este sentido, las sugerencias de Joshtrom I. Kureethadam, indio residente en Roma, y de Agustín Pániker, barcelonés de cuerpo e indio de pensamiento.

Sirva esta larga perífrasis para justificar que en la bibliografía no se encuentren algunos de los habituales libros "pseudo-referenciales" sobre temática gitana, que conozco perfectamente. Son muchas las publicaciones que se han dedicado únicamente a transmitir –sin ningún filtro– ideas ya plasmadas –y nunca contrastadas– en obras precedentes.[3] Por ese motivo, sólo seleccioné aquellos títulos que podían apor-

---

3. Buen ejemplo de ello es la filología, donde parte de los tratados sobre lengua gitana han preferido construir sus afirmaciones a partir del lenguaje escrito (especialmente los diccionarios del siglo XIX, que le conferían un estatuto de veracidad a la lengua hablada en aquella época), en lugar de hacerlo sobre el lenguaje oral.

tar algo relevante u original a la investigación o que hacían referencia a rasgos universales sobre los que singularizar los elementos en los que se basa la identidad gitana.

APLICAR EL MÉTODO ANALÍTICO FENOMENOLÓGICO

Aún más importante que el método de recogida de la información fue el utilizado para procesarla. De hecho, sin método de análisis una tesis no podría serlo nunca, porque le faltaría aquello que le es propio: un aparato crítico que permita al autor verificar una hipótesis a partir de materiales de la propia realidad. En el caso que nos ocupa, esto se convertía en algo crucial, al no ser el nuestro un objeto de estudio filosófico *stricto sensu*.

Descarté el método hermenéutico por tratarse de una realidad no sólo escrita. También el semiológico, por su carácter estructuralista y simbolista, que obviaba la dimensión significativa de la existencia. La elección dio así como resultado el método fenomenológico,[4] de buenos rendimientos en el ámbito de la cultura o la religión. Además, permitía superar dos de los elementos que recriminaba al estructuralista: la carga ideológica y el déficit explicativo. Este último y crucial elemento fue, de hecho, uno de los motivos que llevaron a la formulación del propio método. Ya en 1890, Wilhelm Dilthey contraponía las ciencias que permitían "explicar" (*erklären*) a las que favorecían "comprender" (*verstehen*), proponiendo para las "ciencias culturales" un método más interpretativo que descriptivo. Más contemporáneamente, Evelio

---

4. Del griego φαινομαι (*fainomai*, "mostrarse") y λογος (*logos*, "explicación").

F. Machado tacha el estructuralismo de "etnografía neo-marxista", proponiendo para superar su metodología cuantitativa (basada en explicación, predicción y control) otra más cualitativa (fundamentada en comprensión, significación y acción).

Esta es la razón por la que Juan de Dios Martín Velasco define la fenomenología como «una forma particular de hermenéutica» aplicada al «estudio de un hecho humano, presente en la historia a través de una serie de manifestaciones» (Martín Velasco, 1978: 57). De hecho, el método fenomenológico no es más que la aplicación práctica de la corriente filosófica homónima nacida en el siglo XVIII en Francia. Supone una reacción contra el idealismo de Descartes, pero también una evolución del positivismo de su maestro, Franz Brentano, al otorgar una capacidad hermenéutica a los simples datos.

Fue su primer autor destacado Johann H. Lambert, quien en pleno siglo XVIII contrapuso la "doctrina de la apariencia" (la fenomenología) a la "doctrina de la verdad" (la ideología) al investigar el tema del conocimiento sensible.[5] Poco después Immanuel Kant distinguió entre los objetos como *noúmenos* y como fenómenos. En el siglo XIX, Georg F. Hegel la calificó de "devenir del saber", en su *Fenomenología del espíritu* (1807), al situarla como vía para ir desde la vivencia a la ciencia. Hubo que esperar hasta el siglo XX para que el método acabara de configurarse. Edmund Husserl, en *Ideas relativas a una fenomenología pura y una filosofía fenomenológica* (1913), le añadió los conceptos de intencionalidad, reducción y descripción. Y Henri Bergson potenció el papel de la intuición. Martin Heidegger utilizó la fenomenología para desarrollar su idea de *Dasein,* mientras que Alfred

---

5. No en vano, Ferrater Mora define *fenómeno* como «aquello que aparece», equivaliendo así a "apariencia" (Ferrater, 1994: 146).

Schütz la aplicó a la experiencia cotidiana. Pero la mejor definición del método tal vez sea la que dio Eugen Fink, adjunto de Husserl, al hablar de un «ensimismamiento ante el mundo» (Merleau-Ponty, 1985: 13).

Mención aparte merece Maurice Merleau-Ponty. En su crucial obra *Fenomenología de la percepción* (1945), fue el primero en aplicar el método fenomenológico al campo de la cultura. Lo contraponía al método estructuralista de Jean-Paul Sartre,[6] que Claude Lévi-Strauss y Marvin Harris habían popularizado al aplicarlo al estudio de las sociedades.[7] También lo planteaba como alternativa al estructuralismo de Jacques Derrida,[8] que Roland Barthes había aplicado al mundo de la cultura.[9] Hay que agradecer a Merleau-Ponty su defensa de la independencia del filósofo, así como la introducción de dos elementos: el proceso perceptivo (estímulo, percepción, sensación, vivencia y significación),[10] y la función del cuerpo como nexo entre persona y mundo, hasta el punto de contraponer su "yo percibo" al "yo pienso" de Descartes.

---

6. Se contrapondría así al esencialismo de Descartes (que asegura que la existencia es empírica y no permite conocer al ser, porque resulta del dominio de aquello que es accidental y contingente) y al existencialismo de Sartre (que sitúa la esencia como el fruto no contingente de la existencia de la persona).
7. Sistematizada posteriormente por su discípulo Roger Bastide como "antropología social aplicada", que se configuraría a partir de elementos etnológicos, psicológicos y sociológicos.
8. Impulsado por Jacques Derrida, que a su renovado interés por el método fenomenológico añadió las aportaciones del estructuralismo lingüístico de Ferdinand de Saussure y del estructuralismo psicológico de Jacques Lacan, configurándose como la ciencia que estudia la vida de los signos en el seno de la vida social.
9. Al concebir el pensamiento como un reflejo categorizado de la realidad, de forma explícita o no, introdujo el concepto de mensaje denotado y connotado, por lo que todo lo que podía ser interpretado era definido como símbolo.
10. Baste, como ejemplo de descripción fenomenológica, la diferenciación entre percepción (datos sensoriales: "baja la temperatura") y sensación (acto subjetivo: "tengo frío"). Igualmente, como apunta García Baró, «no hay vivencia de la alegría o el dolor sino de situaciones alegres o dolorosas» (García Baró, 1999: 135).

Pero ¿en qué consiste el método fenomenológico? Hay que decir que surge como reacción al idealismo y al psicologismo, a los que critica llevar a cabo un análisis no real de la realidad: a partir, primero, de unos presupuestos ideológicos; y, segundo, a partir de otros intencionales. Su objetivo es explicar los hechos humanos en su extensión e intención, a través de conceptos como explicación (*erklären*), comprensión (*verstehen*) y empatía (*Nacherlebnis*), teniendo en cuenta la intención del sujeto. Plantea así una actitud radical, entendida como forma de ir a la raíz del fenómeno mismo, suspendiendo toda actitud de juicio e interpretando todo lo que aparece ante la consciencia. De ahí que, como apunta Miguel García Baró, lo fundamental para la práctica de la fenomenología sea «aprender a ver» (García Baró, 1999: 21).

Dado que toda conciencia personal se configura como tal en relación a alguna realidad exterior a la persona (lo que permite superar el paradigma cartesiano), es mediante el análisis de esa relación entre sujeto y objeto como se puede interpretar la conciencia humana. De ahí el concepto de intencionalidad, fundamental en la fenomenología. Como apunta Julián Marías, el método fenomenológico «es un método descriptivo, pero no de realidades sino de vivencias de la conciencia pura» (Marías, 1999: en internet), lo que permite conjugar subjetivismo y objetivismo (Merleau-Ponty, 1985: 19). En este sentido, no presupone nada: ni el sentido común ni el mundo natural ni las proposiciones científicas ni las experiencias psicológicas. La fenomenología se configura así como una filosofía de la cultura, contrapuesta a una filosofía de la naturaleza.

El énfasis no se encuentra en las relaciones funcionales dentro del sistema social, como hace la antropología social, sino en la interpretación de los significados del mundo (*Lebenswelt*). No se parte de la existencia para quedarse en ella, sino para ir a su esencialidad, porque los fenómenos culturales no sólo responden a causas materiales sino también a razones ideales. Por ese motivo hay que analizar las costumbres como un reflejo del pensamiento, no como pensamiento en sí mismo, porque de otra forma la identidad se reduce a un hecho particular, no universal. Para acceder a la realidad desde la vivencia de los hechos el método consta de tres etapas:

- *La reducción fenomenológica.* Consiste en adoptar una suspensión del juicio, denominada *epokhé*, para alcanzar una actitud natural ante la realidad, sin cuestionar si lo percibido es real o si es moralmente correcto. Al descontextualizar emocionalmente la realidad y prescindir de todo lo que no es fenómeno, se obtiene el fenómeno en sí mismo o *noema* (por ejemplo, aquello querido), del que el ser humano toma consciencia a través de un proceso de *noesis* (por ejemplo, querer).[11]
- *La reducción eidética.* Consiste en una actitud de supresión de aquello que es accidental o particular, para reducir el fenómeno a su esencia o *eidos*. Al prescindir de todo lo variable y mutable se obtiene lo universal, con sus propiedades invariables, que el ser humano hace suyo a través de un proceso de intuición.
- *La reducción transcendental.* Consiste en una actitud de relación entre las diferentes esencias, para singularizar un tipo ideal o sujeto transcendental. Se contribuye así a una *filosofía perennis* (Husserl, 1954: 73), porque «los sentidos parciales de las experiencias […], pese a

---

11. Igual que en el método semiológico la interpretación de la realidad como si fuera un texto la reduce a unos elementos de análisis denominados *semas*, que construyen procesos de significación o *semiosis*.

su discontinuidad en el tiempo, son partes reales de la misma cosa» (García Baró, 1999: 118).[12]

Al mismo tiempo, gracias a este método, no se interpreta sólo lo simbólico de las manifestaciones humanas (reflejo del pensamiento inconsciente), como sugiere la semiología aplicada, sino que se interpreta precisamente todo lo que es signo y sus procesos de significación. El comportamiento humano, como apunta Merleau-Ponty, es la construcción significativa del mundo en el que vive el ser humano. Profundizando en esta idea, García Cuadrado sostiene que «para acceder a lo esencial de la persona es preciso partir de su obrar, que es lo más evidente para nosotros» (García, 2003: 28). Como método descriptivo, no normativo, la fenomenología pretende descubrir los elementos comunes a los fenómenos, así como las relaciones entre ellos, para formular una estructura hipotética del fenómeno cuyo significado real trata de alcanzar.

¿Cómo se aplica este método a la realidad gitana? Por una parte, en la interpretación de la cultura gitana, consideré la materialidad de los fenómenos constatados, seleccionando lo común a las diversas manifestaciones del espíritu gitano. Pero, por otra parte, realicé un esfuerzo por descubrir las relaciones entre esos fenómenos y, aún más, la intencionalidad que subyacía tras ellos, lo que les confería un significado completo. Dicho de otra forma, mediante los particulares de cada grupo gitano, sin absolutizarlos, pude inferir lo universal de los gitanos. Una vez más, Botey fue precursor:

---

12. Husserl concebía esta tercera etapa de forma un poco distinta. Proponía suspender el juicio sobre la existencia del propio yo y del mundo natural. Pero tuvo que reformularla ante la acusación de psicologismo, al considerar como objetos de conocimiento tanto los materiales (mundo exterior) como los psíquicos (mundo interior), que era precisamente lo que quería evitar.

Me resulta, pues, obligado pedir que se confíe en la extensión y profundidad de mi experiencia personal: a partir de ella, toda mi intención ha sido aprender directamente el sentido por el que el gitano se revela a sí mismo en su comportamiento [...] que Riekert denomina *significaciones intencionales esenciales* en la actividad histórica y concreta del gitano [Botey, 1970: 14-15].

No inferí un sentido universal a partir de uno particular, como si este último fuese un símbolo, sino que atribuí esta capacidad simbólica a la suma de signos particulares que superaban su contraposición. Sólo acepté un particular como universal cuando se trascendía a sí mismo. Es lo que Botey denomina «la experiencia concreta de lo gitano como valor universal» (Botey, 1970: 17-18). Dicho de otra manera, mediante un análisis intuitivo de las manifestaciones de la cultura gitana, desprovista de cualquier consideración previa, inferí los elementos esenciales de estas experiencias. Como ya avanzaba Dilthey, «mediante una transposición desde la riqueza de las propias experiencias vitales que nuestro entendimiento penetra en las manifestaciones de la vida» (Dilthey, 1997: 30).

A partir de ahí emprendí un proceso de purificación eidética, destinado a analizar los elementos que configuraban la cosmovisión gitana, hasta dilucidar la esencia de su forma de ser: la *gitanidad* o *romipēn*. Gracias a este proceso de depuración, las manifestaciones gitanas aparecieron como manifestaciones de la cultura gitana encarnada. Como afirma Botey, «el alma del gitano y su tragedia actual es mi objetivo» (Botey, 1970: 15).[13] Este método en-

---

13. En este sentido, me precedía el *Calaix de sastre* del barón de Maldá, Rafael de Amat, quien en pleno siglo XVIII (mucho antes, por tanto, de la fenomenología) supo diseccionar desapasionadamente la realidad cultural de su época.

cajaba perfectamente con el objeto de estudio por cinco razones:

- la suspensión del juicio era la mejor forma de evitar el prejuicio, algo tan usual en una cultura tan estigmatizada como la gitana;
- la falta de carga ideológica permitía superar la carga ideológica implícita, nunca reconocida, que recriminábamos a la antropología social;
- el pragmatismo del análisis resultaba muy útil para interpretar una cultura que, precisamente, se caracteriza por su pragmatismo;
- el uso de la intuición como mecanismo de comprensión era también coherente con la epistemología gitana, basada en la intuición, adoptando así una metodología endógena para analizar la realidad gitana, y
- sólo suspendiendo el espacio y el tiempo podía abstraer la *gitanidad* o *romipēn* de su contexto socio-cultural, recomponiendo los fragmentos de una identidad diseminada por toda Europa.[14]

Por eso partí del estudio del comportamiento gitano, entendido como manifestación de su cultura, para hacer primero una descripción detallada, desprovista de cualquier conside-

---

14. Una *debla* andaluza y el *bairav* indio serían, así, dos maneras de expresar gitanamente el *pathos*, más allá de la posibilidad de hacer un análisis musicológico comparativo entre ambas piezas musicales. Igualmente, hablamos de gitanos porque algunas personas se proclaman como tales, sin cuestionarnos si los gitanos existen o no (en especial desde el punto de vista biológico). Como ejemplo final hablaríamos de personas morenas o rubias, no de presencia gradual de un pigmento en la piel humana. Este concepto es clave en Merleau-Ponty, quien pretende humanizar la visión científica de la realidad, que la reduce a fenómenos fisicoquímicos. Sucede lo mismo con la ontología budista, donde no existen universales más allá de las particularidades.

ración; después analicé por qué se había producido, independientemente de su contexto; y, finalmente, relacioné su intencionalidad con la observada en otros fenómenos de la realidad gitana. De esta forma, reduje la pluralidad de hechos culturales a su fundamento, infiriendo las tendencias esenciales que conformaban el espíritu encarnado de la *gitanidad* o *romipēn*, al que finalmente relacioné con su posible origen oriental. Gracias a este método descriptivo-experiencial, intuitivo y deductivo al mismo tiempo, pude singularizar la existencia de una identidad gitana por encima de los diferentes grupos gitanos que la antropología social y cultural ha diferenciado tradicionalmente, creando así una barrera epistemológica: «¿Qué gitanos son los auténticos?». Lo que pretendemos es, paradójicamente, lo que reclamaban los propios estructuralistas:

> Lo que se presenta es más una manera de ser que formas de hacer [...] el espíritu de un conjunto cultural [Liégeois, 1987: 22].

Por ese motivo, los habituados a lecturas de temática gitana no encontraran aquí un catálogo de fenomenología gitana, entendida como la enumeración de todos y cada uno de los comportamientos posibles entre los gitanos, sino sólo de aquellos rasgos esenciales que configuran el comportamiento gitano. La opción por el catálogo nos hubiera llevado a un callejón sin salida, porque todo repertorio cerrado lo limita en su aplicación y en el tiempo. En cambio, al elegir la segunda opción, el carácter esencial de la identidad gitana permitirá analizar nuevas formas de comportamiento. De nuevo hacemos nuestras las palabras de Botey:

> Al reducir a las líneas esenciales mi descripción del pueblo gitano, han quedado al margen muchos aspectos de tradicio-

nes y costumbres que hubiesen hecho la felicidad de un coleccionista de curiosidades [Botey, 1970: 66].

Las cuatro perspectivas analíticas

Con el establecimiento de la metodología tenía ya el motor del vehículo. Pero faltaba también el chasis. No sólo necesitaba un método de investigación filosófico, sino también clasificar las reflexiones obtenidas en el despliegue categorial de la filosofía. Me refiero a lo que he denominado *perspectivas analíticas*.

Como cualquier otra disciplina académica, la filosofía se estructura en una serie de ramas que suponen su aplicación en alguna de las dimensiones del pensamiento filosófico. En nuestro caso, la interpretación filosófica de la cultura gitana debía tener necesariamente en cuenta todas las dimensiones que podían intervenir en la configuración de la identidad gitana, para articular filosóficamente nuestras reflexiones. Estas perspectivas fueron la filosofía de la persona (o *antropología*), la filosofía del conocimiento (o *epistemología*, incluyendo la filosofía del lenguaje), la filosofía de la conducta (o *ética*), la filosofía del arte (o *estética*) y la filosofía de la religión.[15]

---

15. Se ha preferido esta a la metafísica, al partir del presupuesto de que existe un solo ser, como apuntábamos antes, y de que la identidad gitana sólo privilegia ciertos aspectos ante otros. Así que, como debíamos abordar necesariamente el tema de la propia finitud y la transcendencia, se eligió la filosofía de la religión por ser la religión algo fundamental en la identidad gitana.

PARTE II. LA REALIDAD GITANA
El horizonte existencial de los gitanos

5. PERSPECTIVA BIOLÓGICA

Orígenes fenotípicos

El primer rasgo que singulariza a los gitanos y les distingue de los demás es, sin duda, el biológico. Para quienes son nuevos en estas lides, la pregunta por la identidad de los gitanos remite sin duda a una respuesta evidente, porque se ve (evidente, de *videre*: "ver", en latín) con facilidad: la apariencia física. Ciertamente, la mayoría de gitanos y gitanas son de piel oscura («color de bronce», como les gusta decir); cabello oscuro (como el azabache, también dicen); córneas, dientes y uñas blancas; palmas y plantas claras; manos, pies y orejas grandes;[1] pómulos salientes y barbilampiños. Algunos destacan frecuentemente la voz rota de las mujeres gitanas y la supuesta falta de equilibrio entre los hombres, que les haría caminar con un suave balanceo.

Hay quien va todavía más lejos y, a partir de esos rasgos biológicos, les atribuye una supuesta capacidad innata para las artes, especialmente escénicas. Diversos estudios han demostrado que esta afirmación no tiene fundamento, porque la importancia del canto y del baile en la cultura gitana no dista mucho de otros grupos humanos en los que la existencia

---

1. Este último, signo de buena suerte entre los budistas. Basta con constatar que Gautama Siddharta, el Buda, siempre aparece representado con unas grandes orejas, con un lóbulo prominente.

se ha desarrollado en un estrecho contacto con la naturaleza y entre los miembros de la propia comunidad. Igualmente, fruto de las persecuciones, las artes escénicas han sido muy frecuentemente –demasiado frecuentemente– la única salida laboral que han tenido los gitanos para garantizar el sostenimiento de su familia, sobre todo en contextos urbanos.

Sí resulta evidente, en cambio, la existencia de una base biológica sobre la que se ha construido tradicionalmente el concepto de *gitanidad* o *romipēn*. Cuando se pregunta a muchos gitanos sobre su identidad, intentando saber no tanto lo que significa ser gitano sino quién lo es, la respuesta remite inicialmente a una base biológica: es gitano quien es hijo de padre y madre gitanos. Sin embargo, la práctica totalidad de comunidades gitanas suele aceptar como gitanos a los hijos de un matrimonio mixto,[2] siempre que se hayan educado en un contexto gitano; sólo algunos puristas les negarán esa condición.

Aun así, es un hecho constatado que la población gitana comparte con una parte de la población india, sobre todo la del noreste, determinados rasgos genéticos e incluso morfológicos que dejan constancia de su origen punjabí. En muchas de nuestras ciudades, si se les pusiesen juntos, no se distinguiría a un gitano de un inmigrante paquistaní. Si bien los estudios médicos sobre la población gitana se iniciaron a finales del siglo XIX, los biólogos se pusieron en marcha a lo largo del siglo XX, en buena medida gracias a dos factores: la constatación del origen indio de los gitanos, a partir del análisis lingüístico comparativo, y el desarrollo de la biología como ciencia, especialmente a partir de la consolidación de la genética como disciplina científica.

---

2. Es lo que se denomina *cruzados*, mestizos, *entreverados*, *gallipavos* o, sobre todo en Madrid, *cuchihís*.

Esta línea de investigación surgió a partir de la popularización del método antropométrico, hacia la década de 1870, cuando el matemático belga Adolphe Quetlet impulsó la teoría de que la medida del diámetro y la longitud de los huesos del cuerpo podía ayudar a entender la personalidad humana; es más, determinadas medidas podían ser la causa de ciertos comportamientos sociales, sobre todo criminales. La antropometría fue cayendo en desuso con el avance del siglo, pese a que en 1951 el criminólogo italiano Cesare Lombroso, impulsor del positivismo criminológico, todavía afirmaba que los gitanos son «la imagen viva de una raza entera de delincuentes que reproducen todas las pasiones y vicios». En el plano positivo, entre los estudios actuales de antropología física hay que citar el de Soledad Mesa, profesora de la Universidad Complutense, sobre crecimiento y desarrollo entre los gitanos (1979).

La medicina recogió el testigo de la antropometría, en especial en dos momentos: la década de 1930, cuando el comunismo pretendió catalogar a la población del este de Europa para controlarla mejor, y la década de 1940, cuando el nazismo quiso saber en qué medida la población gitana estaba relacionada con la raza aria que originó la cultura indoeuropea. Pese a que ambas fueron hechas a la fuerza, especialmente macabras fueron las segundas, porque comportaron la detención y deportación de centenares de miles de gitanos a los campos de concentración alemanes y polacos. Entre sus artífices destacó el siniestro médico Joseph Mengele. De las analíticas de sangre, orina, deposiciones y esperma –que aportaron conclusiones poco significativas, más allá de los grupos sanguíneos, por la falta de instrumentos genéticos de medida– se pasó rápidamente a la experimentación con niños, jóvenes y adultos, a quienes se inyectaron sustancias y practicaron mutilaciones para observar su comportamiento;

finalmente, en una cifra aproximada al millón de personas (una sexta parte de la población gitana de la época), se les ejecutó.

Las mejores aportaciones en el campo biomédico vinieron con la consolidación de la genética como disciplina, en 1953, a partir del descubrimiento de James D. Watson y Francis Crick sobre la forma de almacenar y transmitir la información genética. La contribución de la lingüística fue de nuevo fundamental a la hora de realizar análisis comparativos, sobre marcadores genéticos, entre personas biológicamente gitanas y otras del norte de la India,[3] gracias a la consanguineidad derivada de los matrimonios endogámicos entre la población gitana:

> Más reciente es el estudio de Juan *et al.,* (2000), que indaga los patrones alimentarios de los gitanos, con la existencia de pautas diferenciales atendiendo al sexo, la edad, el estatus familiar y el nivel socioeconómico. Los polimorfismos genéticos también han sido analizados: HLA (de Pablo *et al.*, 1992; Ramal *et al.*, 2001), STRs autosómicos (Gómez-Gallego *et al.*, 2000), así como ADN mitocondrial y cromosoma Y (Gresham *et al.*, 2001; Kalaydjieva *et al.*, 2001a; Manni *et al.,* 2005). Los resultados indican la existencia de variaciones genéticas entre los gitanos y otras poblaciones europeas. Se identifican también importantes variaciones en tres tipos de marcadores genéticos que provienen del origen de los gitanos en la India: Haplogrupo H-M82 para SNPs

---

3. Hoy en día se denomina también gitanos a algunos grupos nómadas de la India, aunque realmente no tengan nada que ver. Fue una asimilación lingüística que hicieron las autoridades coloniales británicas por la semblanza que les atribuyeron a los *gypsies* del Reino Unido. Únicamente existiría una relación directa con los *banjarasi*, con los que coincidirían en su origen, si bien la evolución de ambos grupos ha sido diferente.

del cromosoma Y, haplogrupo M del ADN mitocondrial y la mutación deleteria 1267delG en el gen CHRNE que produce miastenia congénita (Kalaydjieva *et al.*, 2001b). Lasa *et al.* (1998) y Martínez-Frías y Bermejo (1992; 1993) demuestran una mayor incidencia de determinadas patologías entre la población gitana [Lermo et *al.*, 2005: 72].

Entre el resto de estudios realizados en este campo destaca el de un grupo de médicos norteamericanos, publicado en 1987 por la prestigiosa revista médica británica *The Lancet*, que demostró que gitanos e indios compartían tanto el grupo sanguíneo AB0 como los halogrupos masculinos R1A1. En Cataluña, en 2002, el biólogo Jaume Bertranpetit, de la Universidad Pompeu Fabra, hizo un análisis similar con gitanos del barrio de la Mina, en Sant Adrià de Besòs (Barcelona). Sin embargo, esta línea de investigación ha sido poco explorada, comparativamente hablando, por los trágicos recuerdos que evoca y por el riesgo que pudiera comportar una eventual clasificación de la población gitana.[4] Pero también, como veremos a continuación, porque cada vez resulta más difícil encontrar poblaciones homogéneas, a causa de la necesidad de adaptación a los contextos espacio-temporales y del proceso de movilidad y mestizaje actuales.

CONSERVACIÓN "VERSUS" ADAPTACIÓN

Los gitanos, en su proceso migratorio, tuvieron que sustituir el concepto de patria por el de raza, una vez abandonada la

---

4. Baste recordar, por ejemplo, la polémica que durante el año 2008 se produjo en Italia con las medidas de su Gobierno de clasificar a la población gitana, para deportar a sus países a los inmigrantes gitanos del este de Europa.

India, por lo que la propia comunidad se convirtió en el sustituto de su territorio originario. En este proceso migratorio realizaron dos reflexiones, inconscientes y colectivas, para poder sobrevivir. Por una parte, al conocer otras poblaciones se dieron cuenta de que eran diferentes, por lo que acuñaron el concepto de *romā* (personas) para referirse a ellos mismos como grupo humano. Como sostiene Botey, «al cortar el cordón umbilical con la Madre India, crearon una raza» (Botey, 1970: 17). Por otra parte, también se dieron cuenta de que sus posibilidades de sobrevivir dependían de su unidad y homogeneidad colectiva; dicho de otra forma, de la necesidad de relacionarse sólo entre ellos –especialmente en cuanto al proceso afectivo, sexual y procreador– si querían continuar existiendo. Algo similar ha sucedido, históricamente, con la población judía.

Esta tendencia, si bien ha sido dominante durante siglos, ha contemplado excepciones a lo largo de la Historia. Quien haya viajado por toda Europa se habrá percatado rápidamente de que la población gitana no es homogénea. Si bien algunos rasgos morfológicos se mantienen, la pigmentación está formada por una gama cromática muy amplia, hasta el punto de poder encontrar gitanos de piel clara y cabello pelirrojo e, incluso, rubio. Todo ello es producto de determinados matrimonios mixtos, de personas que –una vez celebrado el enlace– han sido aceptadas como parte de la comunidad, así como sus descendientes, anteponiendo así la filiación cultural a la biológica.[5] En cambio, los rasgos de la cara –sobre todo la mirada– son elocuentemente gitanos.

---

5. Curiosamente este sentimiento fraterno, derivado de la consanguinidad o la adopción, ha impregnado también el lenguaje. Los gitanos españoles se denominan "primo" entre ellos (también "tío" o "sobrino", si son de diferente edad), mientras que los del resto del mundo utiliza *phral* (lit. hermano).

De hecho, a lo largo de su devenir histórico los gitanos se han visto obligados a vivir con una doble tensión: la tendencia a la endogamia para mantener la identidad comunitaria, con los riesgos que comporta, y la tendencia a una mínima adaptación al contexto geográfico, de riesgo también evidente. Esta situación se ha vivido a menudo de forma traumática, porque muchos gitanos han sido acusados de deslealtad a la comunidad, otros han tenido que esforzarse por mantener su prestigio grupal dentro de ella, y algunos incluso han tenido que abandonarla. Hoy en día, afortunadamente, la incorporación masiva al sistema educativo común, los modelos de vida difundidos por los medios de comunicación y los nuevos referentes dentro de la propia comunidad han rebajado esta tensión.

Baste como ejemplo las numerosas personas que han sido aceptadas como gitanos –sin serlo biológicamente– por el hecho de haber vivido largamente entre ellos, haber adoptado sus pautas de comportamiento –incluso la lengua– y haber demostrado su arraigo en alguna comunidad concreta. Entre los casos que me vienen ahora a la cabeza se encuentran el jesuita Pere Closa o el escolapio Francesc Botey. Un reconocimiento que siempre viene dado por los propios gitanos y nunca por uno mismo; nada que ver con los no gitanos que, desgraciadamente, han querido ser «más gitanos que los propios gitanos», como afirma mi buen amigo Juan Reyes (2001), gitano astigitano.

Hay que recordar aquí, para concluir este epígrafe, uno de los dogmas de la genética: el capital hereditario sólo predispone al individuo, porque su adaptación al ambiente es lo que realmente lo configura como es. Desde su formulación por los biólogos británicos Charles R. Darwin y Alfred R. Wallace y el francés Jean B. Lamarck, en el siglo XIX, la comunidad científica acepta esta "teoría evolutiva", reformulada hacia la década de 1940 como "teoría sintética". Por ese motivo, centraremos la atención en cómo este capital genético de los gitanos se ha adaptado a los diferentes ambientes a lo largo de su historia, para analizar después cómo ese hecho ha configurado su cultura.

6. PERSPECTIVA HISTÓRICA

No es este un libro de historia gitana, por lo que analizaremos sólo los datos históricos e interpretaciones historiográficas que sean imprescindibles para entender cómo se ha configurado la realidad gitana. Ese pasado histórico está condicionado por el nomadismo y la exclusión, que han otorgado a la naturaleza y a la comunidad una importancia fundamental en la cultura gitana, configurando su *inconsciente cognitivo*. Hay que decir que, pese a mantener una visión de conjunto, nos centraremos sobre todo en el contexto español.

Raíces indoeuropeas

Hoy en día resulta un hecho indiscutible que los gitanos proceden de la India, concretamente de la zona noroeste del Punjab, hoy fronteriza con Pakistán. Como ya hemos visto, esta afirmación se basa en el análisis comparativo biológico y, sobre todo, lingüístico; gracias a ambos se ha podido rehacer su proceso migratorio. Algunos autores llegan incluso a concretar la ciudad de Kannauj (en el actual estado de Uttar-Pradesh) como posible lugar de origen. A través del análisis de la lengua gitana y de algunas de sus costumbres parece colegirse que allí formaban parte de la casta de los guerreros, los *rajput*, una de las que ocupaban la cúspide del sistema social indio. Como después se han visto obligados a malvivir, no resulta extraña la afirmación de Juan Reyes (1995), en el sentido de que «el gitano es una mezcla de príncipe y de mendigo».

Procesos migratorios

Los gitanos tuvieron que abandonar su territorio hacia el siglo x, a causa de la invasión musulmana del norte de la India (Punjab) y Pakistán (Sindh) a manos del sultán Mahmud Ghaznawi, desde el actual Afganistán, entre los años 998 y 1030, para difundir el islam. Así lo testimonia un pasaje del *Libro de Jamín* (*Kitab al-Yamini*, publicado en Occidente en 1999), del cronista árabe Abu Nasr Al-Utbi (961-1040). Su llegada a Kannauj se habría producido el 20 de diciembre de 1018, según apunta el historiador y lingüista gitano Vania de Gila-Kochanowski. La presión demográfica y el nuevo orden socio-cultural les obligó a emprender el camino migratorio hacia Occidente; hacia Oriente era imposible, al tener que cruzar la sierra del Himalaya.

El proceso migratorio se produjo en diferentes momentos a lo largo de casi dos siglos. De hecho, a los primeros flujos migratorios se añadieron posteriormente otros, a causa de la invasión de los ejércitos mongoles hacia el siglo xiii. Según el historiador británico Donald Kenrick, aquellas caravanas –agrupadas por clanes y familias– se asentaron primero en Jorasán (Persia, actual Irán), donde los grupos se mezclaron hasta formar otro mayor y homogéneo: los *dom* o *rom*. Es más que probable que allí acuñaran su identidad colectiva al contraponerse a la nueva población que encontraron. Los oficios que ejercían iban desde soldados y agricultores hasta artesanos y artistas.

Poco tienen que ver estos datos con la *Crónica Persa*, de Hazma al-Ispaham, que en pleno siglo x menciona a los *zott*, ciertos músicos indios que fueron llevados a la India en pleno siglo VII. Esa misma historia, a menudo citada por los gitanólogos, es también contada por el poeta persa Firdusi, en un pasaje del *Libro de los Reyes* (Shāhnāma, en persa شاهنامه), donde cuenta que miles de *zott* habrían partido de Sindh para entretener al sah de Persia con sus espectáculos.

A pesar de que hoy en día existe en Irán un grupo con una gran afinidad con los gitanos, los *luri*, lo cierto es que el hambre y las invasiones selúcidas empujaron al grueso de *rom*, hacia 1035, a continuar su periplo en dirección a Capadocia, cruzando Armenia y Kurdistán por la ribera del mar Caspio. Este largo proceso migratorio explicaría las diferencias que hoy podemos encontrar en los subgrupos de la cultura gitana.

En aquella zona de influencia helénica, actualmente dentro de Turquía, se establecieron durante casi dos siglos. Autores como Courthiade se atreven incluso a situar Modón (hoy Μεθώνη o Methone), en la península más al sudoeste del Peloponeso, como lugar de asentamiento. De hecho, la primera constancia de su presencia en Occidente la hizo el franciscano Simón Simeonis, quien en 1322 constató la presencia de un grupo de *Atsiganoi* (Ατσιγκανοϊ) en los alrededores de su convento. Poco después, en 1350, Ludolphus von Suchen mencionó a un pueblo similar como *Mandapolos* (Μανταπολος), palabra posiblemente derivada del griego "mantes" (Μαντες, lit. "profeta" o "adivinador"). Hacia 1360 se había establecido en Corfú un feudo gitano independiente, denominado *Feudum Acinganorum*.

Como el término *Atsiganoi* se deriva de *Atsiganos* (Ατσίγγανος, lit. "intocable"), no es de extrañar que fueran ellos los *Atsigani* que, según un texto de Teófanes el Confesor en 803, el emperador Nicéforo I utilizó para contener una revuelta popular. Una hagiografía de santa Atanasia de Egina relata cómo la viuda de vida cenobítica repartió comida en Tracia a unos «extranjeros llamados *Atsiganoi*» durante una hambruna en ese mismo siglo IX. Poco tiempo más tarde, en 1054, otra hagiografía, en este caso de san Jorge anacoreta, refiere cómo el emperador Constantino IX utilizó los servicios de unos *Atsiganoi* como adivinadores. Sin embargo, como en el caso de Persia, tampoco resulta evidente que tales grupos fueran realmente gitanos.

Tan larga fue la permanencia en Capadocia que a su llegada a Europa se les identificó como «egipcianos», es decir, como los habitantes de Egipto Menor, como aquella región era conocida entonces. De ahí la confusión, que perduró hasta hace pocas décadas, de que los gitanos procedían de Egipto. Algunos le han atribuido, incluso, un trasfondo bíblico: «Dispersaré a los egipcios entre las demás naciones» (Ez 30, 23-26).

A partir de la segunda mitad del siglo XIV accedieron a Europa, donde llegaron a lo largo de casi 100 años. A partir de aquel momento se dispersarán. Unos fueron hacia el nordeste, atravesando los Balcanes, por Rila (Bulgaria) –donde otros monjes dan fe de su paso en 1378–, Brasov (Rumanía, 1416), Polonia (1428) y, finalmente, Lituania (1501). Otros se desplazaron hacia el centro,[1] por la vía del Adriático, a través de Dubrovnic (Croacia, 1362), desde donde algunos fueron hacia el noroeste por Chequia (1407), Hildesheim (Alemania, 1416), Lindau (Suiza, 1418), Bruselas (Bélgica, 1419), Deventer (Países Bajos, 1420), Hunthall (Inglaterra, 1492), Dinamarca (1505), Suecia (1512), Finlandia (1515) y Noruega (1544); los demás fueron hacia el suroeste por París (1416) y Bolonia (1422).[2] El *Journal d'un bourgeois de*

---

1. Algunas fuentes aseguran que formaban parte del ejército otomano, en su intento de conquistar Europa.
2. A su paso por los diferentes países se les denomina "egipcianos" (origen de *Gypsies,* Inglaterra; *gitanos,* España…), "atsigans" (origen de *Çingene,* Turquía;

Paris (1427) es una buena crónica sobre su llegada a la capital gala.

Accedieron al este de Europa gracias al salvoconducto que en 1417 les concedió el rey Segismundo I de Hungría. Un año más tarde, durante el Concilio de Constanza, el papa Sixto V les concedió otro que les abrió las puertas del centro y el oeste del continente. Gracias a él, un grupo de 3.000 gitanos llegó en 1425 a la Corona de Aragón, donde el rey Alfonso V de Aragón[3] expidió su propio salvoconducto al «conde Juan de Egipto Menor y su séquito» como peregrinos a Santiago de Compostela. A partir de aquí la dispersión será total, asentándose en los diferentes municipios que les acogen. En 1462 completaron su recorrido por la Península con su llegada a Jaén, antes incluso de la caída de Granada.

Los gitanos fueron probablemente los primeros refugiados de Europa, obligados a abandonar una India desolada por la guerra para buscar una vida mejor. Hoy en día, cuando la movilidad constituye un derecho *de facto*, relativizamos con facilidad países y fronteras. Pero hay que hacer un esfuerzo por comprender lo que podía significar, en aquella época, pasar de Oriente a Occidente en poco más de dos siglos. Tal es la transposición mental que reharemos en este libro.

Tigan, Rumanía; *Zigeuner*, Alemania, hasta 1949: después, Roma y Sinti; *Tsiganes*, Francia; *Zingari*, Italia...) o «bohemios» (*bohémiens* o *boumians*, Francia) por haber accedido mediante un salvoconducto del rey Segismundo I de Hungría.
3. A modo de curiosidad, al acceder a la Península, los gitanos acuñan la palabra "payo" para referirse a los no gitanos, al ser los campesinos catalanes (*pagesos*) los primeros no gitanos que conocieron.

Procesos de asentamiento y de asimilación

Al principio, su relación con los pueblos que conocían se basaba en el intercambio provechoso y la fascinación por la novedad: algunos se convirtieron en prósperos artesanos, gracias a su conocimiento de los animales y al trabajo con la herrería y la forja; otros, en pequeños grupos, participaron como mercenarios en las tropas de los diferentes soberanos europeos; y unos pocos ofrecieron sus conocimientos de medicina natural, aprovechando el sustrato europeo de superstición y la fascinación por lo exótico. La mayoría optó por servir a la realeza y la nobleza, atendiendo a sus caballos y divirtiéndola con el canto o el baile;[4] en 1478, por ejemplo, los gitanos bailaban ante el Santísimo Sacramento en las procesiones del Corpus Christi de Guadalajara, Segovia o Toledo.

Algunos autores afirman que la práctica de la medicina oriental acabó por molestar a la Iglesia católica, que en pleno siglo XV empezaba a reprimir la herejía mediante una nueva institución: la Inquisición. De hecho, son muchos los procesos inquisitoriales contra gitanos que se conservan en el Archivo Histórico Nacional. Otros autores, en cambio, afirman que los gitanos fueron el instrumento con que la Corona quiso castigar a la nobleza en el proceso de absolutización y centralización del poder posterior a la Reconquista.[5] También hay

---

4. Los espectáculos gitanos conseguirán un gran éxito en las fiestas religiosas y civiles. Pronto surgirá en España la moda gitana, que impregnará la literatura. Hasta el año 1840, con la popularización del flamenco, la cultura gitana no volverá a visibilizarse en la sociedad mayoritaria.
5. Resulta curiosa la comparación entre el vestuario de muchos gitanos actuales y la antigua *regalía* y costumbres nobiliarias: sello en el dedo anular, cadenas al cuello, camisas de volantes, vara en la mano, denominarse "primos" y verificar la vir-

quien apunta a un aumento de la demografía gitana, producto de nuevas migraciones a raíz de la caída de Constantinopla (1453). Lo cierto es que, en 1493, el Concejo de Madrid acordó «dar limosna a los de Egibto [...] para evitar los daños que pudieran hazer trezientas personas que venían».

Pasada esa primera etapa idílica inicial, los gitanos se vieron afectados entre los siglos XV y XVIII por un proceso represivo destinado a favorecer su asentamiento y asimilación en el nuevo contexto socio-político. Poco a poco fueron expulsados de la mayoría de países donde acababan de acceder: la actual Alemania (1500), Inglaterra (1514), la actual Bélgica (1540)... En 1563, el Concilio de Trento les excluyó del sacerdocio y les requirió una autorización episcopal para casarse. Por lo que respecta a España, iniciado el proceso de unificación (1492-1517), los Reyes Católicos tendieron a uniformizar sus reinos, proceso que afectó también a judíos, musulmanes y gitanos. La ley o "pragmática" de 1499 exigió a los gitanos que abandonaran la vida itinerante, se asentaran en las tierras del señor al que servían y asumieran un oficio conocido. El castigo por incumplimiento fue gradual: 100 azotes, destierros (algunos acabaron en América), 60 días de reclusión, amputación de orejas y, finalmente, esclavización en galeras. Este último fue un destino habitual de los gitanos entre los siglos XIV (Moldavia y Valaquia) y XIX (Rumanía).

A partir de aquí, los gitanos empezaron un doble proceso de asentamiento: uno rural, trabajando como jornaleros en las tierras de la nobleza y adoptando sus apellidos[6] (que con-

---

ginidad de la novia antes del matrimonio, habitual en las capitulaciones matrimoniales de la nobleza española.
6. Por ello resulta fácil encontrar, entre los gitanos, apellidos como Vargas, Heredia, Pantoja, Silva, Montoya... En cambio, aquellos que lo hicieron en propiedades reales o eclesiásticas adoptaron Reyes y Cruz, respectivamente. El de Santiago fue habitual en los que habitaron en las posesiones de la orden militar homóni-

tinuó en los pueblos con la caída del antiguo régimen); y otro urbano, ejerciendo oficios artesanos en las puertas de acceso de los principales municipios, con pocas –pero buenas– relaciones con el resto de vecinos. Este último es el origen de barrios como Triana (Sevilla), El Rastro (Madrid) o La Cera (Barcelona), entre otros. El nomadismo, como tal, desapareció; los pocos que continuaron itinerantes lo hicieron para vender sus productos artesanos en las ferias locales, siendo la venta ambulante actual una reminiscencia. Sus hermanos ya asentados les denominarán, despectivamente, "canasteros" o "andarríos".

Dinámicas de persecución y de exclusión

La suerte de los gitanos no fue distinta con la Casa de Austria en el poder. En este caso, pese a continuar con los asentamientos forzosos, la estrategia principal fue su asimilación cultural. El emperador Carlos I promulgó pragmáticas contra ellos en 1534, 1539, 1544, 1548, 1551 y 1559. Su hijo, el rey Felipe II, les catalogó oficialmente como vagabundos en 1566. Hubo que esperar hasta el rey Felipe IV, en 1633, para que quedara abolida la amenaza de expulsión que pesaba sobre ellos, aunque a costa de forzar aún más su asentamiento.[7]

La llegada al trono de la Casa de Borbón intensificó el proceso asimilatorio. El rey Felipe V ordenó en 1717 la rea-

---

ma. Entre los pocos originarios que han pervivido están Maya (España) o Mirga (Hungría).

7. En este proceso, los gitanos sustituyeron a los musulmanes (*moriscos*, en la época) en muchos barrios y pueblos, tras su expulsión en 1610.

lización de un censo de familias, insistiendo en el abandono de la lengua y la indumentaria. Aquel proceso tuvo su punto álgido en 1749, cuando el rey Fernando VI dictó una orden de búsqueda y captura de todos los gitanos, que llevó a los hombres a trabajar a los arsenales y a mujeres y a niños, a la prisión. En aquella operación, que el historiador Antonio Gómez Alfaro denomina «la gran redada de gitanos», fueron confinados unos 12.000 de ellos. No fueron indultados hasta 1783, cuando el rey Carlos III les reconoció la libertad de oficio y de domicilio, aunque prohibiéndoles ejercer la vida nómada, hablar en su lengua y vestir[8] de distinta manera a la de su región. Se inicia así el declive del *romanō*, que será sustituido progresivamente por el caló. A los que no obedecieron se les marcó la espalda con hierro candente y, a los reincidentes, se les castigó con la muerte. Las 459 leyes promulgadas entre 1499 y 1812 contra los gitanos llevaron a George Borrow a afirmar: «Dudo que haya un país como España donde se hayan promulgado más medidas para suprimir el nombre, la raza y la forma de vivir de los gitanos».

La coexistencia de los gitanos en la sociedad española continuó en un clima de desconfianza recíproca entre gitanos y no gitanos, con episodios de discriminación manifiesta, hasta el último tercio del siglo xx, con la restauración de la democracia. La Guerra Civil española no les afectó específicamente, a diferencia de lo sucedido en el resto de Europa. Estas persecuciones han marcado la conciencia colectiva de la población gitana, como nación única dentro de diversos Estados, hasta el punto de ser el fundamento sobre el que se ha construido el movimiento asociativo gitano y se han

---

8. Mantas a la espalda y argollas en las orejas, para los hombres; y faldas largas y turbante en la cabeza (después pañuelo), para las mujeres.

promovido las dinámicas de promoción y de reconocimiento. Baste como resumen la manifestación que hace la Unión Romaní española en su documento de principios:

> Nuestro pueblo ha sabido resistir, a lo largo de su historia, a todo tipo de agresiones que perseguían su desaparición, bien por la vía de la integración forzosa, bien por la desaparición física de nuestra gente [URE, 1996: 20].

DINÁMICAS DE PROMOCIÓN Y DE RECONOCIMIENTO

Pese al sombrío panorama que hemos dibujado, también hay que decir que a lo largo de la Historia hubo diversas iniciativas de ayuda a la población gitana, que se fueron intensificando según se aproximaba la Modernidad.

Fue en el seno de la Iglesia católica donde se alzaron las primeras voces contra la represión de las comunidades gitanas, siendo también en su interior donde se produjeron las primeras experiencias sistemáticas de ayuda. En el siglo XVI, san Felipe Neri (1515-1595), desde su oratorio de Roma, se dedicó específicamente a los gitanos. Los sínodos diocesanos de Trani y Siena, en 1589 y 1599, instaron a atender a los gitanos «porque, ante Dios, no hay distinción de personas». En el siglo XVIII, un párroco de Plegamans (Barcelona) pidió al rey Carlos III, en 1780, que les diese los medios necesarios para que se pudiesen integrar y «dejar de delinquir». En 1889, el sacerdote Andrés Manjón creó sus «escuelas del Ave María», en Sevilla, Córdoba y Granada, para atender específicamente a niños gitanos.

Pero hubo que esperar hasta el siglo XX para que la mejora de las condiciones de vida de la población gitana fuera un hecho, gracias al compromiso estable de la Iglesia católica y de las Administraciones y al posterior desarrollo de un movimiento asociativo autóctono. En 1925, bajo el amparo del comunismo, se fundó la primera entidad gitana, la Unión de los Gitanos de la Unión Soviética, para «la elevación cultural de las masas gitanas». Poco más tarde, en ese mismo país, se impulsaba el diario gitano *Nevo Drom* (Nuevo camino), se hicieron clases radiofónicas de lengua gitana y, en 1931, se fundó el Teatro Romen de Moscú. El drama de la II Guerra Mundial interrumpió este proceso.

En 1958, el papa Pío XII creó la Obra Asistencial y Moral del Nómada, que –gracias al espaldarazo del Concilio Vaticano II– impulsó el trabajo específico con gitanos dentro de las estructuras eclesiales a nivel local. La experiencia pionera del Secretariado Gitano de Barcelona, creado en 1965, tuvo su continuidad en una quincena de diócesis españolas. Con ellos se inauguró una línea de trabajo original, basada en el respeto a la cultura gitana, que unía actividad pastoral, sensibilización pública e intervención social, con la participación directa de los propios gitanos. Los "secretariados gitanos" pusieron también en marcha revistas específicas y consolidaron la asistencia social como profesión, gracias a la labor de centros formativos como el Instituto Católico de Estudios Sociales de Barcelona (1951-1983). Aquellas entidades eclesiales, según la etnóloga Teresa San Román, «crearon progresivamente una nueva conciencia comunitaria, un nuevo sentido ético común, que sería la base sobre la que se construirían las asociaciones gitanas actuales» (San Román, 1994: 126).

En el plano internacional, en 1971, se celebró en Londres el primer Congreso Gitano Internacional. Al margen de establecer el himno gitano (el *Djelem, djelem*, de Jarko Jovanović) y la bandera gitana (verde y azul, con una rueda roja en el medio),[9] se creó la Unión Romaní Internacional (URI), que tuvo como primer presidente al actor gitano Yul Brynner. En 1976, durante el primer Festival Gitano Internacional, celebrado en Chandigarh (la India), la primera ministra Indira Gandhi se refirió a ellos como «nuestros hermanos perdidos». La URI fue admitida, en 1979, como miembro del Consejo Consultivo de Naciones Unidas; ese año, en París, se creaba el Centro de Investigaciones Gitanas en el seno de la Universidad René Descartes. En 1990, durante el IV Congreso Gitano Internacional, se aprobó la variante dialectal estándar de la lengua gitana, impulsada por Marcel Courthiade, profesor de esta materia en el *Institut National des Langues et Civilisations Orientales* de París. En 1992, el *romanō* fue incluido por el Consejo de Europa en la *Carta Europea de las Lenguas Regionales o Minoritarias*.

Volviendo a la realidad española, la Constitución de 1978 no sólo eliminó las barreras legales que todavía institucionalizaban la discriminación contra los gitanos,[10] sino que emprendió los cambios estructurales que permitieron la creación de un movimiento asociativo gitano. Efectivamente, gracias a la libertad de asociación muchos de los secretariados traspasaron su tarea social a las nuevas asociaciones de "promoción gitana", como el Secretariado General Gitano (1978); también aparecieron asociaciones civiles lideradas por no gitanos, como Presencia Gitana (1972) y Enseñantes con Gitanos (1980). Lo más importante fue la creación de entidades impulsadas y lideradas por los propios gitanos, como la Asociación Gitana de Valencia (1979), Integración Gitana,

---

9. Algunos autores sostienen que esta rueda sería una reminiscencia de la rueda de los *chakras*, presente en la bandera de la India.
10. Hasta 1978 no se suprimieron algunos artículos del Reglamento de la Guardia Civil de 1943 que establecía medidas específicas para vigilar a los gitanos.

Opinión Gitana o Unión Romaní (1986), que les permitieron liderar su promoción y su reconocimiento; gracias a esa promoción, incluso algunos de sus líderes pudieron acceder a la política.

En 1985, el Gobierno central creó el Programa de Desarrollo Gitano, que estableció una línea estable y específica de subvenciones. Fue el detonante de un exponencial crecimiento asociativo, que a principios de la década de 1990 dio paso a una decena de federaciones autonómicas y, ya a finales de ese mismo período, a entidades temáticamente especializadas en jóvenes, mujeres, mayores... incluso a nivel internacional. Asimismo ha generado, progresivamente, la aparición de una *intelligentsia* gitana. En la década de 2000, algunas Comunidades Autónomas crearon sus propios programas específicos, entre los que destaca el *Pla Integral del Poble Gitano a Catalunya* (2005), elaborado por la Generalitat. También en esta misma década, diversas entidades gitanas han impulsado los «días del pueblo gitano» a nivel local. Hoy se calcula en unas 200 las entidades gitanas existentes.

En la década de 1980 y principios de la de 1990 dio comienzo la dinámica de reconocimiento y reparación institucionales hacia el pueblo gitano. Fueron diversos los organismos internacionales que aprobaron documentos oficiales, si bien de bajo perfil normativo, sobre derechos fundamentales de los gitanos y su cultura.[11] En 1992, el escritor alemán Günter Grass escribiría su brillante *Discurso de la pérdida*, en el que califica a los gitanos como «los auténticos europeos [...] porque ignoran las fronteras y nunca han armado un ejército para invadir un territorio», extremo este segundo no

---

11. En el último de ellos, en 2008, el Parlamento Europeo pedía al Consejo y a la Comisión «una estrategia europea relativa a la población gitana».

cierto del todo, porque históricamente sí han participado en acciones armadas como mercenarios de soberanos europeos.

En el año 2000, la Iglesia católica volvió a dar ejemplo cuando el papa Juan Pablo II pidió perdón «por la voluntad de dominio [...] contra otras culturas», entre ellas la gitana. En Cataluña, en 2001, el Parlamento aprobó una resolución en la que reconocía «la identidad del pueblo gitano y el valor de su cultura como salvaguarda de la realidad histórica de este pueblo» e instaba al Gobierno autonómico «a hacer las gestiones pertinentes para contribuir a difundir el reconocimiento de la cultura gitana y del valor de esta para la sociedad catalana». Este ejemplo fue seguido por otros parlamentos, porque en 2005 el Congreso aprobó una proposición no de ley en la cual instaba al Gobierno central a «difundir la lengua, la cultura, la historia y la identidad gitanas». Vladimir Špidla, comisario de Ocupación y Servicios Sociales de la Comisión Europea, calificó en 2008 la situación de los gitanos de «inaceptable, desde el punto de vista ético, social y humano» (*El Mundo*, 08/04/2008).

Finalmente, en esa misma década se crearon organismos oficiales relacionados con el pueblo gitano a nivel estatal, autonómico y local. La mayoría de ellos fue de tipo consultivo, si bien hay que destacar la creación del Instituto Español de Cultura Gitana (2008), por parte del Ministerio de Cultura. En 2004, el Banco Mundial estableció los años 2005-2015 como la Década para la Inclusión de los Gitanos. Aquel mismo año, gracias al impulso del Consejo de Europa, se creó el *European Roma and Travellers Forum*. También hay que decir que en el año 2000 la Unión Romaní Internacional estableció la celebración del Día Internacional del Pueblo Gitano, cada 8 de abril, para conmemorar a los gitanos muertos en el holocausto, efeméride que se ha implantado progresivamente a nivel autonómico.

Pero no todo está resuelto. Todavía permanecen en el inconsciente colectivo de los españoles actitudes de discriminación que impregnan la existencia cotidiana, combatibles sobre todo desde el sistema educativo y los medios de comunicación. Esa actitud de discriminación inconsciente llega incluso al diccionario de la Real Academia de la Lengua Española, en el que todavía se define así la palabra *gitano*:

> 3. adj. Que tiene gracia y arte para ganarse las voluntades de otros. [...] 4. adj. coloq. Que estafa u obra con engaño.

El presidente de la URI hasta 2002, Emil Sćuka, considera que los primeros 25 años del movimiento asociativo gitano han comportado un cambio de percepción hacia los gitanos, que han pasado de ser percibidos como comunidades a serlo como pueblo. Los 25 siguientes, según este gitano checo, deberían servir para reconocer a los gitanos como una minoría nacional, es decir, como una nación de base pluriestatal. No en vano, durante el V Congreso Gitano Internacional se planteó la constitución de un parlamento propio. Algunos extremistas han llegado a reivindicar la expedición de pasaportes simbólicos o la creación de un Estado gitano, el *Romanesthan*, extremos severamente criticados dentro de la cultura gitana.

7. PERSPECTIVA CULTURAL

Hemos visto que los gitanos constituyen un grupo humano con una cultura propia, basada en una historia común, una conciencia colectiva, una serie de costumbres y una lengua propia. Sin embargo, como sucede con otras culturas, no constituyen un grupo homogéneo, porque en su seno existen diferencias notables desde el punto de vista lingüístico, religioso y social. Si ya ocurre con otras culturas –comparemos, por ejemplo, los españoles o los italianos del norte con los del sur–, este fenómeno no puede dejar de suceder con la cultura gitana.

CONFIGURACIÓN DE LOS GRUPOS GITANOS

Atendiendo a esas diferencias, se han configurado históricamente los dos grandes grupos gitanos que han sobrevivido hasta nuestros días: los *kalderāsh* y los *kalē*. Según esta clasificación, compilada por el sociólogo francés Jean-Pierre Liégeois, los primeros serían el grupo más numeroso, asentado en toda Europa excepto en la península ibérica y el sur de Francia, donde estarían los *kalē* (lit. los "negros"); los *kalderāsh* serían conocidos como *manūsh* en el oeste y como *sīnti* en el centro de Europa. Dentro de cada una de estas divisiones se podrían hacer otras adicionales, según los subdialectos, que no aportan demasiado a la comprensión global de cada grupo. Así, dentro de los *kalderāsh* estarían los *xoraxāi*, los *lovāri* o los *ursāri*. De igual forma, los *kalderāsh* serían básicamente ortodoxos, los *manūsh-sīnti*, católicos y pentecostales, los *xoraxāi*, musulmanes... Lo analizaremos en profundidad en las partes III y VII.

El origen de estos grupos hay que buscarlo en diversos fenómenos. Por una parte, el carácter progresivo de llegada a Europa de los gitanos, que generó una mayor o menor proximidad temporal a la India originaria. Por otra parte, el proceso de asentamiento de cada grupo, que provocó en ellos diversos ritmos y niveles de adaptación a la cultura de referencia dominante. Finalmente, la falta de comunicación entre los diferentes grupos, del siglo XIV al XX, debilitó su conciencia colectiva y, por tanto, la modificación de algunas pautas de su comportamiento. Sin embargo, como apunta una de nuestras teorías, la matriz cultural continúa siendo la misma.

Hay que decir que, durante los siglos XIX y XX, estas diferencias grupales sirvieron a muchos científicos para defender la inexistencia de la cultura gitana, pretendiendo que eran tan grandes que impedían hablar de una identidad singular y diferenciada, lo que dio pie a una dinámica asimilacionista. Asimismo, las dinámicas de represión y persecución hicieron que la cultura gitana se tuviera que transmitir de forma críptica, en el ámbito exclusivamente familiar, situación que contribuyó a invisibilizarla. Esa invisibilidad perduró en España hasta la década de 1840, cuando el flamenco pasó a ser una ocupación profesional y llamó así la atención de la literatura costumbrista. Hoy en día los diferentes niveles formativos hacen que la intensidad de pertenecer a una comunidad gitana sea diversa.

Distribución en el mundo

De los casi 15 millones de gitanos que viven en todo el mundo, unos 12 millones forman parte de Europa, constituyendo la mayor minoría europea;[1] el resto hay que encontrarlo en la diáspora de América, conformada por las persecuciones españolas de los siglos XV-XIX y las dos guerras mundiales del siglo XX.

La principal dificultad para conocer en detalle su distribución geográfica en todo el mundo se encuentra en la falta de censos fiables. Las legislaciones europeas no permiten afirmarse como gitano o como judío en sus instrumentos censales (aunque, vista la experiencia de siglos pasados, dudo que los gitanos quisieran hacerlo). De igual forma, la mayoría de estadísticas facilitadas por las organizaciones estatales, autonómicas y locales suelen estar magnificadas por algunas organizaciones gitanas a fin de obtener una mayor representatividad, básicamente a efectos de subvenciones.

Sirvan estas reflexiones previas para justificar el carácter solamente estimativo de las cifras que veremos a continuación. También hay que recordar que la caída de los regímenes comunistas (a partir de 1988) y la guerra de la antigua Yugoslavia (desde 1991) provocaron un importante proceso migratorio que ha llevado a unos 280.000 gitanos del este al oeste de Europa, especialmente a Alemania, Francia, Italia y España, donde son popularmente conocidos como "rumanos".

Partiendo de los datos aportados por la Comisión Europea (2011), pero contrastados con el informe de Jean-Pierre Liégeois y Nicolae Gheorghe[2] y con mi propio criterio, he construido una tabla que podría ilustrar la distribución geográfica de los grupos descritos anteriormente.

---

1. Los gitanos son una mayoría más numerosa en Europa que, por ejemplo, los musulmanes. Comparen la atención que los medios de comunicación dedican a unos y a otros para ser conscientes de hasta qué punto los primeros están discriminados.
2. Minority Rights Group: *Report Roma/Gypsies: A European Minority* (MRG, Londres, 1995).

Población gitana en el mundo	
Albania	115.000
Alemania	105.000
Argentina	300.000
Austria	25.000
Bielorrusia	40.000
Bélgica	30.000
Bosnia-Herzegovina	50.000
Brasil	1.000.000
Bulgaria	750.000
Colombia (2005)	8.000
México (2000)	15.850
Croacia	35.000
Dinamarca	5.500
Ecuador	1.000
Eslovaquia	500.000
España	650.000
Francia	400.000
Finlandia	11.000
Grecia	265.000
Países Bajos	40.000
Hungría	700.000
Irlanda	37.500
Italia	140.000

Población gitana en el mundo	
Letonia	14.500
Lituania	3.000
Luxemburgo	300
Macedonia	197.750
Polonia	37.500
Portugal	55.000
Reino Unido	225.000
Rumanía	1.850.000
Rusia	825.000
Serbia	600.000
Suecia	42.500
Turquía	2.000-5.000
Chequia	200.000
Ucrania (2001)	260.000
Uruguay	400
Chile	15.000-20.000

Estadísticas culturales

Básicamente hay dos formas de aproximarse a la situación cultural de los gitanos. La primera –y más habitual– es en relación a su acceso a las herramientas que conforman la cultura de referencia; la segunda –casi nunca tenida en cuenta– estaría en relación a su propia cultura: los gitanos podrían ser analfabetos en cuanto a la primera, mientras que su competencia respecto a la segunda podría ser la adecuada. Debemos ser conscientes de esta doble perspectiva si no queremos caer en el etnocentrismo.

Así las cosas, el conocimiento que los gitanos tienen de su propia cultura es aceptable entre los mayores de 40 años. Según los datos aportados en 2002 por Djurić y Courthiade, el 80% de la población gitana habla su lengua, con más o menos competencia lingüística (Djurić/Courthiade, 2002: 1), con excepción de España. Muchos de los jóvenes gitanos españoles no conocen hoy en día más allá de 30 palabras en caló. «De gitanos –afirma Juan Reyes (1997), que lo es y de verdad–, sólo les queda lo biológico.» Esa pérdida de competencias culturales básicas (conocimiento de la lengua, los valores y las costumbres) se debe a la influencia de los medios de comunicación y a la convivencia con no gitanos en ambientes de marginalidad.

Pero no nos engañemos. El conocimiento de la cultura de referencia aporta la estructuración personal necesaria para vivir en una cultura global de tipo predominantemente escrita y cognitiva (aunque cada día más visual y emotiva), al margen de las competencias que facilita para acceder a todos los ámbitos de la sociedad mayoritaria. En este contexto, debemos decir que en los últimos 40 años, gracias a las dinámicas de promoción y de reconocimiento, es indudable que la situación de la población gitana ha mejorado mucho en España. No debemos olvidar que en 1969[3] (Botey, 1970: 214) la tasa de analfabetismo global de los gitanos adultos era del 95%, cifra que se había reducido al 68% (porcentaje aún mayor entre las mujeres) en 1978[4] (Abajo/Carrasco, 2002: 100) y que

---

3. Según datos del Secretariado Nacional del Apostolado Gitano.
4. Según datos del Instituto de Sociología Aplicada de Madrid.

en 1998 se situaba en el 25,7%[5] (Cortes Generales, 1999: 15-16). Igualmente, según estos mismos datos, el porcentaje de escolarización obligatoria era del 55%, mientras que en 2002 era ya del 95% (Salinas, 2002: 7).

Estas cifran sitúan aún a los gitanos lejos del resto de la población. De hecho, el absentismo escolar, regular o esporádico, se mantiene en el 31% (Abajo/Carrasco, 2002: 58), mientras que el fracaso escolar ronda el 70% (Salinas, 2002: 7). Dicho de otra forma, pese a que casi todos los niños gitanos inician los estudios en Infantil y la mayoría (un 94%) los continúan en Primaria, una gran parte los abandona en Secundaria (un 80%),[6] cifra que desciende al 50% en el conjunto de Europa.[7] Son pocos los que acceden a Ciclos Formativos y, aún menos, a Bachillerato; aún menor es el porcentaje de los que accede a los estudios universitarios. La explicación a este fenómeno hay que buscarla en la percepción de la escuela como instrumento asimilador de la sociedad mayoritaria.[8]

---

5. Según datos de la Fundación FOESSA.
6. *El País*, 18/09/2010, sin citar fuente.
7. Según datos de la UNESCO.
8. Durante años, la atención al alumnado ha evolucionado de la voluntad asimilacionista (negando el valor de su cultura), segregacionista (creando escuelas especiales) a la integracionista (promoviendo tanto la presencia de su cultura en el currículum escolar como la implicación de las familias en la acción educativa, mediante mediadores gitanos). En muchos países del este de Europa, incluso, los niños gitanos eran escolarizados en escuelas *especiales*, para discapacitados; al llegar a la juventud se les vetaba el acceso a la enseñanza universitaria.

8. PERSPECTIVA SOCIAL

Hemos visto antes que la cultura gitana se puede subdividir culturalmente. De la misma forma, la población gitana puede dividirse en diferentes grupos según los indicadores que hacen referencia a su situación social. Existen distintos niveles de promoción que condicionan su respuesta a los estímulos de la vida cotidiana, lo que provoca que, a causa de factores de exclusión social, buena parte de la existencia gitana transcurra al margen de la realidad mayoritaria. No es que los gitanos necesiten mucho para vivir, porque en su escala de valores han priorizado otros elementos distintos a los materiales, pero hay unas condiciones básicas sin las que resulta difícil vivir con dignidad. Ya se sabe: *primum manducare, deinde philosophari...*

Configuración
de los grupos gitanos

El origen de estas situaciones de exclusión hay que buscarlo en las dinámicas de asimilación y persecución iniciadas en el siglo xv en España.

Las diferentes disposiciones legales promulgadas fueron a menudo contradictorias, rompiendo el principio de coherencia jurídica. Se apartó a la población gitana de sus ocupaciones laborales tradicionales sin permitirle incorporarse a las profesiones emergentes, propias de la Europa pre-capitalista del Renacimiento. Asimismo, se les obligó a ejercer un oficio reconocido aunque limitando su acceso al sistema gremial. También se les privó de la posibilidad de acceder a la propiedad de la tierra, que hubiesen podido explotar de forma colectiva, aprovechando su estructura familiar. Incluso, se les impidió el acceso a cargos públicos destinados al estamento general, como el ejército, en cuya caballería hubieran podido servir o cuya infantería hubieran podido engrosar... por poner algunos ejemplos.

En el mejor de los casos, los gitanos se vieron obligados a trabajar como jornaleros o a hacer de artesanos del metal, mientras que la mayoría tuvo que vivir de lo que pudo, practicando la venta en los mercados semanales locales o recorriendo las calles pidiendo... incluso robando, degradando así su imagen colectiva ante el resto de la población y construyendo un estereotipo que aún perdura en parte.

Hacia 1955, con la mecanización del campo, muchas familias se vieron obligadas a emigrar a las grandes ciudades, donde conformaron grandes asentamientos de infraviviendas, desapareciendo los pocos grupos nómadas que aún quedaban.[1] Los gitanos quedan nuevamente al margen del sistema productivo. La realidad gitana se hizo predominantemente urbana, en un proceso que todavía no ha sido asimilado por completo debido al déficit de espacios relacionales con la comunidad y con la naturaleza. Durante la década de 1960 surgirán barrios como El Pozo del Tío Raimundo (Madrid), Las Tres Mil Viviendas (Sevilla) y El Somorrostro y El Campo de la Bota –hoy La Mina–, en Barcelona... entre muchos otros.

---

1. Denominados despectivamente, por el resto de gitanos, como *canasteros* o *andarríos*, por dedicarse originariamente a fabricar canastas con el mimbre que recogían en las riberas fluviales.

Fue en este clima de desconcierto, de tránsito del mundo rural al de la marginación suburbial,[2] primero en asentamientos de infraviviendas y después en barrios con falta de infraestructuras, donde durante las décadas de 1970 y 1980 aparecieron, sucesivamente, dos fenómenos que han alterado de forma importante los valores tradicionales de la cultura gitana: el pentecostalismo y la droga.

Distribución en todo el mundo

Sobrepasa el objeto de este libro analizar la distribución de la población gitana en el mundo, según los indicadores sociales de esperanza de edad, discriminación sufrida o renta dispuesta. Pero no hay que perder de vista dos datos generales, facilitados por el Banco Mundial en su informe de 2005: los gitanos viven entre 10 y 15 años menos que el resto de la población y el 50% de la población gitana tiene menos de 30 años (Ringold/Orenstein/Wilkens, 2005: 25). Igualmente, en su informe de 2008 sobre la discriminación en la Unión Europea, la Comisión Europea afirmaba que el 24% de la población de los Estados miembros no quería tener una familia gitana por vecino (Comisión UE, 2008: 44). Finalmente, según Courthiade, sólo un 4% de la población gitana practica hoy el nomadismo, siendo sobre todo grupos *sinti* y *lovari* del este de Europa.

Cuanto más hacia el este de Europa, los niveles de renta disminuyen y las actitudes de discriminación aumentan; en países como Chequia, por ejemplo, ese porcentaje alcanza el 47%. De ahí los procesos migratorios ya descritos hacia el

---

2. Este proceso se recoge en el estudio «Gitanos al encuentro de la ciudad: del chalaneo al peonaje», del Equipo GIEMS. *Cuadernos para el Diálogo*, Madrid, 1976.

oeste de Europa. Simultáneamente, la falta de separación física entre estos grupos culturales y los gitanos de los países de acogida ha provocado un conflicto intracultural que se ha añadido a la discriminación sufrida por parte de la sociedad mayoritaria. La situación de los gitanos en España, como veremos en el siguiente epígrafe, es un buen ejemplo.

ESTADÍSTICAS SOCIALES

Ciertamente, como ya apuntábamos en el plano cultural, las condiciones de vida de la población gitana han cambiado en los últimos 40 años gracias a las dinámicas de promoción y de reconocimiento. Pero este cambio no ha sido tan grande como era de esperar, en relación a los esfuerzos y recursos invertidos. De hecho, muchas de las minorías inmigradas recientemente han visto, en menos tiempo y con menos recursos, mejorar su situación social de forma más sustancial.

Según datos de la Fundación FOESSA, en 1998 un 51,6% de la población gitana vivía aún en la pobreza (grave o extrema), cifra que según otras fuentes se habría reducido a un 12% en 2010. Un 17% subsistiría hoy gracias a las ayudas sociales (*El País*, 18/09/2010). Según el Centro de Investigaciones Sociológicas (CIS), en 2004 el índice de paro entre la población gitana era del 13,8%, cifra que hoy se presupone más alta por la crisis iniciada en 2007. En cuanto a la calidad del empleo, en 2010 el 85% de sus trabajos era temporal (*El País*, 18/09/2010) y en 2004 el 42%, a tiempo parcial (CIS). Por sectores, un 75,9% se dedicaba a los servicios y un 4,7%, a la industria. En este mismo plano laboral, según FOESSA, entre el 50 y el 80% se dedicaba a la venta ambulante y a la recogida de chatarra, mientras que entre un 5 y un 15% trabajaba en el sector artístico, el de las antigüedades y el del campo, apareciendo un grupo del 10 al 15% que lo hacía en la construcción y la Administración. Según estimaciones del sociólogo gitano Nicolás Jiménez, en 2002 un 30% de las familias gitanas vivía aún en infraviviendas, siendo la esperanza de vida de 56 años para los hombres y de 60 para las mujeres. Otras estimaciones reducen a un 5-7% el grupo de los que podrían vivir en infraviviendas y consideran que los gitanos viven unos 10 años menos que la población española en general, es decir, como en Perú o en Marruecos (*El País*, 18/09/2010). Igualmente, según Jiménez, casi un 40% de su población tiene menos de 16 años, gracias a un crecimiento vegetativo del 6,5% anual que duplica su población cada 15 años.

A la vista de estos datos parece necesario hacer una valoración del trabajo hecho durante estos 40 años de promoción y de reconocimiento. Las Administraciones no han puesto en marcha los mecanismos de control que hubieran permitido conocer la verdadera utilidad social de las subvenciones. En el fondo, existe un cierto desinterés, siempre que la convivencia no cree problemas mediáticos. Afirma la antropóloga Rosa Llopis que los gitanos no son útiles al sistema productivo (Llopis, 2009), lo que confirma la intuición de Botey hace casi 40 años:

> Si se viven como primeros valores los de utilidad [...] producción y consumo, es natural que la sociedad se pregunte: ¿de qué sirve el gitano? ¿Qué aporta a la productividad? [...] No se acepta al gitano como persona sino como productor [Botey, 1970: 91].

Al mismo tiempo, dentro del movimiento asociativo gitano, no se ha propiciado una renovación generacional entre los cuadros directivos, que explotan hoy fórmulas de gestión de hace 30 años. Tampoco se ha hecho ningún esfuerzo para buscar recursos más allá de la esfera pública, ni para desarrollar un concepto propio de voluntariado, lo que ha degenerado en un clientelismo político. Finalmente, los gitanos que han alcanzado mejores niveles de calidad de vida se han olvidado a menudo de su pueblo, en un fenómeno ya diagnosticado por el sociólogo brasileño Paulo Freire en América Latina. Los gitanos, como sostiene el ingeniero gitano Miguel Mendiola, siempre han estado tan limitados por las carencias materiales que no han podido demostrar lo efectivos que serían si tuvieran las mismas oportunidades que los no gitanos acomodados (Mendiola, 2000).

En el plano positivo, al margen del incremento de los índices de bienestar y la disminución de los de discriminación, hay que destacar el fortalecimiento de la conciencia colectiva de los gitanos y la progresiva generación del concepto de adolescencia y juventud gitana (antes se pasaba directamente de la infancia a la madurez, a través del matrimonio). Una nueva metodología de intervención en el campo educativo, la incidencia efectiva en los medios de comunicación y la renovación a fondo del movimiento asociativo gitano serán las claves del progreso de la población gitana en el siglo XXI, con la construcción de una clase media capaz de hacer la necesaria síntesis entre tradición y modernidad en lo relativo a la cultura gitana. Como afirma el psicólogo gitano Domingo Jiménez:

> Se deben formar mediadores, elaborar materiales pedagógicos, crear medios de comunicación propios, fomentar la presencia de gitanos en las instituciones… bajo el paraguas de un órgano común de coordinación en el que estemos presentes las organizaciones gitanas.[3]

---

3. Monográfico «Acció socioeducativa i poble gitano» de la revista *Educació Social*. Fundació Pere Tarrés, Barcelona, 2003.

Desgraciadamente, estas mismas acciones eran ya reclamadas por Botey hace muchos años, de forma casi profética:

> Es absolutamente necesario que se dé una educación explícitamente gitana, en la que se desarrolle el amor por la propia tradición y sus valores; las actitudes de libertad ante la realidad gitana; la proyección social por la que el educando asume paulatinamente un compromiso de servicio y de liberación del pueblo gitano [Botey, 1970: 207].

PARTE III. EPISTEMOLOGÍA GITANA
Ver el mundo a la manera gitana

9. DEFINICIÓN Y CLASIFICACIONES DE LA EPISTEMOLOGÍA

La cuestión del conocimiento aparece como eje central de la reflexión filosófica a lo largo de la Historia, hasta el punto de convertirse en una de las preguntas centrales de la propia filosofía. Son muchos los autores y las corrientes que han intentado dar respuesta a cuestiones como: «¿Qué y cómo podemos conocer?», «¿Cuáles son los límites del conocimiento?», o «¿Qué función tiene el conocimiento en el desarrollo de la personalidad y la configuración de la cultura?». En este sentido, la epistemología constituye uno de los fundamentos de la identidad de las personas y la construcción de las cosmovisiones colectivas, entre ellas la gitana.

DE LA EXISTENCIA AL CONOCIMIENTO

Afirma Juan Pablo II, en su carta encíclica *Fides et ratio*, que el ser humano es un *ser cognoscente*, que vive en el mundo y se interroga por él, intentando dar sentido a su existencia: «Cuanto más conoce la realidad y el mundo, más se conoce a sí mismo en su unicidad, resultándole más urgente el interrogante sobre el sentido de las cosas y sobre su propia existencia» (Juan Pablo II, 1998: 3-4).

Baste como ejemplo esta afirmación para deducir que la reflexión personal sobre uno mismo está indisolublemente ligada a la realidad en que desarrolla su vida, hasta el punto de que la búsqueda de sentido sobre su existencia («¿Quién soy?») aparece vinculada a la explicación sobre su capacidad de conocimiento («¿Es verdadera la realidad que me envuelve?»). En este sentido, Walter Berne afirma que «pensar es hacerlo siempre sobre algo», por lo que sólo puede haber conocimiento en la medida en que haya *alguien* que conoce y *algo* que es conocido.

En esta relación epistemológica, el ser humano no reflexiona por el simple hecho de hacerlo, sin ninguna intencionalidad, sino que lo hace para dar un sentido verdadero a su existencia. El propio Juan Pablo II concreta su definición sobre el ser humano afirmando que es alguien «que busca la verdad», porque «nadie puede quedar indiferente sobre la verdad de su saber: si descubre que es falso, lo rechaza; si puede confirmar su verdad, se siente satisfecho» (Juan Pablo II, 1998: 42). El propio san Agustín de Hipona, en sus *Confesiones*, asegura: «He encontrado a muchos que querían engañar, pero ninguno que quisiera ser engañado» (X, 23, 33: CCL, 27, 173).[1] El ser humano necesita conocer la verdad y vivir conforme a ella, porque «si se tiene en cuenta que todo lo que existe puede ser conocido, hay que concluir que verdad y ser son la misma cosa» (Corazón, 2002*a*: 22).

Pero... ¿qué es el conocimiento? La definición clásica de Aristóteles, que fundamenta el pensamiento realista, sostiene que se trata de una «adecuación del intelecto a la realidad». Ferrater Mora afirma que «conocer es el acto por el que un sujeto aprehende un objeto» (Ferrater, 1994: 67). Verneaux va un poco más allá al decir que «es un acto, espontáneo en

---

1. Esta misma frase, adaptada al contexto gitano, se la escuché decir, hasta la saciedad, a Juan de Dios Ramírez Heredia, entre 1995 y 1998: «Engañar a otro puede tener hasta cierto arte; engañarse a uno mismo, sencillamente, es de tontos».

lo que respecta a su origen e inmanente en lo relativo a su término, mediante el que alguien se hace intencionalmente presente alguna región del ser» (Verneaux, 1994: 103-104). Para García Cuadrado, en cambio, «es una relación entre un sujeto que conoce y una realidad que es conocida» (García, 2003: 51). En términos parecidos se expresa Corazón, al asimilarlo a un «acto que posee intencionalmente al objeto conocido» (Corazón, 2002a: 47). Retengamos la necesidad de que, para que haya conocimiento, es necesario que existan un sujeto, un objeto y una relación entre ambos.

Definición y evolución de la filosofía del conocimiento

Este sería el objeto de la *filosofía del conocimiento*, disciplina filosófica destinada a «establecer el valor del conocimiento humano» (Verneaux, 1994: 14) o a «estudiar la verdad que se experimenta en el interior del mundo cognoscitivo» (Alessi, 2003: 39). La gnoseología o epistemología (del griego, επιστήμη o *episteme*, lit. "conocimiento"; λόγος o *logos*, lit. "teoría") es el estudio de la producción y validación del conocimiento. Es conocida como «la rama mayor de las Ciencias». Se ocupa de problemas como las circunstancias históricas, psicológicas y sociológicas que llevan a la obtención del conocimiento, así como de los criterios por los que se justifica o se invalida. Algunos autores apuntan diferentes nombres para designar a esta rama de la filosofía, como *crítica del conocimiento*, *estudio del conocimiento* o *teoría del conocimiento* (Corazón, 2002: 21-22). Otros, en cambio, rechazan el primero (*crítica*) por su carácter limitado al pensamiento kantiano, y el segundo por su vinculación con la filosofía de la ciencia (*epistemología*), recomendando adoptar el tercero, también conocido como *gnoseología*, entendida como «estudio de las cuestiones relativas a la posesión del ser por el conocimiento, es decir, a la metafísica de la verdad» (Llano, 2000: 20). En el ámbito filosófico español se utiliza este último para referirse al conocimiento en general, reservando *epistemología* para el conocimiento científico, mientras que en el ámbito filosófico inglés y francés este segundo término lo engloba todo.

Independientemente de su denominación, existe un cierto consenso sobre el hecho de que la filosofía del conocimiento resulta una constante implícita a lo largo de la historia del pensamiento filosófico. Su formulación explícita no se produjo hasta la época moderna, a partir de la diferenciación crítica entre sujeto cognoscente y objeto conocido, sintetizada en la distinción cartesiana entre *res cogita* y *res extensa*. Pero una cosa es el origen y otra, la definición. Así, Ferrater Mora vincula su condición de disciplina a su formulación explícita en el pensamiento kantiano:

> Sólo en la época moderna el problema del conocimiento se convierte en el problema central del pensamiento filosófico [...] Pero todavía no se concebía el estudio del conocimiento como capaz de impulsar una disciplina filosófica especial. Desde Kant, en cambio, el problema del conocimiento se convirtió en objeto de una teoría del conocimiento [Ferrater, 1976: 67].

Pero el drama de la filosofía moderna, como apunta Martin Heidegger, sería *el olvido del ser*: la reflexión filosófica, «dejando de orientar su investigación sobre el ser, ha concentrado la propia búsqueda sobre el conocimiento humano. En vez de apoyarse sobre la capacidad humana para conocer la verdad, ha preferido destacar sus limitaciones y condicionamientos» (Juan Pablo II, 1998: 10). De ahí que nuestra metodología de investigación parta de una distinción crítica entre sujeto cognoscente y objeto conocido, para centrar nuestra atención en la persona que conoce y sus actitudes sensitivas e intelectivas. El centro de atención, como apunta Alessi, es «el poliédrico mundo del pensamiento, en todas sus manifestaciones» (Alessi, 2003: 39).

10. ORIGEN Y FUNDAMENTACIÓN DEL CONOCIMIENTO ENTRE LOS GITANOS

Tal como hemos visto, los gitanos han vivido siempre en el mundo. La suya no ha sido una existencia recluida entre cuatro paredes, en un mundo ideal, sino que ha transcurrido en estrecho contacto con la naturaleza y la comunidad, con quienes han establecido una relación destinada a garantizar su supervivencia. Afirma Mendiola, afincado desde hace 30 años en los Estados Unidos, donde ha trabajado en uno de los programas aeroespaciales de la NASA:

> Creo que la efectividad gitana está más que demostrada. Pocos grupos sobreviven con tan pocos recursos y con tantos obstáculos [Mendiola, 1997: 16].

Esta afirmación, en el plano cognitivo, tiene dos claras consecuencias. Por una parte, la obligación de vivir en una caravana acostumbró a los gitanos a privilegiar los sentidos como medio de relación entre la persona y la naturaleza; por otra parte, el hecho de cerrarse en la propia comunidad le otorgó un papel referencial en la supervivencia: vivir sería, sobre todo, vivir en comunidad. De ahí que los gitanos hayan desarrollado –como veremos– una forma de pensar fuertemente realista y pragmática, que se ha superpuesto a los rasgos de origen oriental (voluntad de conocimiento, fijación en los particulares, lógica de carácter inductivo) que han perdurado en su *inconsciente cognitivo*.

Esta eficacia ha sido constatada por la mayoría de maestros y profesores que han trabajado con niños y jóvenes gitanos. Coinciden en decir que su dificultad en el razonamiento abstracto es paralela a su facilidad para las cuestiones concretas. Como afirma la maestra Elisa Soler, que ha trabajado con ellos durante casi 40 años, «les cuesta entender los conceptos que no tienen una aplicación práctica para ellos y, sobre todo, para su mundo» (Soler: 2004). En este mismo sentido se manifiesta Teresa Codina, maestra e impulsora de las escuelas *Avillar chavorrós* y *Chavó-Chaví* del barrio barcelonés de Can Tunis: «Tenían una enorme dificultad para la abstracción. En cambio, lo concreto se les daba muy bien. Por eso pusimos en marcha un taller de manualidades que funcionó perfectamente. Eran mucho más hábiles que los niños no gitanos» (Codina: 2010). Feli Lozano, maestra durante más de 20 años en el barrio de La Mina, también corrobora esta impresión: «He tenido multitud de niñas y niños gitanos como alumnos. Jamás olvidaré su frescura, viveza e ingenio». Botey constata «la aversión a la rigidez lógica y las ideas abstractas» (Botey, 1970: 180).

Los hábitos cognitivos

Sirva, como punto de partida, la constatación de que los gitanos se mueven con facilidad en el mundo real, como contexto inmediato de su existencia. El escritor Miguel de Cervantes, en *La gitanilla*, no duda en afirmar:

> No hay gitano necio ni gitana lerda, que como el sustentar su vida consiste en ser agudos, astutos y embusteros, despabilan el ingenio a cada paso y no dejan que críe moho de ninguna manera [Cervantes, 1613/1969: 24].

Los gitanos tienen una intencionalidad de conocer que es el punto de partida del proceso cognitivo, como señala Corazón:

> En primer lugar, conocer es siempre y necesariamente conocer algo: es decir, el conocimiento no se refiere a sí mismo sino a aquello conocido [...] [que] no es nunca, directamente, el propio acto de conocer ni el objeto conocido, porque este no es más que el mismo acto de conocer en cuanto ejercido [...] Cuando conocemos, conocemos realidades, no ideas [...] Otra nota de la intencionalidad es que entre el acto de conocer y aquello conocido no hay nada intermedio [...] Por eso, conocer es algo que sucede siempre en el presente: en realidad, conocer es tener algo en presencia [Corazón, 2002a: 49-51].

Esta voluntad de conocer es la que los escritores románticos del siglo XIX denominaron de forma imprecisa *pasión gitana*, refiriéndose a su pulsión por estar siempre abiertos a la realidad con una clara intencionalidad de captar al máximo su densidad semántica: cuanta más información, mejor subsistencia. Como reconoce el político gitano Juan de Dios Ramírez Heredia, «para el gitano, el tesoro es lo humano y la felicidad es vivir» (Ramírez Heredia, 1973: 14). Soler profundiza en este concepto, desde otra perspectiva, al decir que el alumnado gitano «puede pecar de falta de concentración, pero nunca de falta de atención», es decir, perciben mucho pero retienen poco (Soler: 2004.). García Cuadrado sitúa esta intencionalidad como perfección vital: «Vivir conociendo es vivir mucho más (no en el sentido temporal sino intensivo), porque se vive aquello que se es y se vive (de otra manera) aquello que no se es» (García, 2003: 51-52).

Los propios gitanos reconocen en ellos mismos la voluntad de captar el presente, que tan frecuentemente se les ha recriminado. Afirma Albert Garrido que «el romanó, antigua lengua derivada del sánscrito, nos pone al corriente de un valor esencial de los gitanos: su predisposición a vivir al día» (Garrido, 1999: 54). El poeta gitano Pohopol dice de su pueblo: «Eran como las olas, el humo y el viento: no podían, no sabían, no querían estarse quietos» (VV.AA., 2003: 13). El propio Mendiola sostiene que «el gitano olvida pronto el pasado, si es triste; y raramente piensa en el futuro, a menos que sea muy inmediato. Eso sí: vive intensamente el presente, siempre dispuesto a sacar de el mejor provecho posible» (Mendiola, 1997: 17). Esta apertura a la realidad inmediata, que no es otra cosa sino el presente, es la que Corazón valora en el acto de conocer: «Esta inmediatez del conocimiento significa que el hombre es un ser abierto a la realidad» (Corazón, 2002*a*: 57).

Algunos autores se muestran críticos a la hora de considerar como auténtico el conocimiento de tipo práctico, que está condicionado por el resultado: «Si el conocimiento se somete a la voluntad, resta por completo a su disposición», por lo que «cuando se concibe como un medio al servicio de cualquier finalidad […], se le limita y, con él, al propio hombre» (Polo, 1987: 92). Pero ya Georg F. Hegel intentó reunir contemplación y acción en su dialéctica, algo que tanto atrae a los orientales (Nakagawa, 2006: 84). En el caso de los gitanos, no hay que confundir este tipo de conocimiento, destinado a justificar una acción, con la voluntad de conocer por necesidad, destinada a la supervivencia personal. En este sentido, santo Tomás de Aquino considera que «el conocimiento práctico sería el superior, porque la felicidad del hombre es la consideración y ordenación de sus actos y pasiones» (S.Th., II-II, q.180, a.2). En la época contemporánea, otros autores han avalado también el carácter práctico del conocimiento. William James, en *El pragmatismo* (1907), considera que «la verdad consiste en el valor práctico de las ideas. Es verdad lo que favorece la acción (...) El conocimiento humano tiene valor sólo en la medida que es favorable al individuo y a la sociedad» (Alessi, 2003: 144). También John Dewey, en *La búsqueda de la verdad* (1927), se pronuncia en este sentido: «Sólo en la eficacia de la acción el hombre consigue la certeza y, con ella, la verdad» (Dewey, 1960: 3). Los propios gitanos reconocen este utilitarismo, destinado a garantizar la supervivencia personal y grupal:

> En una jerarquía de valores, los gitanos damos la mayor importancia al hombre, después a la naturaleza y finalmente a la vida [...]. En este sentido, el gitano es egoísta. Explota todo lo que está a su alcance para conseguir el bienestar de los suyos, porque sabe que sólo así cumple con su obligación de buen padre, hijo o marido [Ramírez Heredia, 1974: 77 y 33].

El conocimiento noético

Hemos visto hasta ahora que los gitanos están constitutivamente abiertos a la realidad con la clara voluntad cognitiva de percibirla, aunque sea a efectos pragmáticos. No en vano, los gitanos se han dedicado tradicionalmente a actividades de tipo práctico, en especial el comercio (animales, ropa, chatarra), la artesanía (hierro, mimbre), el cultivo (campo, animales) o el arte (canto, música). ¿Qué tienen en común? En un primer análisis podríamos decir que la necesidad de un soporte real y el resultado práctico de la actividad. Pero, en un segundo y más profundo análisis, se puede colegir que todas esas actividades otorgan un alto valor a los sentidos, porque permiten a la persona estar en contacto directo con el medio natural. Lo reconoce el gitano orientalista Manuel Reyes (2005), miembro del Secretariado Gitano de Barcelona, al recordar en una conferencia en Casa Asia sus inicios como herrero:

> Como aprendiz de herrero, pude comprobar cómo el elemento aire, canalizado con el fuelle, avivaba al elemento fuego, donde se depositaban los metales para darles forma con el martillo sobre el yunque.

De esta forma, los sentidos son el origen del proceso cognitivo de los gitanos y la percepción sensible, el medio inicial por el que se ponen en contacto los sujetos cognoscentes y los objetos conocidos en el mundo gitano. De hecho, el binomio *sentimiento* y *conocimiento* es uno de los rasgos fundamentales de la identidad gitana, como reconoce el documento de principios de la Unión Romaní española, al afirmar que «ser gitano es sentirse gitano, ser partícipe de un sistema de valores [...] que tamiza la percepción exterior basándose en una cultura milenaria» (URE, 1996: 13). Ser gitano no comporta acumular conceptos sobre la propia cultura sino llegar a sentir como los gitanos: percibir en una misma longitud de onda.

Esta afirmación es muy similar a la que dan los gitanos al referir lo que significa su identidad, como el sacerdote Antonio J. Heredia: «Soy gitano porque *siento como sienten los gitanos*» (Heredia Cortés, 2005: 15); también el anticuario Joan Ximénez: «Gitano es el que *lo siente*, aunque no haya nacido como tal» (Ximénez: 2008); la religiosa Belén Carreras: «Aquello que realmente nos identifica son nuestros valores [...] y *una sensibilidad especial*» (Carreras: 2008); la abogada Carmen Santiago: «un *sentimiento* [...] lo importante es sentirlo» (VV.AA., 2003: 12); la psicopedagoga Antonia de la Flor: «una cosa abstracta [...] pero que *siento*» (VV.AA., 2003: 93); la médico Gracia Jiménez: «Lo asocio al terreno afectivo. *Siento mi identidad* en mi forma de ser [...] Un *sentimiento* que llevas dentro y que intentas serle fiel» (VV.AA., 2003: 8); la artista Dolores González (Lolita): «ser gitano no es un lunar, ni una forma de pensar, ni una forma de vivir: es una *forma de sentir*» (*El Mundo*, 28/01/1996); o el escritor Joaquín Albaicín: «el gitano es diferente a los demás [...] por la *calidad de su sentir* [...] Al torero gitano no le preocupa la belleza de un lance: simplemente, la *siente*» (Albaicín, 1993: 135 y 169). El director franco-argelino Tony Gatlif no duda en afirmar que: «el cine no debe ser local, sino presentar *sentimientos* universales» (Gatlif: 2002), mientras que el jesuita agitanado Jesús Andrade sostiene que: «los gitanos son personas, con genes orientales, en los que prima *lo sensitivo* y lo inmediato» (Andrade: 2008) y Botey, también encarnado en el mundo gitano, asegura que: «los gitanos se sirven mejor de su *sensibilidad* que de su inteligencia» (Botey, 1970: 188). Es muy iluminadora la reflexión del maestro gitano Antonio Carmona, de Cádiz:

> Nuestra identidad nunca ha estado guiada por la preeminencia del pensamiento, la reflexión ni la racionalidad (...) La cultura gitana se ha mantenido desprovista de la esfera intelectual para centrarse en la emotividad como medio de conocimiento [Carmona Fernández, 2001: 3].

¿Por qué los gitanos asocian conocer con sentir y sitúan el conocimiento en los sentimientos? Lo apuntaba antes Soler, fundadora de la Asociación de Enseñantes con Gitanos, al constatar «la facilidad del alumnado gitano para entender las cosas concretas» (Soler: 2004). Estas cosas concretas, opuestas a las abstractas, son lo que en filosofía se denomina *particulares*. En su apertura sistemática a la realidad, los gitanos captan los particulares a través de los sentidos, que son la parte del sistema cognitivo que garantiza la inmediatez del conocimiento. Muy frecuentemente, cuando se les pide razonar una afirmación, responden «siento que es así», afirmación que se contrapone al «sé que es así» que darían los occidentales en general. Bart McDowell, al escribir un libro sobre gitanos para *National Geographic*, recuerda el consejo que le hizo uno de ellos:

> Tenga cuidado con las cosas desfavorables que pueda encontrar escritas o que le digan. Sólo lleve a la pluma lo que *perciba por usted mismo* [McDowell, 1965: 5].

Curiosamente, para Hajime Nakamura la atención en los particulares es algo definitorio de las epistemologías orientales. Por ejemplo, afirma que los japoneses «aceptan el mundo fenoménico como absoluto por su disposición a privilegiar la intuición sensible sobre las cosas concretas, más que sobre los universales […]. La suya es una forma de pensar que busca lo absoluto en lo fenoménico» (Nakamura, 1991: 350-351). No resulta atrevido vaticinar que la pulsión gitana por el conocimiento inmediato, a través de los sentidos, podría deberse tanto a la necesidad de disponer de un conocimiento práctico, para garantizar la supervivencia, como a una herencia oriental que los gitanos han conservado en su *inconsciente cognitivo*.

Nakamura atribuye esta forma de pensar a un hecho cultural, como «el tradicional amor de los japoneses hacia la naturaleza». Esta constatación tendría un trasfondo religioso, como veremos en la parte VII, porque «era característico de las cosmovisiones religiosas de los antiguos japoneses considerar que los espíritus residían en todo tipo de cosas» (Nakamura, 1991: 350 y 355). Los indios, que consideran la realidad una y ordenada, consideran la naturaleza casi un ser consciente. García Cuadrado acepta tácitamente esta idea, al decir que «la realidad se muestra a la mirada humana como una articulación ordenada, en niveles naturales, de menor a mayor complejidad» (García, 2003: 42). Este carácter oriental de la manera gitana de pensar lo constató Pere Closa, quien optó por inculturarse en el mundo gitano de Andalucía. En 1967 no dudó en afirmar, para la revista *Hechos y Dichos*:

> Los gitanos piensan normalmente. Para mí lo interesante es cómo lo hacen. [...] El gitano es oriental. Piensa en imágenes, sensiblemente, y se expresa con metáforas preciosas. [...] Ven la vida desde otro aspecto, [...] más artísticamente [Closa, 1967: 335-342].

La afirmación de Closa no es casual ni fruto de un prejuicio. Había sido aceptado por los gitanos como uno más, porque llegó a pensar y comportarse como ellos. Pero también conocía las culturas orientales, porque inicialmente se había preparado para ir de misionero a Japón. Como reconoce el escritor gitano Jorge E. Nedich, catedrático de la Universidad Tres de Febrero, de Buenos Aires: «Nuestra cosmovisión se fundamenta en una racionalidad muy distinta a la de la sociedad no gitana» (*Actualidad Étnica*, 11/08/2006). Hay que decir además que el carácter silencioso que se atribuyen tanto gitanos como orientales se deriva de este hábito de estar abiertos a la realidad: sólo desde el silencio se puede estar atento a la realidad. «Al principio existía el silencio», afirman las *Upanishad*, como condición de posibilidad de la palabra. Dice una copla gitana cantada por *fandangos* de Huelva:

> Soy amigo del silencio / me gusta la soledad. / Soy amigo del silencio / adoro la libertad. / Y le tengo envidia al viento / que nadie le pué parar [Diezhandino, 1985: 69].

¿Qué entendemos por *conocimiento sensible*? García Cuadrado lo define como aquel que «tiene por objeto el aspecto particular de las cosas materiales, que denominaremos *imagen*» (García, 2003: 53). El autor lo contrapone al *conocimiento intelectual*, aunque sin atribuirle una importancia inferior; al contrario, «se trata de dos niveles de conocimiento, pero el intelectual necesita del sensible» (García, 2003: 53). Corazón le atribuye una alta consideración en el proceso cognitivo, al considerar que «*sentir es conocer*, porque consiste en poseer una forma sin materia» (Corazón, 2002*a*: 63). En algunos períodos de la historia de la filosofía, corrientes como el escepticismo o el idealismo han tachado el conocimiento sensible de impreciso o falso: como permite conocer lo particular, se le contraponía al conocimiento intelectual, que permite conocer lo universal. Sin embargo, corrientes como el realismo o el empirismo no han dudado en afirmar que sólo es verdadero el conocimiento basado en la realidad sensible (Ferrater, 1994: 69), porque lo sensible va más allá de lo puramente sensitivo (Merleau-Ponty, 1985: 28).

Como conocer es abrirse a la realidad para aprehenderla, es necesario un punto de encuentro entre la realidad conocida y el sujeto que conoce. Ese punto son los sentidos, que permiten conocer «lo singular y concreto, [...] la forma sin la materia, porque es la forma del órgano físico el que recibe el estímulo» (Corazón, 2002*a*: 64-64), es decir, «poseen la forma pero sin sus condiciones materiales» (García, 2003: 52). Los sentidos serían los encargados de captar las cualidades sensibles de los cuerpos, a partir de los estímulos que los órganos físicos reciben de forma inmediata y, casi siempre, involuntaria. El conocimiento es sensible porque utiliza los sentidos, mientras que la sensibilidad es la capacidad humana de conocer a través de ellos.

Los autores establecen una división entre sentidos externos e internos. Los primeros serían aquellos órganos corporales especializados (gusto, olfato, oído, vista y tacto) que permiten a los seres vivos captar la realidad material que les rodea. Como apunta Corazón, la percepción es «la relación entre dos formas: la del órgano y la percibida» (Corazón, 2002*a*: 64). Los sentidos tienen sus limitaciones, porque están sujetos a las limitaciones propias de cada especie (franja sonora, espectro luminoso, etcétera). El resultado de sus operaciones serían las percepciones, que Ferrater Mora define como «aprehensión directa de una situación objetiva» (Ferrater, 1994: 280). En cambio, los sentidos internos serían el sentido común, la memoria, la imaginación y la estimación, propios de los seres más desarrollados. Como comportan un primer nivel de operación intelectual, los abordaremos con más detalle en el siguiente epígrafe.

En el caso de los gitanos, como veíamos antes existe una disposición especial a utilizar estos sentidos externos. Mendiola asimila la *gitanidad* a «una forma de ver» (Mendiola, 2000: en internet). Son los que permiten conocer la realidad inmediata, permitiendo así la supervivencia. Para Corazón, «los sentidos externos conocen la realidad sin necesidad de especie expresa: al recibir el estímulo físico, el sentido siente y se actualiza. Esta actualización se mantiene sólo mientras dura la inmutación del órgano» (Corazón, 2002: 64). Como existe una proporcionalidad entre la persistencia del estímulo y la percepción generada, la cultura gitana tiende a privilegiar la percepción de los estímulos más intensos, así como a generar una estética basada precisamente en esta intensidad, que será la mejor garantía de eficacia comunicativa. Como apunta Henri Bergson, en *La evolución creadora* (1907), «la percepción y la imagen mental en sí misma no difieren en naturaleza, sino sólo en su grado de intensidad» (Gubern, 1992: 28). En la parte VI analizaremos las consecuencias que esto tiene en el plano estético.

Sin embargo, como en otras partes del proceso cognitivo, los gitanos privilegian dos sentidos externos: la vista y, en menor medida, el oído. La cultura gitana es sonora y muy visual. Los alumnos gitanos, por ejemplo, destacan frecuentemente de sus compañeros por su capacidad visual o auditiva, lo que les capacita especialmente para el dibujo o la música. Son grandes observadores. Lo reconoce Mendiola, al situar el *poder de observación* como uno de los seis elementos que conforman la *gitanidad*: «El gitano interpreta rápido y con exactitud tanto los gestos como el tono de voz de su interlocutor» (Mendiola, 2000: en internet). Como afirma Soler, tienen lo que se llama «oído musical y memoria visual» (Soler: 2004). No en vano, la dificultad para su alfabetización convencional ha sido inversamente proporcional a su introducción en las nuevas tecnologías de la información (Rodríguez López-Ros, 2002: 6). Los gitanos se ajustarían al concepto oriental de *homo-sentiens*, contrapuesto al occidental de *homo-sapiens*. Daniel Goleman, en *Inteligencia emocional* (1995), augura futuro a este modelo en las sociedades actuales. De ahí que Mendiola vaticine que «el siglo XXI será el de los gitanos» (Mendiola, 1998: 29-32).

¿Por qué? Algunos autores han intentado atribuir una base genética a esta disposición audiovisual, sosteniendo que la agudeza visual de los gitanos se debe a su córnea blanca y que su capacidad auditiva se debe a la amplitud de sus pabellones auditivos. Sin entrar a valorar la veracidad de estas afirmaciones, creo que este fenómeno debe abordarse desde una óptica cultural. No hay duda de que la disposición de los gitanos para el conocimiento sensible tiene un claro trasfondo oriental, producto de la pervivencia de ciertos elementos indios en su cosmovisión o *Weltanschauung*. Este hecho lo intuyó Closa al decir que los gitanos «piensan en imágenes, sensiblemente». La exploración visual del espacio, por ejemplo, resulta fundamental para garantizar la supervivencia en los entornos naturales. Según el torero gitano Rafael de Paula, «a través de la mirada es como uno descifra emociones y sentimientos» (*El Mundo*, 16/05/2004). Pero esta importancia no se deriva de causas naturales sino de la eficacia a la que apunta Mendiola: la vista contiene más información que ningún otro sentido. La *cantaora* gitana Ginesa Ortega lo reconoce, al decir que «las imágenes ayudan mucho, es verdad» (Ortega: 2003), mientras que Jorge E. Nedich lo confirma al concebir el analfabetismo entre los gitanos como «forma de rechazar categorías ajenas a la propia cultura» (Nedich, 2007: en internet). Algunos especialistas, dicen incluso, que «el ser humano es primordialmente *un animal visual* [...] [porque] el 90% de su información procede de los canales ópticos» (Gubern, 1992: 1). Resulta ilustrativa, sin duda, esta experiencia con un niño gitano de Francia, en la década de 1970:

> En otro Estado, en el que muchos gitanos trabajan con caballos, se presenta a un niño pequeño, durante un test, el dibujo de un caballo. Se le pregunta qué es lo que ve y el niño

contesta que no sabe. Antes de pasar a otro dibujo, se le vuelve a preguntar y se le pide que, si no lo sabe exactamente, adivine de qué se trata. El niño vuelve a responder que no sabe, porque tal o cual parte del dibujo resulta un poco rara. Y concluye diciendo que se trata, sin duda, de un tipo de caballo que jamás ha visto. Lo que en realidad ocurría es que, como buen conocedor de los caballos, creía que se le pedía su opinión de experto. Hasta tal punto le parecía simplista el dibujo del caballo presentado [Liégeois, 1987: 179].

De cualquier forma, esta facilidad para el pensamiento visual es el origen del tradicional carácter oral de la cultura gitana. No hay que buscarla en la incapacidad de transportar libros, como ha descrito tradicionalmente la etnología, porque en tal caso los gitanos podrían haber buscado soportes alternativos para la escritura, especialmente naturales (árboles, rocas, etcétera); igualmente podrían haber escrito *algunos* libros, pero no *ningún* libro (sólo hay dos testimonios escritos anteriores al siglo xx). La explicación se encuentra en el desarrollo de una lengua presentativa que no necesita de soporte escrito: el oral le basta para transmitir contenidos. Y lo hace a través de un lenguaje simbólico, lleno de metáforas y reiteraciones, así como de elementos afectivos y connotativos que sólo se pueden transmitir mediante el lenguaje no verbal. Los gitanos atribuyen significación a las formas, que para el común de los occidentales han dejado de ser significativas. No en vano, la eficacia comunicativa de historias y cuentos gitanos reside sobre todo en cómo los transmite quien los explica, que en buena medida se pierde cuando son transcritos. Como afirma la periodista estadounidense Isabel Fonseca, «el cuento no es nunca tan importante como la manera de explicarlo» (Fonseca, 1997: 81). Esto sería coherente con la idea de presente que domina el lenguaje oral: «la escritura [...] retiene, aprisiona [...] la presencia del pasado» (Nedich, 2007: en internet).

De esta forma, las percepciones visuales son privilegiadas por los gitanos por su eficacia cognitiva, porque permiten captar la realidad con rapidez. A menudo, en el lenguaje oral, decimos que una cosa la hemos comprendido "de un vistazo". Pero el conocimiento visual supone un primer nivel de abstracción no formal, porque las imágenes son en sí mismas un compendio simplificado de información: cada imagen está formada por gran cantidad de vectores. Los programadores informáticos saben que, para plasmar la más sencilla de las imágenes, hay que introducir numerosas coordenadas de situación, de orientación, de medida, de color o de intensidad, que se decodifican rápidamente. Este mecanismo ha sido estudiado por la psicología de la forma (*Gestalttheorie*) o por la fenomenología, para algunos de cuyos autores un objeto es un organismo de colores, olores, sonidos y tacto (Merleau-Ponty, 1985: 60). Los gitanos, en su tendencia a la eficacia, han transmitido en su *inconsciente cognitivo* la importancia de privilegiar la vista en el proceso cognitivo. La lengua gitana, como veremos en este mismo capítulo, es metafórica e hiperbólica, recursos narrativos de construcción de imágenes visuales que caracterizan los relatos y cuentos gitanos.

Como resumen de este epígrafe podríamos decir que los gitanos privilegian el conocimiento sensible o noético porque permite captar con rapidez y autenticidad la amplia densidad semántica de la realidad. Por ejemplo, pocas cosas hay más gitanas que «el contacto con el agua, la degustación de un fluido, el perfume de una flor» (Alessi, 2003: 164), que permiten disfrutar personalmente del tacto, el sabor o el olor. Esta autenticidad es uno de los componentes que Manuel Reyes (2005) asocia al concepto de verdad: «A mí me gusta la verdad, me gusta lo auténtico». Probablemente sin saberlo se alinea con una de las principales tesis del empirismo, formulada por John Locke en su *Ensayo sobre el entendimiento humano* (1690): nada puede llegar al intelecto sin pasar antes por los sentidos (*Nihil est in intellecto quod non fuerit prius in sensu*). También con una de las tesis de Edmund Husserl, quien afirmó que la certeza se revela como «experiencia vivida de la evidencia» (Alessi, 2003: 155). Botey también constató esta necesidad de autenticidad que preconiza Reyes, al afirmar que «el gitano no se interroga nunca por el paisaje como objeto [...]: lo vive implícito en sus acciones [...]. El gitano, en su mundo, es siempre protagonista» (Botey, 1970: 67 y 172). El escritor gitano Joaquín Albaicín lo atribuye a un rasgo oriental: «El pensamiento hindú [...] identifica la emoción estética con el sentimiento que experimentamos cuando el yo percibe el Sí-Mismo» (Albaicín, 1997: 254). Los procesos cognitivos de los gitanos estarían fundamentalmente asociados a la experiencia vivida, por su carácter directo, inmediato y auténtico.

Llano avala filosóficamente esta constatación, al afirmar que «para poder contemplar la esencia de las cosas, [...] la inteligencia necesita antes contar con una experiencia adecuadamente preparada» (Llano, 2000: 132). Parafraseando a Ludwig Wittgenstein, en su etapa del *Tractatus logico-philosophicus* (1921), los límites del conocimiento gitano vendrían definidos por la capacidad gitana de experimentar. De esta forma, la propia existencia se convierte en fuente de conocimiento y uno mismo se convierte en medida de las cosas. La vida se vive, no se piensa. De ahí que el arquetipo de persona, entre los gitanos, sea el *gitano de respeto*, es decir, aquel a quien la edad ha permitido acumular experiencia, contrario al arquetipo occidental de acumular conocimiento. En cualquier caso, se trata de un conocimiento sapiencial, más que técnico, que pone en relación para alcanzar el significado último de la existencia. Nada que ver con la dinámica epistemológica occidental, basada en la fragmentación del conocimiento con finalidades prácticas. El gitano mayor es un sabio, más que un intelectual. De ahí la función cultural de transmitir «aquellas experiencias [...] que recuerda la persona más mayor que vive entre ellos» (Fonseca, 1997: 314).

11. PROCESOS EPISTEMOLÓGICOS Y OPERACIONES LÓGICAS DE LOS GITANOS

Hemos analizado hasta ahora la fundamentación de los procesos epistemológicos entre los gitanos. No por casualidad ha sido un epígrafe extenso: para los gitanos, el conocimiento es verdadero en la medida en que parte de percepciones directas, experimentadas por los propios gitanos.

El conocimiento lógico

Sin embargo, como resulta lógico, no todas las percepciones pueden ser experimentadas personalmente. El ser humano no puede abarcar todas las dimensiones de la realidad. Existe así un conocimiento sensible indirecto y mediado o referencial, facilitado por otras personas. Por ejemplo, alguien nos puede explicar la belleza de un lugar donde no hemos estado o la bondad de una persona que no conocemos. Como apunta Alessi, el conocimiento *noético* se complementa con el *lógico* (Alessi, 2003: 103). Afirma García Cuadrado que «la vida de los seres más desarrollados requiere no sólo que se perciba la realidad presente, sino también las realidades ausentes» (García, 2002: 55). Según la óptica gitana, ¿esta falta de percepción directa eliminaría la autenticidad de la percepción y la excluiría automáticamente del proceso cognitivo? Ciertamente no, porque al hacerlo los gitanos se situarían en un ámbito pre-humano, basado sólo en el utilitarismo de su percepción, sin posibilidad de trascender lo inmanente. Y no es así porque, como veremos en la parte VII, la religión es uno de los elementos fundamentales de la identidad gitana.

Pero la fe, recibida personalmente como don, se transmite comunitariamente, formando parte del proceso educativo intergeneracional. De ahí que tampoco sea difícil entender cómo el contacto con otras personas pueda convertirse en fuente de conocimiento, máxime en una cultura en que las relaciones de fraternidad comunitarias son fundamentales y la experiencia tiene un papel básico en la aprehensión de la realidad. Lo que se explica puede ser percibido, aunque indirectamente, como verdad. Es lo que la filosofía del conocimiento ha denominado tradicionalmente *conocimiento por concomitancia*, que Corazón llama *conocimiento por confianza* y considera «fundamental en la convivencia» (Corazón, 2002: 93). García Cuadrado lo define como *conocimiento testimonial*:

> Mediante el testimonio, cada uno conoce entrando en una relación personal con otro sujeto. El testimonio es verdadero conocimiento [...] supone un acto de libertad [...] constituye la base antropológica que sirve para comprender en profundidad la naturaleza del acto de fe sobrenatural. [...] Se trata de una experiencia cotidiana sin la que no podríamos vivir: de hecho, en la vida de un hombre, las verdades simplemente creídas son más numerosas que las adquiridas mediante la constatación personal. [...] Piénsese, por ejemplo, en la tarea educativa [García, 2003: 72].

Si hemos incluido el conocimiento lógico en este epígrafe, y no en el anterior, es porque presupone una primera operación intelectual. No serían operaciones sensoriales sino intelectuales, porque en ellas se otorga autenticidad al testimonio de otro, entendido como percepción indirecta. Ahora bien, ¿a todo el mundo? Afirmar esto sería caer en el fideísmo y otorgar a los gitanos una condición de ingenuos que no tienen: no podrían haber sobrevivido con tal ingenuidad. Lo constata Botey: «Pascual, un destacado gitano de Zaragoza, decía en una ocasión: "A los gitanos Dios nos ha dado una clarividencia especial para conocer las intenciones de la gente. Cuando nos vienen de corazón, abrimos totalmente las puertas y brindamos nuestra amistad; pero, si no, estas puertas no se abren"» (Botey, 1970: 184). Lo reconoce también Ramírez Heredia: «El gitano sabe distinguir perfectamente cuándo hay verdadera amistad y cuándo una simple relación de compasión, de beneficencia e, incluso, de fingida caridad» (Ramírez Heredia, 1973: 13). Para Mendiola, esa capacidad es fruto de la observación y la intuición que caracterizan la identidad gitana (Mendiola, 2000: en internet).

Los gitanos distinguen así entre el testimonio otorgado por alguien de su confianza y el de cualquier otra persona. Se trata de una atribución selectiva, basada en el criterio de pertenencia o no a la comunidad, algo que no tiene que ver necesariamente con los lazos de sangre. Es lo que llamaríamos *conocimiento afectivo*. De hecho, la primera pregunta que se hacen los gitanos, cuando se explican algo de lo que no han sido testigos, es la de «Y esto, ¿quién te lo ha dicho?». Un gitano confía siempre en otro gitano y desconfía, inicialmente, de quien no lo es. Pero esta desconfianza no es irreversible, porque puede revertirse a través de la convivencia. Lo constata el Pontificio Consejo para la Pastoral de Migrantes y Gitanos, en su documento *Orientaciones para una pastoral de los gitanos* (2005):

> La larga historia de aislamiento y de contrastes con la cultura que les rodea, las persecuciones sometidas y la incomprensión por parte de los no gitanos han dejado, en la identidad gitana, una huella que se traduce en una actitud de desconfianza hacia los demás, con tendencia a encerrarse en sí mismos [...] para sobrevivir en una sociedad hostil. [...] El hecho de presentarse con amor, y con el deseo de proclamar la Buena Nueva, no es suficiente para crear una relación de confianza entre los gitanos y el agente de pastoral [...]. Sólo será posible superar esta actitud inicial con demostraciones concretas de solidaridad, incluso formando parte en su vida [PCPMG, 2006: 10 y 26].

El siguiente nivel del conocimiento sensible pasaría por los sentidos internos: el sentido común, la memoria, la imaginación y la estimación. Son propios de los seres más desarrollados. Parten de las percepciones aportadas por los sentidos externos y, como apunta Corazón, «no se denominan internos por estar en el interior de nuestro organismo sino porque objetivan los objetos de los sentidos externos» (Corazón, 2002*a*: 64). Por ejemplo, la sensación de un color concreto es la manifestación del color percibido (Merleau-Ponty, 1985: 11). Los resultados obtenidos por los sentidos internos serían las *sensaciones*, los "actos de sentir", entendidos como recepciones intencionales de formas sensibles y particulares. No existe discontinuidad entre los dos momentos del conocimiento sensible, porque el ser humano pasa inconscientemente de los sentidos externos a los internos.

De hecho, pese a haberlos enumerado conjuntamente, el sentido común estaría por encima del resto de sentidos internos, porque desarrolla un papel similar al del entendimiento agente en el conocimiento intelectual. Su tarea es unificar las percepciones de cada sentido externo, «mediante una síntesis sensorial en la que no se captan sólo las cualidades sensibles secundarias o "aspectuales" [...] sino también las denominadas *cualidades sensibles primarias* por la psicología experimental [...]: el número, el movimiento y la magnitud» (García, 2003: 56). De esta manera, las cosas se perciben diferenciadas, «haciendo posible la distinción entre los diversos tipos de sensaciones» (García, 2003: 56). De ahí que a menudo se denomine a este sentido *conciencia sensible*, porque hace «sentir que sentimos» (García, 2003: 57). Los gitanos añaden al sentido común un componente afectivo, al igual que hacían con el conocimiento mediado o referencial. Esto se traduce, por ejemplo, en una percepción afectiva del tiempo y del espacio, que vincula las realidades ausentes a la intensidad del momento vivido y esta, a la persistencia del estímulo. Lo veremos específicamente en la parte IV.

En consecuencia, en su proceso cognitivo los gitanos utilizan relativamente mucho la memoria y la imaginación y, en cambio, casi nada la estimación. Vamos por partes. Como la percepción gitana está vinculada a la persistencia del estímulo, y este a la experiencia vivida o la densidad afectiva, la sensibilidad gitana funciona a partir del archivo de sensaciones vividas intensamente en primera persona o en compañía de otros gitanos. La experiencia, como veíamos antes, se convierte en fuente de conocimiento. De ahí que las sensaciones que se viven en el presente sean siempre susceptibles de ser completadas (imaginando) o sustituidas (recordando) por otras vividas en el pasado. Pero lo que no se vive, o no se ha vivido, difícilmente puede proyectarse al futuro (estimando); igualmente, como veremos más adelante, la sustitución de universales abstraídos por particulares intuidos (y la no diferenciación entre sujeto cognoscente y objeto conocido) dificulta no sólo el pensamiento científico entre los gitanos sino su propia capacidad de anticiparse a las situaciones.

Afirma García Cuadrado que la memoria «conserva el tiempo interior, es decir, la actividad interior vivida» (García, 2003: 59), mientras que la imaginación «completa la percepción de los objetos presentes con percepciones pasadas […] [siendo] una continuación de la sensibilidad, porque se efectúa en ella una primera integración de espacio y tiempo» (García, 2003: 57). En cambio, define la capacidad estimativa como la que «pone en relación una situación exterior con la propia situación interior […] rigiendo el comportamiento que se tendrá respecto del objeto valorado […] captando la conveniencia o el peligro de poner en marcha las facultades motoras, bien sea con un movimiento de atracción o de rechazo» (García, 2003: 57-58). Para Llano, esta última es «la percepción sensitiva más alta […] que produce la experiencia, el acto de aprehender comparativamente las percepciones singulares recibidas en la memoria» (Llano, 2000: 133).

Entre los gitanos, la capacidad estimativa estará siempre llena de apriorismos. Las afirmaciones «en principio no lo haría, pero me debería encontrar en la situación» o «yo diría que sí, pero ahora no lo visualizo» (Reyes, Manuel: 2005) ejemplifican la dificultad que tiene para ellos esta primera previsión del futuro (al margen de las demás razones expuestas), porque se apoya muy poco en la experiencia vivida. Necesitan encontrarse en la situación, de forma coherente con su percepción experiencial del conocimiento. Como sostiene el Pontificio Consejo, «sus reacciones son sobre todo inmediatas, guiadas más por un criterio intuitivo que por un pensamiento teórico» (PCPMG, 2006: 22).

En cambio, sí que es habitual entre ellos el uso de la imaginación. Es la base de los relatos orales gitanos, que muestran tanto lo que son como lo que querrían ser, de una forma idealizada. De hecho, una fórmula habitual de iniciar estos relatos es «Pudo o no haber sido; pero, si pudo haber sido, seguramente fue» (Reyes, Manuel: 2005). La condición de posibilidad es criterio de falsación. También sucede así con los indios, que «tienden a no diferenciar entre lo actual y lo ideal» (Nakamura, 1991: 136). Por ejemplo, «la serpiente que uno percibe como ilusión es también real: no aquí ni ahora, sino en cualquier otro lugar o momento» (Mohanty, 2000: 14). Esto significa que «uno debe remitirse al fenómeno o la representación mental, aunque no sea ni más ni menos verdadero» (AA.VV., 1999: 40). Manuel Reyes, al llamar a su hermano Juan por el interfono, se identificaba en broma diciendo «Soy Jordi Pujol»: no por su admiración al personaje o por la identificación con sus ideas, sino por su deseo de mandar como él (Reyes: *ibíd.*).

También es muy habitual entre los gitanos el uso de la memoria. Es la materia con la que construyen la literatura y el arte, porque no parten de conceptos aprendidos sino de experiencias vividas. De hecho, la conjunción de memoria y fantasía les hace enormemente creativos. Como constata el maestro valenciano Jesús Salinas, «decía orgulloso el singular *cantaor* gitano Manuel Agujetas que él nunca había ido a la escuela y que los que sabían leer y escribir no podían cantar flamenco» (Salinas, 2002: 6), extremo confirmado por dos musicólogos: «El *cantaor* no inventa: recuerda» (Caballero Bonald) y «El flamenco es una forma de intimidad en el tiempo. La memoria […] es aquello que en el canto agrupa el ser y el tiempo histórico» (Grande, 1999: 67). De ahí que Albaicín afirme de un artista gitano que «cantaba flamenco porque vivía en el flamenco» (Albaicín, 1993: 372), criticando al mismo tiempo «la obsesión moderna del payo por romper cualquier tipo de vínculo con el pasado» (Albaicín, 1997: 16).

A lo máximo que puede aspirar el conocimiento sensible es a producir sensaciones que sean auténticas, ni engañosas ni distorsionadas. Para los gitanos, esto es posible en la medida en que las sensaciones conecten a la persona con la comunidad a través del mundo, para lo que previamente necesitarán de percepciones que hayan sido intensas. Habría que añadir, como curiosidad, que los gitanos se atribuyen a menudo un sentido externo adicional que les capacitaría para la percepción extrasensorial, es decir, para percibir una dimensión transcendente (Mohanty, 2000: 31). También sucede así con los indios, quienes distinguen entre percepción sensorial y extrasensorial: la *anupalabdhi* (Mohanty, 2000: 24). *Chi lo sa?* Corazón deja la puerta abierta a esta posibilidad, al decir: «Si tuviéramos otros sentidos, conoceríamos otros aspectos de la realidad» (Corazón, 2002a: 71). Los peces, por ejemplo, ven sólo en dos dimensiones. ¿Y si alguien fuera capaz de ver en cuatro?

Aquí finalizaría el análisis del proceso de conocimiento sensible entre los gitanos. Hemos visto la importancia de la autenticidad y la intensidad de las percepciones, así como la densidad afectiva de las sensaciones, vinculadas siempre a la experiencia vivida. De hecho, podríamos resumir lo expuesto con la constatación de Botey, para quien los gitanos tienen «los rasgos característicos del tipo introvertido, tal como lo representaba Jung [...]: predominio de la subjetividad en sus relaciones con el mundo exterior; ensimismamiento; sobrevaloración de sí mismo e infravaloración de lo no gitano; aversión a la rigidez lógica y las ideas abstractas; entrega a los sueños y la fantasía; y fidelidad a las motivaciones profundas del grupo y la tradición» (Botey, 1970: 180). Carmona también lo resume acertadamente:

> La cultura gitana se ha mantenido desprovista del rasgo o la espera intelectual. Sólo ha opuesto la convicción de su modelo de organización de vida, que se centra en la intimidad y

en la emotividad como medios de conocimiento. Y sólo dentro de los estrechos límites de la familia [Carmona, 2002: 2].

El conocimiento intelectual

Obviamente, la *cognición gitana* no puede concluir así, sin abordar la fase intelectual del conocimiento entre los gitanos. Hacerlo sería otorgarles una capacidad de pensar pre-humana y un nivel elemental de humanidad, porque conocer sería para ellos una actividad instintiva, destinada a satisfacer necesidades puntuales, sin ninguna capacidad anticipatoria ni dimensión comunicativa. Los sentidos permiten acumular experiencia sobre cuestiones concretas, pero no reflexionar por sí solos ni configurar una cosmovisión. Por eso los animales *evolucionan* pero no *progresan*: no descubren cosas nuevas ni adoptan nuevas formas de vivir. Tampoco tienen conciencia de sí mismos. Nada que ver con los gitanos ni con cualquier otro grupo humano.

En términos generales, el conocimiento intelectual adopta este nombre porque, más allá de los sentidos, utiliza la inteligencia, entendida como «capacidad de traspasar la capa exterior de las cosas [apariencias], y llegar a lo que son [esencia]» (Corazón, 2002*b*: 83). Se diferencia del conocimiento sensible porque «[con el segundo] sólo sabemos lo que las cosas son para mí, mientras que con la inteligencia sabemos lo que las cosas son en sí mismas» (Corazón, 2002*b*: 83). El conocimiento intelectual permite conocerlo todo y volver sobre el propio conocimiento. Constituye la esfera más alta del conocimiento humano, siendo el rasgo que distingue al ser humano como especie: no sólo es consciente de su conocimiento sino, sobre todo, es consciente de sí mismo. El conocimiento intelectual, pues, humaniza.

Esta modalidad de conocimiento se produce gracias al intelecto, que se fija de forma voluntaria sobre las sensaciones recibidas (a diferencia del sentido común, que actuaba de forma espontánea): fruto de esta intencionalidad aparece la conciencia sobre el propio conocimiento. Aplicada a la experiencia, la inteligencia relaciona diversas sensaciones –a través de similitud, continuidad espacial y conexión temporal– para conformar *imágenes* u objetos mentales.

La primera operación que la filosofía del conocimiento atribuye al intelecto es la *abstracción*, con la que actúa en las imágenes separando las cosas de sus propiedades. Como dice Corazón, «abstraer significa separar: a partir de diversas imágenes […] nos quedamos con lo esencial […] No importa si unos hombres son altos y otros bajos, unos jóvenes y otros viejos, unos blancos y otros negros. Lo esencial es que todos son hombres» (Corazón, 2002*b*: 84). Se obtienen así los abstractos o *ideas*, que Aristóteles y santo Tomás de Aquino denominaron *universales* (en contraposición de los *particulares* o accidentes). Sin embargo, no es posible conocerlo todo con una sola abstracción. De ahí que haya una segunda operación denominada *generalización*, que consiste en constituir una idea general o *concepto* unificando diversas ideas a partir de una propiedad común. Corazón lo ejemplifica diciendo que «a partir de perro, gato y caballo podemos formar la idea de animal, de vertebrado, de mamífero, de cuadrúpedo o de cualquier otra» (Corazón, 2002b: 85).

La intuición comparativa

En el caso de los gitanos, ambas operaciones son sustituidas por otras dos a través de la intuición. Ferrater Mora la define como «una visión directa e inmediata de una realidad»

(Ferrater, 1994: 205). La intuición se contrapone a la abstracción, porque no hay separación de los particulares hasta constituir un concepto (el *unum in multis et de multis*), sino una asimilación de esos particulares hasta extraer una conclusión, para compararla después con unas vivencias o nociones genéricas fruto de la experiencia o de la educación (presentes en el inconsciente cognitivo). La intuición está formada por dos partes (*asimilación* y *comparación*) de las que se extrae o induce una *conclusión*, *vivencia* o *noción*, que sería una especie de concepto práctico, destinado a permitir un conocimiento de tipo operativo (no especulativo, vinculado al concepto).

Este sistema, en el que se pasa de particular a particular sin pasar por los universales, lo anticipaba Soler al constatar la limitación (no genética sino de hábito cognitivo) para el cálculo abstracto, a diferencia de su «facilidad [...] para entender las cosas concretas» (Soler: *ibíd*.), así como Botey, al hablar de «la aversión a la rigidez lógica y las ideas abstractas» (Botey, 1970: 180). También el Pontificio Consejo, al afirmar que las reacciones de los gitanos «son sobre todo inmediatas, guiadas más por un criterio intuitivo que por un pensamiento teórico» (PCPMG, 2006: 22). Como reconoce la cantante gitana Lolita, «me viene de casta ser intuitiva» (*El Mundo*, 28/01/1996). Mendiola sitúa la intuición como el segundo de los seis elementos que configuran la *gitanidad* y la define de la siguiente manera:

> La capacidad de compilar experiencias pasadas y relacionarlas a circunstancias donde los factores pueden ser diferentes [...] El gitano observa y enseguida intuye. Esto le permite *leer* cualquier circunstancia y sacar el mayor provecho de ella o, si es nociva, evitarla [Mendiola, 2000: en internet].

Esta idea es coherente con el origen indio de los gitanos, porque constituye toda una constante en la epistemología oriental, que parte de la constatación de que la realidad tiene una unidad y un orden, donde todo se encuentra relacionado con todo, incluyendo la persona con la naturaleza (Nakamura, 1997: 67; Argullol/Mishra, 2004: 44 y 81). Algunos autores definen la capacidad de intuir esta relación como *conciencia cosmoándrica*, a la que –añadiendo una dimensión trascendente– Raimon Panikkar denomina *intuición cosmoteándrica*: «Las partes son partes [...] participaciones reales [...] que deben ser comprendidas como una actitud orgánica» (Panikkar, 1993: 44). Todo pasa a ser descompuesto en «conglomerados de elementos, de partes, de factores constitutivos» (Cruz Hernández, 1999: 155), de forma coherente con la ontología budista. La intuición aparece así como «el mecanismo por excelencia del pensamiento oriental» (Merlo, 2001: 45), porque permite acceder «a la realidad, una y no dividida, [...] dividiendo artificialmente lo unitario en fragmentos que después contempla aditivamente» (AAVV., 1999: 62), lo que permite percibirla «como una sucesión de acontecimientos que se relacionan entre sí y crean la percepción de un mundo ordenado» (Argullol/Mishra, 2004: 40). Curiosamente, Panikkar coincide en la idea de Mendiola sobre el círculo como metáfora de las relaciones entre las cosas:

> No hay círculo sin centro ni circunferencia. Los tres no son iguales y, sin embargo, no son separables [...] El círculo, sólo visible a partir de la circunferencia, es el mundo o la materia. Y es así porque el hombre o la conciencia le rodean. Y ambos son lo que son porque hay un Dios o centro [...] que está en todas partes [Panikkar, 1993: 98].

Pero esta idea no es desconocida en la filosofía occidental. Se encuentra presente, entre otros, en san Buenaventura de Fidanza y en el beato Ramón Llull; incluso, en santo Tomás de Aquino, quien llega a afirmar: «La facultad de pensar es una forma imperfecta de la facultad de intuir» (Sum. Th. I, 59, 1, ad. 1). Sin embargo, tendrá que llegar el empirismo, del que ya hemos extraído similitudes con la manera de pensar gitana, para que David Hume defina por primera vez la intuición:

> Las ideas se fundan necesariamente en una impresión intuitiva [...] La continuidad de la realidad se funda en esta capacidad de reproducir las impresiones vividas [...] Explica la noción de sustancia como resultado de un proceso asociativo [...] El *yo* es así una colección de contenidos de conciencia que se suceden» [Marías, 1941: 257-258].

Bergson profundizó en esta noción siglos más tarde, al afirmar que para aprehender la realidad viviente la inteligencia descompone el movimiento real en una serie de pausas que ya no constituyen movimiento:

> Sólo la intuición es capaz de aprehender la duración real, el movimiento, la realidad en sí misma [...] En cambio, las categorías del pensamiento conceptual no sirven para aprehender la vida y el tiempo real [Marías, 1941: 351-352].

Este sistema inductivo, que es la base de la programación informática (que descompone y recompone en *bits* la información procesada),[1] fue recuperado por Franz Brentano en el

---

1. Es curioso, la electrónica de consumo basada en tecnología japonesa es siempre fácilmente comprensible, porque se basa en un criterio intuitivo de utilización, en

siglo XIX: «Supongamos que quiero observar un fenómeno: tomo un solo caso y observo en qué consiste, obteniendo así su esencia» (Marías, 1941: 360). También lo hizo la escuela psicológica de la Gestalt, en pleno siglo XX: «No basta la simple suma de sensaciones, sino la captación de la forma, que es algo más que la suma de las partes» (García, 2003: 61). Este sistema de aprehensión sistemática de la realidad podría definirse como *conocimiento por adición* (principio de similitud: una cosa puede ser en la medida en que se parece a otras cosas ya conocidas), de claras reminiscencias orientales, que se contrapone al *conocimiento por sustracción* (principio de diferenciación: una cosa no puede ser ella misma y lo contrario), netamente occidental. La intuición compara. Pero... ¿con qué? Lo veremos a continuación.

Comparación con formas experienciales

Esta operación mental es fruto de las condiciones existenciales que los gitanos han archivado en su inconsciente cognitivo: la operación cognitiva debía ser especialmente rápida si se quería sobrevivir en un entorno hostil. Pero también es producto de las raíces indias de los gitanos, que subyacen en su cosmovisión: «Las intuiciones concretas son preferidas a los conceptos abstractos por su capacidad de conectar tangiblemente a la persona con el mundo que percibe» (Nakamura, 1991: 543).

Se trata de una operación relacional, en la que se infieren inmediatamente las relaciones entre particulares extrapolando la tendencia observada en *algunos* casos a *todos* los casos.

---

cognición visual (Nakamura, 1991: 575). De ahí que algunos autores atribuyan a los niños y jóvenes gitanos ventajas en la nueva era digital (Rodríguez López-Ros, 2002: 7; Mendiola, 1998: 29-32).

Es lo que Mendiola, gitanamente, definía como «capacidad de compilar experiencias pasadas y relacionarlas a circunstancias donde los factores pueden ser diferentes» (Mendiola: *ibíd*.) Para Mohanty, «aducimos la relación de concomitancia entre *x* e *y* al percibir que en todos los casos de presencia de *x* hay un acompañamiento de *y*» (Mohanty, 2000: 24). La mayoría de estas conclusiones son producidas por el propio sujeto, mediante su experiencia. Así, por ejemplo, «una persona ve humo en la cima de una montaña. Al verlo, recuerda la ley *donde veas humo, hay fuego* que había aprendido» (Mohanty, 2000: 23).

Comparación con formas culturales

Pero no todas las conclusiones pueden ser obtenidas personalmente, porque puede haber situaciones en las que un gitano se encuentre por primera vez. En estos casos pone en marcha un sistema secundario de intuición, más similar a la abstracción convencional, en que la comparación ya no se produce entre particulares sino entre un particular y una forma convencional, entendida como una conclusión transmitida generacionalmente.

En primer lugar, los gitanos intentarían comparar la idea concreta con alguna de las ideas genéricas que conforman su bagaje cultural, recibido a través del aprendizaje. Esas ideas genéricas se ajustarían a la idea de *símbolos convencionales* de Erich Fromm, cuya validez social viene dada a través del lenguaje (a diferencia de los símbolos universales, inherentes a la naturaleza humana, y de los símbolos accidentales, generados por la experiencia personal). Ernst Cassirer asimila esos símbolos «a la idea de concepto» (Gubern, 1992: 87). García Cuadrado los denomina *consejos* o *preceptos* (García, 2003: 79), encuadrándolos dentro de la razón práctica por su valor indicativo para las acciones humanas. Corazón los acepta *de facto*, al considerar que hay «otras fuentes de conocimiento como las tradiciones y las enseñanzas» (Corazón, 2002: 92). Conocer sería, así, reconocer la forma de la cosa a través de un catálogo de formas culturales.

La afirmación negativa

Habría también un segundo mecanismo que se pondría en marcha subsidiariamente cuando una idea no pueda compararse con el bagaje experiencial (personal) ni cultural (colectivo), porque el catálogo recibido culturalmente es limitado, no sólo por el carácter simbólico de la lengua gitana (como veremos a continuación), sino también por la imposibilidad de transmitir conclusiones para todas las situaciones.

He constatado a menudo, entre los gitanos, la frase «No sé lo que es, pero sí para qué me sirve». Así, por ejemplo, ante la presencia de un posible alienígena, un gitano (suponiendo, claro, que nunca haya visto ninguno) reaccionaría intentando constatar que «no es un gitano», que «no es un payo» y que «no es tampoco un animal ni una planta», por lo que acabaría por concluir que es «algo ajeno a este mundo» (y, por tanto, un alienígena).

Es este un mecanismo también típicamente oriental, de *afirmación negativa* o constatación de una negación, que da a entender que un particular no se parece a otro ni tampoco a ninguna conclusión personal o símbolo convencional: «Los indios creen que una forma negativa de juicio no es sólo negativa sino también positiva y afirmativa [...] persiguiendo el infinito a través de la negación» (Nakamura, 1991: 53). Se trata, en el fondo, «de una forma negativa de hablar del ser, que está más allá de toda definición» (AA.VV., 1999:

188). Este sistema lo contempla también Polo (Polo, 1987: XIV).

Como conclusión hay recordar que la epistemología se transmite de forma cultural. También hay que aclarar que la afirmación «los gitanos conocen de una forma diferente» no se debe entender como ajena al pensamiento convencional, lo que distancia esta obra de las *perspectivas etnocéntricas* que establecen unas culturas superiores y otras inferiores. Lo que es propio de los gitanos es primar la importancia de la realidad, privilegiar ciertas operaciones lógicas y otorgar un sentido diferente a la verdad. Todo el mundo parte de los mismos elementos cognitivos, si bien ciertas culturas privilegian unos por encima de otros.

El pensamiento nocional

El resultado de la inferencia inmediata de las relaciones entre particulares –y entre estos y conclusiones o símbolos– no son *conceptos* sino *nociones*. Para Ferrater Mora, los primeros serían *conocimientos perfectos*, en tanto que «elementos últimos de todos los pensamientos» (Ferrater, 1994: 59), mientras que los segundos serían *conocimientos genéricos* por su carácter más elemental. Los conceptos remiten al pensamiento abstracto y crean una nueva realidad, porque la abstracción (formal o total) permite clasificar (*predicables lógicos*) o definir (*predicables científicos*); las nociones, en cambio, remiten al pensamiento concreto y devuelven a la realidad, porque son conocimientos en potencia que hay que verificar mediante la experiencia. Por ejemplo, los gitanos no piensan que «las operaciones quirúrgicas van bien» sino que «esta operación quirúrgica puede ir bien... si lo puedo comprobar»; de ahí que las familias quieran acompañar a los enfermos en los hospitales: no basta que se lo expliquen; lo quieren comprobar personalmente. No se trata tanto de desconfiar en quien lo explica como de experimentar lo explicado.

Este tipo de pensamiento nocional (distinto del conceptual) comporta sobre todo un conocimiento operativo (diferente del especulativo), destinado a satisfacer necesidades de tipo práctico. En términos generales, permite a los gitanos ganar en rapidez, en practicidad y en consenso colectivo, pese a perder en precisión. Esta imprecisión parece que limitaría su capacidad para la ciencia y, en definitiva, para el progreso. Sin conceptos no puede haber ciencia, porque no hay certeza de que lo que ha funcionado en *algunos* casos lo haga en *todos*. Nakamura lo constata también en Japón: «Cuando diversos adjetivos o adverbios se yuxtaponen, se hace difícil decir qué modifica qué. A causa de estos efectos, (...) los japoneses presenten dificultades para la expresión científica exacta y dificulta naturalmente el desarrollo del pensamiento científico» (Nakamura, 1991: 534).

Sin embargo, no eliminan la posibilidad de un pensamiento científico de tipo pragmático (no olvidemos que Japón, más que ciencia, produce tecnología). El pensamiento nocional constituiría una aproximación científica a la realidad, un conocimiento en potencia que necesita de la experiencia para su actualización. Para Cassirer, las nociones cumplirían por tanto una función analógica a la de los conceptos. Como el conocimiento gitano se basa en la experiencia acumulada por generaciones, inserta incluso en la memoria genética, se cumple en parte una de las condiciones demostrativas que Verneaux establece para poder hablar de ciencia: la observación de algunos fenómenos (no todos) por parte de muchos observadores, lo que no permite considerar científicas las conclusiones. De esta manera, la intuición «no da ciencia, pero sí algo mejor (...): los principios de la ciencia»

(Verneaux, 1994: 243). El mismo Aristóteles lo reconoce al afirmar que «muchos recuerdos de la misma cosa llegan a constituir una experiencia y esta parece, en cierta forma, similar a la ciencia» (Llano, 2000: 132). Esta falta de pensamiento teórico, que no práctico (que no predispone a los gitanos para la ciencia pero sí para la técnica, desde la forja a la conducción), la reconoce Mendiola al sostener que «El gitano es pragmático porque reconoce que no todas las acciones se pueden controlar como quisiera» (Mendiola, 1997: 15).

Una clara desventaja de este tipo de pensamiento es su incapacidad de anticipar el futuro. Pero esa capacidad anticipatoria no importa tanto porque, para los gitanos, como para los indios, la realidad es permanente: hay una única substancia que, pese a presentarse de forma diversa, permanece siempre igual en su carácter esencial (lo que es, es; y lo que no es, no es). «Si se es gitano difícilmente se puede dejar de serlo. Se es gitano para siempre» (Ramírez Heredia, 1974: 34). De ahí el valor de la palabra dada al cerrar un acuerdo: lo que es verdadero, o se hace con recta intención, no puede dejar de ser.

No olvidemos que, en la filosofía oriental, la idea de presente es siempre omnisciente: «Sólo existe el presente, porque cae de pleno en la esfera de nuestra percepción directa» (Argullol/Mishra, 2004: 53). La necesidad de sobrevivir parece haber acentuado aún más ese presentismo. Sin ir más lejos, una de las palabras centrales de la lengua gitana (*batx*: lit. «suerte»; fig. «destino») «se refiere sobre todo al presente y al futuro inmediato» (Fonseca, 1997: 314). Cualquiera que haya convivido con gitanos sabe que se rigen por un pensamiento inmediatista: el propósito que no se lleva a cabo inmediatamente es difícil que se cumpla. Las disputas entre gitanos marginales se producen siempre «en caliente», pocas veces de forma premeditará.

Los gitanos, pues, no disponen de una capacidad de anticipar el futuro más allá de la intuición anticipatoria que les permite su capacidad estimativa. Sobre esta limitación se ha construido la afirmación de que «viven al día». Esto rompe con el tópico que les predispone para la adivinación. Como reconoce Ramírez Heredia, se trata de una argucia para sobrevivir sugestionando a las personas, diciéndoles lo que quieren oír a través de una ingeniosa reflexión dialogada, aprovechándose de la vanidad de quien paga: «El vaticinio de nuestras gitanas tendrá, como mínimo, una parte agradable que complacerá los deseos del cliente y que la perspicacia habrá advertido más en el gesto y la actitud que en la lectura de las rallas de la mano» (Ramírez, 1985: 146).

El interés comunitario en los juicios

Llega ahora el segundo momento del conocimiento intelectual, el juicio, que Ferrater Mora define como «acto mental por el que pensamos un enunciado» (Ferrater, 1994: 211), es decir, «una sentencia (...) en torno a un hecho» (Ferrater, 1994: 118). Según García Cuadrado, nos permite afirmar o negar «una propiedad de un sujeto (...) Supone (...) un retorno a la realidad y no una simple yuxtaposición de términos abstractos» (García, 2003: 77). Para Corazón, «los conceptos nos dan a conocer la esencia de la realidad, pero es un conocimiento parcial (...) Posteriormente conocemos las propiedades, accidentes y relaciones que acompañan la esencia (...). Como esta afirmación puede coincidir o no con la realidad, todo juicio es necesariamente verdadero o falso» (Corazón, 2003: 83-85). En este sentido, representa un retorno del concepto a la realidad, para complementarse con aspectos concretos de la propia realidad. Gracias a él conocemos tres categorías: cantidad, calidad y relación. Las frases «este perro es blanco», «la persona habla», «esta mesa no me gusta» o «comer poco es saludable» ejemplificarían lo expuesto.

En el caso de los gitanos, los juicios estarán principalmente relacionados con el interés comunitario. La verdad, la bondad o la belleza lo serán en la medida en que lo sean para el conjunto de gitanos: una cosa o un hecho no son nuevos *para mí* sino *para nosotros*. Como la existencia gitana transcurre siempre en el contexto comunitario, no se concibe que alguien pueda disfrutar de algo sólo él, sin el resto de la comunidad. Asegura Julio Vargas, colaborador de la Universidad de Barcelona: «No se puede investigar *a* alguien, sino *con* alguien» (*Presència*, 08-14/07/2005). El jesuita andaluz Adolfo Chércoles explica que, durante una vendimia en los campos manchegos, acompañado de unas familias gitanas de Granada, hizo notar que en medio de aquel calor les iría muy bien el agua fresca de aquella ciudad, que contrastaba con la tibia que estaban a punto de beber. Los gitanos le respondieron: «Pero Adolfo, ¿de qué *nos* sirve *aquí* el agua *de* Granada? Bébete *esta* y olvídate de *aquella*» (Chércoles: 2005).

El criterio del consenso social sobre la verdad cuenta con cierta tradición en la filosofía moderna, a partir de su formulación por Émile Durkheim en el siglo XIX. En 1920 François Lamennais afirmaba que «la única regla segura de verdad es la constituida por el sentido común o el consenso entre todos los pueblos» (Alessi, 2001: 145). A mediados de ese mismo siglo Edmond Goblot decía que «la verdad es una creencia colectiva» (Alessi, 2001: 145), tesis desarrollada más tarde por Jürgen Habermas, Henri Pirenne, Karl Popper y Moritz Schlick. En la medida en que la mayoría de personas de una colectividad den su asentimiento colectivo a un hecho que uno de ellos proponga como verdadero, en virtud de una solidaridad grupal previa, el asentimiento personal se convertirá en colectivo, objetivándose y convirtiendo aquella verdad particular en otra colectiva. La certeza (subjetiva) se convierte así en verdad (objetiva). La dinámica del consenso se deriva en último término de una noción tan oriental como la que todo el mundo tiene una parte de verdad. Es el *colligate fragmenta* (Jn 6,12) que reunifica lo divino que reside en todo, que participa de una misma substancia que se rompe pero que continúa siendo una. Lo intuyó Josep Espriu en su *Primera historia de Esther* (1948): «Pensad que el espejo de la verdad se rompió en fragmentos pequeñísimos en su día. Pero cada uno de ellos recoge una migaja de auténtica luz». Esto impide discrepar de la mayoría en lo importante, si bien esta dinámica se ajusta al carácter unitario de los gitanos: «La identidad es una percepción basada en el tiempo y en la historia. Requiere una continua interacción entre la gente y el tiempo» (Acton y Mundy, 1999: 41).

Los razonamientos prácticos y la lógica binaria

La última etapa del proceso cognitivo humano estaría constituida por el razonamiento. Según Ferrater Mora, la razón es la «capacidad de alcanzar el conocimiento de lo universal, de ascender hasta el reino de las ideas, como esencias, como valores o como ambos» (Ferrater, 1994: 302). Nos encontramos también ante la parte más importante del conocimiento intelectual: el que lleva a su plenitud la inteligencia humana y permite a la persona captar la esencia de las cosas y dar sentido así a la realidad. Para García Cuadrado, mediante esta operación partimos de las proposiciones que nos aportaban los juicios y las relacionamos lógicamente «de forma que de unas proposiciones verdaderas que ya conocíamos lleguemos a una proposición verdadera que antes desconocíamos» (García, 2003: 78). Según Corazón, el mecanismo que se utiliza para relacionar esas proposiciones es *el principio de consecuencia* (que otros autores llaman *principio de no contradicción*), según el cual «tal cosa es el principio o fundamento que se deriva de tal consecuencia» (Corazón, 2002b: 90). Por ejemplo, «el perro es un animal», «todos los animales viven y mueren», por tanto «todos los perros viven y mueren» (García, 2003: 78). Es la actividad que permite, pues, descubrir los principios que rigen el orden natural (la ciencia), aunque no su sentido (la metafísica): «La finalidad está más allá de lo físico, no se conocen sólo por la materia y el movimiento» (Corazón, 2002b: 90-91).

En el caso de los gitanos, el uso de razonamientos tiene un carácter de tipo práctico, de forma coherente con el resto del proceso cognitivo. Más que intentar descubrir el orden natural, intentan concretar en qué medida la realidad puede ser utilizada para garantizar la vida en comunidad. Manuel Cortés explica cómo un día unos gitanos del barrio de La Mina intentaban imaginar cómo sería el mundo sin los no gitanos. Tras un rato de diálogo concluyeron que no sería posible vivir «¿Quién inventaría y diseñaría los barcos o los aviones?» (Cortés: 2002). A los gitanos, pues, les preocupa más *cómo* los barcos o los aviones les pueden ayudar a desplazarse que *cómo* funciona el principio de sustentación naval o aeronáutico. Así, cuando un no gitano pregunta algo a un gitano, la respuesta inmediata suele ser: «¿Para qué lo quieres saber?». El conocimiento tiene poco sentido si no tiene una aplicación práctica, como destacó el pragmatismo filosófico estadounidense.

En este sentido, los razonamientos gitanos son siempre inmediatos o evidentes, más que discursivos o sucesivos, según la clasificación que hace García Cuadrado: son principios en los que «el entendimiento capta inmediatamente la verdad de la proposición» (García, 2003: 78). Lo que importa es el resultado, no el procedimiento. Esta forma de razonar es habitual en el pensamiento oriental, como constata Rafael Argullol: «El discurso occidental no esconde el proceso argumental mediante el que alcanza una conclusión (...) El discurso indio es aforístico: presenta primero las conclusiones ya elaboradas y sólo posteriormente revela el camino que ha seguido para alcanzarlas» (Argullol/Mishra, 2004: 20).

El principio de no contradicción también será seguido por los gitanos en sus proposiciones, aunque se manera diferente a la mayoría de los no gitanos: no se trata de evitar una contradicción entre las proposiciones, sino entre la proposición y la experiencia. Es famosa la frase del torero gitano Rafael Gómez Ortega: «Lo que no puede ser, no puede ser... y además es imposible» (Alameda, 1989: 123). També esto es típicamente oriental, como constata Mohanty: «Una cognición es verdadera si no se contradice con una experiencia subsecuente» (Mohanty, 2000: 16). Por tanto, invirtiendo los enunciados de la frase de *El Gallo*, lo que no se puede experimentar («no es posible») no puede ser verdad y, por tanto, no puede existir («no puede ser»).

De igual forma, en sus razonamientos los gitanos muestran una *lógica binaria*, es decir, aquella que incluye en sus proposiciones dos conceptos contrapuestos (aunque uno de ellos no se explicite). Los gitanos tienden a ordenar el mundo en términos duales: gitanos y no gitanos, bueno y malo, posible e imposible... Molina lo constató al afirmar: «El dualismo comunitario expresa bien la situación espiritual del pueblo gitano en la actualidad» (Molina, 1967: 151). Los gitanos reconocen que su cosmovisión «se fundamenta en una racionalidad muy distinta a la de la sociedad no gitana»

(Nedich, 2007: en internet), de ahí que vivir a la manera gitana sea «ajustarse a un conjunto de comportamientos colectivos llamados *Rromanipēn*, *Rromipē* o *Rromannīja* (...) Tal perspectiva dualista agrupa los universales en pares: bien y mal, niños y adultos, puro e impuro...» (Hancock, 2002: 74-75). Esta forma de razonar es también típicamente oriental, como apuntan algunos autores: «Operar de forma discursiva y comparativa, mediante el contraste categorías opuestas» (AA.VV., 1999: 61), porque «el mundo cotidiano se nos presenta bajo la marca de la dualidad» (AA.VV., 1999: 41).

Tras el carácter pragmático de la *cognición gitana* parece colegirse una percepción de la realidad como algo inaprehensible a través de la razón, que sólo sirva para comprender su carácter práctico. Su sentido último, como veremos más adelante, sólo puede alcanzarse a través de los ojos del corazón. La realidad, en su aspecto fenoménico, no puede comprenderse sino vivirse. La verdad, como absoluto, no es conceptualizable sino experimentable. Borrow, en su viaje a la España de 1837, explica la anécdota que le refiere Antonio López, un gitano de Badajoz: «Hace mucho tiempo conocí a un gitano muy viejo (tenía más de cien años) que una vez me dijo que todo lo que creemos ver es mentira: no hay hombres, ni mujeres, ni caballos, ni mulas, no olivos... ni mundo» (Borrow, 2003: 138). Esta observación, realizada por alguien nacido antes de 1700 (por tanto, antes de los procesos impulsados por Carlos III), es casi una definición del concepto indio de *mâyâ* (lit., «ilusión»).

Pensamiento y lenguaje entre los gitanos

La capacidad de pensar quedaría limitada si la redujéramos a la capacidad de comprender, porque la persona no se configura sólo de fuera hacia dentro sino también al revés, gracias al lenguaje. Esa capacidad de comunicarse es consecuencia de una capacidad de pensar, porque sólo podemos hablar en la medida en que pensamos. Los gitanos no serían los mismos con otro uso del lenguaje, porque es producto de las características de su historia y de las necesidades de su cultura.

12. EL SENTIDO DE LA FILOSOFÍA DEL LENGUAJE

La interpretación de los mecanismos de conocimiento entre los gitanos quedaría incompleta si no abordásemos también la cuestión del lenguaje en la cultura gitana. De hecho, pese a su aparente novedad, este tema constituye uno de los ejes centrales de la reflexión filosófica a lo largo de la historia, especialmente desde la especulación sobre el binomio *naturaleza del lenguaje* y *capacidad de conocimiento humano*.

ORIGEN Y EVOLUCIÓN

Son muchos los autores y corrientes que han reflexionado sobre el lenguaje en sus sistemas de pensamiento. Los presocráticos equipararon lenguaje y razón, porque ser animal racional significaba ser capaz de hablar. Como la lengua era un reflejo del universo, «el lenguaje era el equivalente a la estructura inteligible de la realidad» (Ferrater, 1994: 214). Los sofistas lo examinaron desde la *gramática* para averiguar si las palabras eran naturales o convencionales, es decir, establecidas por un acuerdo humano. Aristóteles y, más adelante, los estoicos introdujeron un nuevo elemento (el *concepto*), al margen de los ya tradicionales de lenguaje y realidad, por lo que la *lógica* pasará a complementar la gramática como ámbito de reflexión.

Los filósofos de la Edad Media intentaron saber en qué medida los problemas del lenguaje eran más lógicos que gramaticales, sobre todo desplegando una *doctrina de los universales* a partir de la noción aristotélica de concepto. Esta introducción de la lógica posibilitó la aparición de la *filosofía del lenguaje*, como disciplina propia, durante la Edad Moderna. Los filósofos adoptaron dos actitudes sobre el lenguaje: una de confianza (representada por los racionalistas) y otra de desconfianza (representada por los empiristas). Fueron estos últimos, como señala Ferrater Mora, «quienes pusieron de relieve que el lenguaje es un instrumento fundamental para el pensamiento, pero que había que someterlo a una crítica para no caer en las trampas que nos puede tender su abuso» (Ferrater, 1994: 215).

La filosofía del lenguaje alcanzó su cénit en el siglo XX, sobre todo a partir de los trabajos de los filósofos de Harvard (Peirce y James), el Círculo de Viena (Wittgenstein y Schlick), la Escuela de Fráncfort (Horkheimer y Adorno) y los filósofos de Cambridge (Russell y Whitehead). El análisis del lenguaje llegó a ser considerado la ocupación principal de la filosofía. Hay que destacar especialmente a Ludwig Wittgenstein, que asimiló la estructura del lenguaje con la de la propia realidad, afirmando al mismo tiempo que lo del lenguaje no es su significado sino su uso. De ahí que, «para entenderlo, hay que comprender cómo funciona» (Ferrater, 1994: 215). Tras él ha habido dos perspectivas de reflexión sobre el lenguaje: la lógica (con Russell y Quine como exponentes) y la semántica (representadas por Peirce y Frege).

Definición y evolución de la filosofía del lenguaje

De esta forma, la filosofía del lenguaje se definiría como la rama filosófica que estudia el significado y el uso del lenguaje, así como su formulación, entendimiento e interpretación. A diferencia de la lingüística, que se ha centrado tradicionalmente en el análisis del sistema lingüístico (formas, niveles y funciones), su preocupación histórica ha sido las relaciones entre el lenguaje y el pensamiento o entre el lenguaje y el mundo, especialmente el origen del lenguaje, su simbolización y los procesos de significación (la semántica veritativa).

Afirma García Cuadrado que a la filosofía le interesa el lenguaje porque está estrechamente relacionado con el ser humano, como ya constató Aristóteles: «El hombre (ser con logos) es el único ser que tiene palabra» (García, 2003: 85). Esta especialidad filosófica permite saber qué es un fonema, cómo denotan los términos singulares, cuál es la estructura sintáctica de una oración, cómo se organizan lógicamente los enunciados o cuándo es verdadero un enunciado. La cuestión de fondo, en definitiva, es la relación entre pensamiento y lenguaje, lo que acerca la filosofía del lenguaje a la dimensión semántica de la lingüística. Manuel Pérez la define de la siguiente manera:

> Aquel ámbito de la filosofía [...] que tiene como tarea esencial el análisis de conceptos lingüísticos como el significado, verdad, proposición, referencia, aseveración, enunciado, sinonimia o intencionalidad [...] para elucidar el concepto general de significado [Pérez, 2001: 24-25].

Dejando al margen las *proferencias* (emisiones de signos sin significación), la *palabra* es el punto de partida de la filosofía del lenguaje, que constituye la interrelación causal entre los objetos físicos, asimilándose a lo que la lógica denomina *universales*. Las palabras se combinan intencionalmente hasta constituir una *oración*, que es la acción básica de la significación: «Las palabras sólo tienen significado en el contexto de una oración» (Pérez, 2001: 28). Cuando las oraciones son declarativas se denominan *enunciados*, mientras que se las llama *proposiciones* cuando son propositivas. Las primeras permiten describir el mundo, a diferencia de las segundas, que son las que ofrecen la posibilidad de hacer consideraciones de otro orden sobre la realidad. A partir de ellas, el lenguaje ofrece tres diferentes perspectivas de análisis: la *semántica* (que se ocupa de las relaciones entre lenguaje y mundo), la *sintaxis* (análisis de su estructura, independientemente de su significado) y la *semiótica* o *pragmática* (que se ocupa de la dimensión social del lenguaje, es decir, de los usuarios y de las circunstancias de la comunicación).

El objeto de estudio de este apartado será la asunción de esas tres funciones del lenguaje entre los gitanos: la estructura formal de la lengua gitana (sintaxis); la capacidad de la lengua gitana para representar el mundo (semántica), como expresión de un sistema de pensamiento; y la dimensión social que el lenguaje alcanza en el seno del pueblo gitano (semiótica), como herramienta al servicio de las necesidades de una cultura. Intentaremos demostrar que la identidad personal de los gitanos y su cosmovisión colectiva se basan también en un uso determinado del lenguaje humano.

13. HISTORIA DE LA LENGUA GITANA

Si en algo coinciden estudiosos y gitanos es en la importancia que la lengua gitana tiene en la identidad colectiva de este grupo humano. Su mantenimiento no habría sido posible sin la persistencia del *romanō* (o *rromānes*, en lengua gitana). Con ella se han transmitido las historias y los cuentos (narrados o cantados) que han dado a los gitanos conciencia de su origen, de su condición y del sentido último de la realidad; gracias a ella se han perpetuado las actitudes existenciales que han configurado sus hábitos y su sistema cognitivo diferenciado; y con ella se ha articulado la convivencia en el seno de la propia comunidad y entre esta y la sociedad mayoritaria. Los gitanos disponen hoy de una cultura propia, en buena medida, por la existencia constante de una lengua diferenciada a lo largo de toda su historia. Como reconoce el *cantaor* gitano Tomás de Perrate, «los gitanos, cuando cantamos flamenco, hacemos algo más que música: transmitimos oralmente nuestra cultura» (*El País*, 01/10/2006).

Afirma Rafael Corazón que: «hablar no es sólo manifestar lo que pensamos, sino, más radicalmente, poner de relieve que somos personas» (Corazón, 2002: 90). No es de extrañar, pues, que una de las primeras reivindicaciones del movimiento asociativo gitano, nacido en España durante la década de 1960, fue decir «queremos la palabra, queremos hablar» (Leblon: 1987). Es una clara muestra de la importancia que, para los gitanos, tenía poder participar con voz propia en el espacio social. De ahí que, para los gitanos, este «querer hablar» significaba tanto decir que existían como, sobre todo, decir que tenían una forma propia de existir y, en último término, una identidad propia.

Origen y evolución de la lengua gitana

La lengua gitana, como constatan todos los autores, es el resultado de una serie de préstamos lingüísticos (persa, kurdo, armenio y griego) a una matriz sánscrita originaria.

La presencia del sánscrito es tan intensa que sería prolífico detallarla. Sólo hace falta recordar que su vocabulario básico (referido al cuerpo, a la naturaleza, a los animales, a las personas o a las acciones básicas de la existencia) tiene esa raíz. Así, entre muchos ejemplos posibles, podríamos citar *kan* (*karṇa*, sánscrito), por "oreja"; *phral* (*bhrātā*, sánscrito), por "hermano"; *jek* (*ek*, sánscrito), por "uno"; *pani* (*pānīya*, sánscrito), por "agua"; *kher* (*gṛha*, sánscrito), por "casa"; o *rasaj* (*ṛṣi*, sánscrito), por "sacerdote". También tiene este origen la formación de sustantivos y adjetivos masculinos y femeninos en *-o* e *-i* (*kalō*, "negro"; *kalī*, "negra"), así como la formación de sustantivos abstractos en *-imen* e *-ipen* (*thatchimōs*, "verdadero"; *tchatchipēn*, "verdad") o de adverbios en *-es* (*zor*, "fuerte"; *zorāles*, "fuertemente"). Sucede algo similar con ciertas formas verbales, como el imperativo: *xa*, "¡come!" (*khad*, sánscrito).

Es también gracias a la lingüística que sabemos que los gitanos estuvieron cerca de un siglo en Persia durante su proceso migratorio. Son muchas las palabras persas en la lengua gitana actual, entre las que podríamos destacar *sir* ("ajo"), *mom* ("cera"), *zen* ("ceja") o *baxt* ("suerte"). El carácter rápido de su paso por el actual Iraq y el norte de Siria lo atestigua la escasa presencia de palabras de raíz árabe, que son menos de diez, entre ellas *kis* ("bolso") y *berk* ("pecho"). En cambio, el idioma de los gitanos está lleno de palabras de origen armenio, fruto de su larga estancia en la zona: *bov* ("horno"), *chovexani* ("bruja"), *grast* ("caballo"), *kotor* ("trozo") y *mortsi* ("cuero"). Fue precisamente en Armenia donde la lengua gitana alteró su sonido tradicional, al sustituir los prefijos *bh-* por *ph-*. Un rápido paso por Kurdistán les permitió adoptar algunos préstamos lingüísticos del kurdo, el oseto (*vurdon*, "carromato") y el ucraniano (*kurvē*, "prostituta").

Tras el persa, el griego es la lengua que más ha influenciado el *romanō*, fruto de la presencia gitana de casi dos siglos en Capadocia, entonces llamada Egipto Menor. Tan larga fue su estancia en esa región, de influencia helénica, que los propios gitanos fueron denominados *atsiganoi* o *egipcianos* (lit. "extraños") por todo el continente, lo que llevó a los europeos a creer que procedían de Egipto. Y su lengua adoptó del griego parte del sistema declinatorio y un tercio de su vocabulario actual. Entre estas palabras podríamos citar *drom* ("camino"), *kokalo* ("pierna"), *foro* ("ciudad") u *octo* ("ocho"), entre muchas otras.

DIALECTOLOGÍA ACTUAL

La raíz india y los préstamos descritos constituirían la común matriz de la lengua gitana, que hoy en día comparten cerca de 15 millones de personas en todo el mundo. Sin embargo, los gitanos han ido incorporando vocabulario a ese sustrato, fruto de la convivencia con otras lenguas o de la necesidad de incorporar nuevas palabras para describir referentes desconocidos (*telefōno*, por "teléfono"), como le ha pasado al latín.

De hecho, todas las lenguas tienen un carácter dinámico, fruto de la necesidad de los hablantes. De ahí que la lengua gitana, entre los siglos XV y XX, desplegara una serie de dialectos que se podrían clasificar de la siguiente manera:

Dialectos protogitanos		Propios de grupos gitanos que se asentaron antes de la entrada en Europa: *lomavren* (Armenia) y *domari* (Siria).
Dialectos gitanos *stricto sensu*	Estrato I	Son los *más arcaicos*. Balcánicos: *erli* (Bulgaria y Macedonia), *tharo-gono* y *mahadzer* (Kosovo), *meckar* y *kabudzi* (Albania), *filipdzi* y *xandur* (Grecia) y *ursāri* (Rumanía); Carpáticos (Eslovaquia); y Bálticos (Polonia y Rusia).
	Estrato II	Son fruto de migraciones *más recientes*: *gurbet* (Macedonia), *tchergar* (Albania, Montenegro y Bosnia) y *fishir* (Grecia).
	Estrato III	Son los *más difundidos* por toda Europa: el *kalderash* y el *lovari*, propios de los gitanos de la mayoría de países del centro y este de Europa (excepto del nordeste y sudoeste, que serían los anteriores dialectos citados).
Dialectos gitanos Sinto-Manush		Son una variante del estrato I, fruto del aislamiento de ciertas comunidades gitanas y de su convivencia con grupos judíos (*yidis*) y alemanes, siendo difícil la comprensión para otros gitanos.
Pogadolectos gitanos		Vocabulario gitano con gramática no gitana, fruto de situaciones de persecución: *pogādi* (Reino Unido) y *kalō* (España).

Son muchos los expertos que, a lo largo de los siglos, han intentado demostrar que los gitanos no poseían una lengua común, por esta pluralidad dialectal. Pero esa afirmación es falsa. Los dialectos no son sino variantes de una lengua común, como sucede con el español que se habla en España y el que se habla en los diferentes países de Hispanoamérica. Unidad no significa uniformidad. Se trata de diferencias morfológicas o fonológicas que, en mayor o menor medida, hacen posible la comunicación entre los gitanos de todo el mundo. La única excepción serían los estados de Europa del sur (España y Portugal) y el oeste (Reino Unido), donde los gitanos combinan el vocabulario propio (500 palabras) con la gramática de la lengua mayoritaria.

De cualquier forma, la Unión Romaní Internacional aprobó, en su IV Congreso Internacional (Varsovia, 1990), un dialecto estándar propuesto por el lingüista francés Marcel Courthiade, tras 30 años de investigaciones. En él propone una variante dialectal que incluye la matriz común y buena parte de las peculiaridades de cada dialecto, favoreciendo que todos los hablantes lo puedan reconocer como propio y, a la vez, adoptarlo como herramienta común de comunicación. Hoy en día, desde la Universidad René Descartes de París se difunde entre jóvenes gitanos de toda Europa y se utiliza en los encuentros de las Naciones Unidas, la Unión Europea, el Consejo de Europa y la Organización para la Seguridad y Cooperación en Europa.

14. CARACTERÍSTICAS DE LA LENGUA GITANA

Hemos visto hasta ahora que la lengua gitana, que se denomina *romanō* o *romānes*, es el resultado de las necesidades de una colectividad humana a lo largo de su historia. ¿Cuáles son las características de esta lengua? Algunas ya las hemos visto al hablar de la formación de masculinos y femeninos, de sustantivos y de adverbios, así como la flexibilización de la pronunciación. Pero la lengua gitana es mucho más que eso. Su análisis se puede llevar a cabo desde una perspectiva *lingüística*, teniendo la lengua como objeto de estudio, y desde otra *metalingüística*, constatando algunos hechos que la identifican todavía más.

CONSIDERACIONES LINGÜÍSTICAS

La fonología, la morfología, la sintaxis y el léxico constituyen la perspectiva básica para conocer una lengua. Son los elementos que, según los expertos, configuran su identidad. Para aplicarlas a la lengua gitana seguiremos las pautas del lingüista alemán Yaron Matras, profesor de la Universidad de Manchester (Reino Unido), que presentó en el VI Congreso Internacional de Lingüística Gitana, celebrado en Graz (Austria) en 2004. Enumeramos sólo los elementos que la singularizan, obviando aquellos comunes a otros idiomas.

Fonología

La fonología de la lengua gitana está formada por un total de 37 fonemas, de los que 23 son consonantes simples y otros 9 lo son compuestas (Ch, ćh, kh, ph, rr, sh, th, ź y dž), de origen claramente oriental (-nd), a los que hay que añadir las 5 vocales habituales. Su modelo de acentuación suele ser agudo en la mayoría de ocasiones, lo que la diferencia de las lenguas de raíz latina. Aún más: como sostiene Adiego, las palabras de origen indio o los préstamos muy antiguos son agudos, mientras que el resto de préstamos son llanos. Ese cambio podría deberse a la dicotomía epistemológica ya comentada, flexibilizando la pronunciación de lo instrumental para facilitar el contacto con los hablantes de otras lenguas. Las variaciones más importantes han sido la palatalización (>africación) *de /di, ti, gi, ki* en palabras específicas, la truncación de *a-* (noroeste), la adición de *a-* (sudeste) en palabras específicas, la sustitución del grupo consonántico histórico (*ND > ndř* se convierte *ř, r, nd, ndr, nr, rn, nl*), la jotación analógica (*řomni* "mujer", pl. *řomnja*), la pérdida de *-s* final (fonológica en la Europa meridional, selectiva en el norte) y la alternancia *s/h* en los paradigmas gramaticales: al principio en desinencias vocálicas y dobletes del verbo copulativo (*phenesa* "dirás" > *pheneha*; *phenasa* "diremos" > *phenaha*), la generalización de *h* al verbo copulativo (3ª pers. pres. > 3ª pers. pas > otras personas) y la extensión a palabras funcionales (*savo* "quién" > *havo*; *so* "qué" > *ho*).

Morfología

La morfología de la lengua gitana viene dada por la coexistencia de dos tipos de construcciones: las de origen sánscrito (denominadas "temáticas") y las de origen balcánico (llamadas "atemáticas"). Unas y otras están presentes en el lenguaje oral y escrito de la mayoría de dialectos gitanos.

- La lengua gitana dispone de dos **géneros** (masculino y femenino, sin la forma neutra), rasgo muy habitual en las lenguas orientales, que se forman con -*o* (masculino: *gadjō*, "no gitano") y con -*i* (*gadjī*, "no gitana"). Estos géneros, en plural, se forman con -*e* (*gadjē*, "no gitanos") y con -*a* (*gadjiā*, "no gitanas"). Entre todos los idiomas indoarios modernos, sólo los dialectos de las áreas de Kannauj y Nepal (separadas por unos 100 kilómetros) tienen esta terminación para el masculino.
- Los **pronombres** *personales* son también dos (yo, nosotros; tú, vosotros), sin la tercera persona habitual en la mayoría de lenguas de origen latino. Los *artículos* sólo pueden ser determinados, rasgo muy significativo. Los *demostrativos* pueden ser de cuatro tipos, según el origen (situación frente discurso) y especificidad (general frente a concreto). Los *interrogativos* son siete: *kaj* "dónde", *kon* "quién", *kana* "cuándo", *kabor/kozom/kati/keci/sode* "cuánto", *so (ho)* "qué", *savo (havo)*, "quién" y *sar (har)* "cómo". Los *indefinidos* pueden ser de tres tipos: de origen preeuropeo, en *k-* y *či-* con la partícula -*ni-*(*konik* "alguno" < *kaj-ni-jekh, kekvar* "a menudo" < *kaj-jekh-var kajnikaj* "en algún lugar"), con el sufijo griego -*moni* (*čimoni* "algo", *kajmoni* "en algún sitio", *komoni* "alguien") y con el prefijo no gitano *vare-* (*varekon* "alguien", *vareso* "algo"). Un rasgo distintivo de la lengua gitana es el uso de posposiciones pronominales, que aumentan la riqueza significativa sin aumentar el número de palabras. Serían -*sa* ("con"), -*te* ("en"), -*ta* ("de") y -*ke* ("a"). Así, por ejemplo, para decir "con Dios" se diría *Devlēsa* (de *Devel*: "Dios").

- Los **sustantivos** se forman mediante tres tipos de terminaciones: dos de origen sánscrito, como *-ipen* (singular: *amal*, "amigo"; *amalipen*, "amistad") e *-imata* (plural: *amalimata*, "verdades"), y una de origen griego, como *-imos* (*sak*: "ojo"; *sakimos*: "mirada").
- En cuanto a los **adjetivos**, los sistemas de concordancia no son los habituales de las lenguas orientales o latinas, porque el artículo, el sustantivo y el adjetivo se relacionan mediante un sistema de declinaciones (9, en total) similares a las del griego medieval.
- Por lo que respecta a los **verbos**, la mayor parte de ellos son regulares. El presente continúa con el antiguo/medio indoario, al igual que el pasado (a través de la partícula de genitivo), con una dificultad inicial para construir el futuro (alcanzada más tarde). Un caso especial de morfología verbal es el verbo "tener", que no necesita desinencias para enunciarse; así, "yo tengo" se diría *si man*, lo que literalmente significa "hay para mí".

Sintaxis

Las construcciones sintácticas en la lengua gitana denotan también un origen indoario, tanto el sintagma nominal [(AdjN (NAdj), DemN (NDem), GenN (NGen), ArtN, NumN, PrepN)] como el sintagma verbal [(VO, VOpro, SV (temático), VS (conectivo), VS en oraciones no factuales y OV posible en topicalización)]. Otros dos rasgos de la lengua gitana, en este plano sintáctico, son el uso de un sistema de posposiciones que enlaza el artículo con el sustantivo; y la anteposición del adjetivo al sustantivo, otorgando más importancia a las características de los objetos que a estos en sí mismos. Estos dos elementos la asimilan a las lenguas de origen germánico, como el inglés o el alemán, aunque también al vasco. En cuanto a la combinación de oraciones, predominan las relativas, en las que los complementos se construyen según una dicotomía factual/no factual (*kaj* factual, *te* no factual), así como las oraciones condicionales.

Léxico

Finalmente, en relación al léxico, deberíamos recordar buena parte de lo expuesto en la parte anterior, al rehacer el proceso migratorio de los gitanos a través de su lengua. Así, como señala Ignasi Adiego, profesor de lingüística indoeuropea de la Universidad de Barcelona, «el núcleo léxico compartido por todos los dialectos no es muy numeroso, de manera que muchos gitanos construyen el vocabulario que necesitan mediante préstamos de las lenguas de los países donde viven» (Adiego: 2004). Esto hace que determinadas cosas se puedan denominar de formas diversas. Buena parte de estas palabras comunes son de origen claramente sánscrito y se refieren –como avanzábamos antes– al cuerpo, a la naturaleza, a los animales, a las personas o a las acciones básicas de la existencia o las principales operaciones del conocimiento. El resto estaría formado básicamente por palabras de origen persa, armenio y, sobre todo, griego.

CONSIDERACIONES METALINGÜÍSTICAS

Algunos autores consideran un hecho extraordinario la supervivencia de la lengua gitana. Pocos pueblos han podido mantener su lengua originaria a lo largo de los tiempos (sucede algo parecido con los judíos, si bien el yidis y el ladino se formaron mediante préstamos lingüísticos), como consecuencia de una voluntad de ser. De hecho, muchos gitanos consideran su lengua como «un poderoso factor de nuestra identidad» (Hancock, 2002: 139) y algunos llegan a asociarla con la propia identidad, al decir que ser gitano significa «recordar algunas palabras de una lengua que la historia nos ha negado» (Giménez Adelantado: 2002). No es de extrañar que el francés Matéo Maximoff, uno de los principales escritores gitanos del siglo XX, llegase a declarar en 1994 que «quien no es capaz de hablar *romānes*, ya ha dejado de ser gitano» (Hancock, 2002: 139). En este sentido, quizá sin saberlo evocaba una de las funciones clásicas del lenguaje humano, la representación de la realidad, tal como afirmó el Wittgenstein de la primera etapa (la del *Tractatus*) al decir que «el mundo es la totalidad de los hechos, no de las cosas» (1.1), que «nos hacemos imágenes de los hechos» (2.1), que: «la imagen es un modelo de la realidad» (2.12) y que «la imagen es un hecho» (2.141).

Una lengua oral

Este carácter excepcional viene derivado no sólo de las circunstancias adversas que los gitanos han tenido que vivir, sino también por el hecho de que su lengua se ha tenido que conservar a través del lenguaje oral. Con anterioridad al siglo XX sólo existe constancia de dos testimonios escritos por los gitanos: dos cartas en caló. Lo constata Fonseca, al decir que «a parte de exactamente unas cien palabras y frases registradas por tres no gitanos en el siglo XVI, no existe ninguna muestra de romanó hablado antiguo» (Fonseca, 1997: 81). La etnología ha atribuido este fenómeno a que los gitanos no podían llevar "peso" en sus carretas, explicación que ya hemos rebatido antes: el carácter oral de la lengua gitana se apoya en la primacía de las percepciones visuales y auditivas en los procesos perceptivos de los gitanos.

De hecho, como constata la folclorista Diane Tong, «la cultura gitana tiene una profunda […] cultura oral. Mujeres y hombres, jóvenes y adultos, cuentan historias de todo tipo en las reuniones, sean estas casuales o señaladas» (Tong, 1997: 15). El musicólogo Domingo Manfredi todavía va más allá, al decir que los gitanos «no conservan sino leyendas que se han transmitido de viva voz. Mejor sería decir cantadas, porque todos los recuerdos lejanos de sucesos, personas o circunstancias los tienen en las coplas de sus cantos» (Manfredi, 1957: 19). Vale la pena introducir la diferencia entre cuentos e historias; mientras que los primeros se sitúan en tiempo inmemorial, las segundas recuerdan «las experiencias de los antepasados que recuerda la persona de más edad» (Fonseca, 1997: 314). Esta tradición se mantendrá hasta la década de 1920, aunque sólo se romperá definitivamente en la de 1950.

Una herramienta de autodefensa

Esto nos ilustra otra característica de la lengua gitana. De hecho, si ha podido llegar hasta la actualidad, ha sido por el carácter del *romanō* como herramienta tanto de identidad como de autodefensa. Los gitanos utilizaban su lengua, no sólo para comunicarse, sino para hacerlo *al margen* de los no gitanos, pudiendo así eludir sus persecuciones. Hancock dice que «durante muchos años creyó que nadie, excepto los gitanos, podían hablar la lengua gitana; si sabías *rromānes* era porque eras gitano» (Hancock, 2002: 139). En el fondo, hablar de la lengua como sistema identitario, incluso de autodefensa, no es más que apelar a la dimensión sociológica del lenguaje. Es lo que conocemos como comunicación. En este sentido, como apuntan algunos autores, la creación de un espacio comunicativo es uno de los retos que deben asumir hoy todas las culturas si quieren conservarse:

> Los sujetos, en la producción de la vida social, establecen un conjunto complejo de procesos [...] mediante el que codifican y expresan su conocimiento de la realidad, desarrollando formas concretas de conciencia. A estos procesos [...] los denominamos comunicación social [Marín/Tresserras, 1987: 28].

Existe una divertida anécdota que el británico George Borrow constató en su viaje por la España gitana del siglo XIX. Se explica que unos alguaciles irrumpieron en la casa de una familia gitana de la alta Andalucía persiguiendo a un gitano llamado José, acusado de robar. Al preguntar por él, otro gitano hizo ver que le llamaba, diciendo «José Najela... que hay aquí unos señores», lo que realmente significaba «Huye, José, que hay aquí unos payos» (Borrow, 1979: 121). No es de extrañar, pues, que los gitanos de más edad se hayan mostrado siempre reacios a participar en estudios sobre su lengua, convencidos de que los dejaría desarmados ante los no gitanos. El escritor gitano Eslam Drudak, originario de los Balcanes, no ha dudado en calificar la lengua gitana como el más preciado elemento constitutivo de su identidad, consciente de que en ella reside su cosmovisión:

> Cuéntame, gitano: ¿dónde está nuestra tierra?, ¿dónde nuestras montañas, nuestros ríos, nuestros campos, nuestros bosques, nuestra patria, nuestros sepulcros? Están en el lugar de las palabras, dentro de nuestra lengua [Jiménez González: 2001].

LA INVESTIGACIÓN SOCIO-LINGÜÍSTICA

El siglo XVI está comúnmente aceptado como el inicio de la reflexión lingüística sobre la lengua gitana. En 1542, el británico Andrew Boorde publicaba *The Fyrst Boke of the Introduction of Knowledge*, en el que citaba un total de 35 palabras gitanas, a las que llamaría «habla egipcia» (*Egipt Speche*). Hacia 1565, el holandés Johan van Ewsum publicaba un vocabulario gitano traducido al alemán bajo el epígrafe *Clene Gijpta Sprake*. Y en 1597, otro holandés, Bonaventura Vulcanius, tradujo al latín un pequeño vocabulario gitano en su obra *De Nubianis erronibus, quos Itali Cingaros appellant, eorumque lingua*. La tendencia compiladora continuaría en el siglo XVII, con la publicación del vocabulario de Hiob Ludolf en 1691. Y en 1668, el explorador otomano Evliya Çelebi dedicó un capítulo a los gitanos en su libro *Seyahat Name*.

En el siglo XVIII, la lengua llevaría a constatar el origen indio de los gitanos, si bien de forma casual. En 1760, el húngaro Štefán Vályi coincidiría en la Universidad de Leiden (Países Bajos) con otros tres estudiantes procedentes de la región de Malabar (la India). Según explica Székely von Doba, en la *Gaceta de Viena* (1763), Vályi pudo reconocer en sus conversaciones muchas de las palabras que había oído a los gitanos que trabajaban en la finca de su familia, lo que le animó a recogerlas y publicarlas. Poco tiempo antes, en 1755, una gramática alemana incluía un glosario y la *Carta de un gitano a su esposa*. En 1776, el británico Jacob Bryant aportó una originalidad: comparar un listado de palabras gitanas con algunas lenguas iranís. En 1777, el alemán Christopher Rüdiger, de la Universidad de Halle, ratificó científicamente la intuición de Vályi, al comparar el habla de la gitana Barbara Makelin con la lengua recogida en una gramática alemana del indostaní.

Una de las aportaciones más importantes de ese siglo fue la del alemán Heinrich Grellmann, de la Universidad de Göttingen, quien aplicó el análisis lingüístico comparativo entre la lengua gitana y algunas de las principales lenguas de origen sánscrito, apuntando el posible origen indio de los gitanos en su artículo «Auf der indischen Sprache und Herkunft der Zigeuner» (1782) y, sobre todo, en su libro *Die Zigeuner* (1783). Las recopilaciones de palabras o frases gitanas fueron habituales en muchos otros libros. Hacia 1750, en España, el segundo marqués de Sentmenat recopiló 61 palabras, tal como descubrió Ignasi Adiego en 2002. Y en 1787 se publicó en Alemania un vocabulario en el que se diferencia entre la lengua gitana y la jerga de los excluidos.

Son muchos los lingüistas que continuaron con esta línea de investigación a lo largo del siglo XIX. Hacia 1805, el explorador alemán Ulrich Seetzen recopiló un listado de palabras de dialecto *domari* en Nablus. En 1836 se tradujeron por primera vez los evangelios a la lengua gitana, en dialecto *sinti*. En 1844-1845, el alemán August Pott publicó la primera gramática comparativa de diversos dialectos gitanos, asimilando a los gitanos a la casta *dōmba* en su obra *Die Zigeuner in Europa und Asien*. De ese mismo año, aunque distinto en su calidad, es el *Vocabulario del dialecto gitano* de Enrique Trujillo, al que seguirían los de Ramón Campuzano (1848), Augusto Jiménez (1853) y Francisco de Sales Mayo, «Quindalé» (1867 y 1870). En 1872-1880, el húngaro Ferenc von Miklosich publicó un estudio sobre dialectología gitana, atreviéndose incluso a apuntar una posible ruta migratoria. Y en 1875, el holandés Michael Jan de Goeje sugirió que los gitanos habían sido ayudantes de campo de los ejércitos otomanos que invadieron Europa en el siglo XVI. En 1870, el turco Alexandre Paspati publicó *Études sur les Tchinghianés*. Este ambiente investigador llevó a crear, en 1888, la primera entidad del mundo dedicada a promover estudios de temática gitana: la *Gypsy Lore Society*.

Menos brillante fue el siglo XX, al menos en su primera mitad. En 1907-1908, los rusos Finck y Patkanoff recopilaron palabras del dialecto *lom*; en 1909-1913, el irlandés Robert A. Stewart Macalister hizo lo mismo con el dialecto *domari* y en 1914-1915, el británico Bernard Gilliat-Smith abordó el dialecto *vlax*. Y los españoles José Tineo Rebolledo y Francisco M. Pabanó trabajaron con el caló en sus obras de 1900 y 1914. Una obra fundamental fue *The position of Romani in Indo-Aryan* (1926), del británico *sir* Ralph Turner, quien propuso el noroeste de la India como lugar originario de los gitanos. Ese mismo año, el irlandés John Sampson publicaba *The dialect of the Gypsies of Wales*.

El impulso definitivo llegó a mitad de siglo, de la mano del diplomático indio Weer R. Rishi, quien a finales de la década de 1950 fue destinado a la antigua Yugoslavia, recién inauguradas las relaciones entre ambos países al acabar la II Guerra Mundial. Durante una visita a la región de Macedonia pudo visitar Sutko Orizari, ciudad situada en los alrededores de Skopje donde viven casi 50.000 gitanos (constituyen la mayoría de la población, caso único en el mundo). Hablando con ellos se percató de que su lengua tenía muchos elementos en común con el hindi. Al regresar a su país, ya retirado, el *padmashri* Rishi recogió sus reflexiones en diversos libros, fundó la revista *Rromā*, creó el Festival Gitano Internacional y, de la mano de Indira Gandhi, puso en marcha, en la década de 1970, el *Indian Institute of Rromani Studies* de Chandigarh, en la zona india del Punjab.

En 1963, los suecos Olof Gjerdman y Erik Ljungberg editaron la singular obra *The language of the Swedish gipsy coppersmith Johan Dimitri Taikon*, en dialecto *kalderash*. En 1970, el iraní Gernot Windfuhr localizó un grupo de hablantes gitanos en Zargar (Irán). En 1979, el gitano Ian Hancock publicó una separata de la revista *International Journal for the Sociology of Language* dedicada a la socio-lingüística gitana. El año 1980 fue el de la primera gramática normativa de la lengua gitana, publicada en Yugoslavia por Krume Kepeski y Šaip Jusuf. En 1990, la checa Milena Hübschmannová organizó el primer curso académico sobre lengua gitana en la Universidad Charles de Praga. En 1993, en Hamburgo (Alemania), se celebraría el I Congreso Internacional de lengua gitana, que se repite regularmente en otras ciudades europeas. Y en 2003, Peter Bakker y Yaron Matras compilaron una bibliografía sobre lingüística gitana, con más de 2.500 referencias.

La producción literaria

A pesar de existir muestras escritas desde 1900, la cultura gitana no contó con una producción propia en su lengua, o en torno a su cultura, hasta la década de 1920. El gitano ruso Alexander V. Germano, autor de *La vida sobre ruedas* (1915), está considerado el "padre de la literatura gitana". Entre el resto de autores gitanos de ese período hay que citar a su compatriota Olga Pankova, quien escribió la recopilación de canciones *Nuestros días* (1933).

Esa producción literaria se normalizó tras de la II Guerra Mundial. Impulsados a escribir sobre el sufrimiento de su pueblo a causa de las persecuciones del régimen nazi, diversos autores empezaron a considerar la producción escrita como forma de catalizar su situación existencial de desesperación tras la barbarie nazi y para constatar un estilo de vida (el nómada) que comenzaba a desaparecer a finales de la década de 1950, forzados por las autoridades comunistas.

Ese fue el origen de la obra de la gitana polaca Bronislawa Wajs, conocida por los suyos como *Papusza* (mariposa). Se dedicó a escribir poemas que había memorizado muchos años atrás; primero los transcribió a soportes naturales (hojas de árboles secas) y, más tarde, consiguió que el escritor polaco Jerzy Ficowski transcribiese lo que le iba dictando. Su obra hace referencia a la persecución nazi y a la desaparición de la vida nómada. La publicación de sus poemas, editados por el mismo Ficowski como *Los cantos de Papusza* (1956), le valió ser considerada una traidora y ser expulsada de su comunidad, muriendo en soledad.

Esos dos temas, así como la afirmación de la cultura propia, son recurrentes en la obra de la mayoría de autores gitanos, como el francés Matéo Maximoff, los letones Vania de Gila-Kochanowski y Alexander Beluguine («Lèksa Manush»), el finés Veijo Baltzar, el ruso Valdemar Kalinin, los húngaros Karoly Bari y József Daróczi, el serbio Rajko Djurić, el español José Heredia, el italiano Alexian Santino Spinelli, el argentino Jorge-Emilio Nedich o el estadounidense Ronald Lee. Con independencia del valor literario de sus obras, brillante en lo relativo a la poesía y el teatro, estos autores han tenido un gran valor testimonial, porque han permitido al pueblo gitano dejar constancia escrita de su cosmovisión por primera vez en su historia. Fonseca es de este parecer, al afirmar que buena parte de esas obras «tienen poco mérito, excepto para conocer las formas de pensar y hablar de los gitanos» (Fonseca, 1997: 8).

Como soporte de esta literatura gitana, desde la década de 1960 la lengua gitana se ha utilizado también en los medios de comunicación, primero exógenos y luego (desde 1980) endógenos. Eso ha dado visibilidad a la lengua gitana, prestigiando a la vez su uso entre los hablantes gitanos. En España, la primera publicación de esta temática fue *Pomezia* (1965-1976), editada por el Secretariado Gitano de Barcelona. En décadas posteriores, el cine, la radio y la televisión continuaron esta tarea, sobre todo en los países del este de Europa. Hoy en día, internet es una importante herramienta de promoción de la lengua gitana, a través de páginas web o de redes sociales, al margen de sus funciones de cohesión grupal; baste, como ejemplo, citar la tarea que desde 1994 lleva a cabo la agencia de noticias gitana RomNews, con sede en Hamburgo (Alemania).

Reconocimiento legal

En la década de 1970, los gitanos empezaron a promover estudios lingüísticos sobre su lengua, con la intención de evitar su deterioro y promover su conservación. Fruto de la fijación del dialecto estándar fue la puesta en marcha de una escuela estable de formación en Clermont-Ferrand (Francia). En 1992, las organizaciones gitanas consiguieron que el Consejo de Europa lo incluyera en la Carta Europea de las Lenguas Regionales o Minoritarias, año en que por vez primera la lengua gitana sería reconocida como oficial en la república de Macedonia, ejemplo seguido en Finlandia y Austria. En 1993, el Consejo de Europa adoptó una resolución por la que apoya la investigación y docencia de la lengua gitana. En 2001, el Parlamento de Cataluña reconoció su valor como fundamento de la identidad gitana, mientras que en 2005 el Congreso de Diputados instó al Gobierno español a promover su conservación. Y en 2007, el Consejo de Europa preparó un currículo para la enseñanza escolar de la lengua gitana.

Actualmente, muchas organizaciones gitanas promueven acciones destinadas a su conservación, con la vista puesta en su incorporación a los planes de estudio escolares. Como consta el pedagogo Mariano Fernández Enguita, de la Universidad Pontificia de Salamanca, «las posibilidades de una lengua de sobrevivir dependen de muchos y diversos factores, pero principalmente de la existencia de un patrimonio escrito, la continuidad de su uso sobre un territorio extenso y su conservación, unificación e imposición por parte de un poder político. […] La lengua propia de los gitanos no dispone de ninguno de estos elementos en favor suyo» (Fernández Enguita, 1996: 28).

15. LA REPRESENTACIÓN GITANA DE LA REALIDAD

El lenguaje es posible, en gran medida, gracias a la capacidad humana de pensar, es decir, de tener conciencia de uno mismo y de poder relacionarse con los demás. Otros seres vivos también tienen formas de lenguaje, pero sólo el del ser humano es articulado.

De hecho, hablar es interpretar la realidad en la que se vive, configurando un paisaje existencial. Esta capacidad de interpretación tiene también como objeto la propia conciencia, haciendo que el ser humano pueda comunicarse a través del lenguaje. Los animales pueden expresarse de forma simple, pero sólo el ser humano puede hacerlo de forma compleja y ser consciente de que lo hace. Aún más, puede reflexionar sobre el hecho de hablar y sobre la importancia que el lenguaje tiene en su existencia.

El lenguaje, pues, tiene fundamentalmente dos funciones: representar el mundo (externo o interno) y comunicar ideas o emociones a otras personas. Esta constatación es la que empujó a Wittgenstein a afirmar que «todo lenguaje humano es público» (García, 2003: 87), porque sirve para relacionarse. Pero esta capacidad no es natural, porque el lenguaje está formado por un sistema de signos que alcanza su significado en un contexto cultural concreto. Hablamos así de lenguas, para cuyo uso hablantes y oyentes necesitan de un proceso de aprendizaje que les capacite para conocerlas.

Este proceso de aprendizaje también diferencia al ser humano del resto de especies. El lenguaje animal es producto de un instinto, mientras que el humano es fruto de una convención cultural. Igualmente, los animales utilizan signos de tipo simple, que tienen una única función: el gato que tiene hambre, maúlla; el perro que tiene miedo, ladra; el toro que quiere atacar, brama... Los seres humanos, en cambio, usan un sistema de signos que, al combinarse, pueden alcanzar diferentes significados. Las mismas letras forman palabras diferentes, según su orden (*Roma*: una ciudad; *amor*: un sentimiento), su pronunciación (*callado*: silencioso; *cayado*: bastón) o su contexto (*erección*: significado canónico; *erección*: significado erótico). La relación entre significado y significante es arbitraria y, si hace falta, modificable, lo que aumenta su capacidad significativa de forma casi ilimitada.

Aplicaremos ahora un doble esquema de análisis a la lengua. Sintetizando en buena medida las aportaciones de la filosofía del lenguaje en el siglo XX –especialmente el atomismo, el estructuralismo y el pragmatismo– colegiremos las dos funciones básicas que el lenguaje tiene en la cultura gitana: la *semántica*, como capacidad de significación de la lengua gitana para representar la realidad entre los gitanos, siendo expresión de un sistema de pensamiento; y la *pragmática*, como capacidad de relación social de esa misma lengua entre los gitanos, siendo eje vertebrador de una comunidad humana. Al fin y al cabo, el lenguaje es producto de la forma de pensar y de las necesidades comunicativas de las personas, hechos que los gitanos asumen de una forma propia, potenciando unos aspectos y prescindiendo de otros, tanto si usan como si no usan su propia lengua.

La concreción terminológica

La mayoría de lingüistas coinciden en afirmar que la lengua gitana se caracteriza, en primer lugar, por su concreción terminológica. Tiene una gran capacidad para significar aquello que es particular, con conceptos concretos, pero le cuesta hacer lo mismo con lo que es universal, con conceptos generales. De hecho, tiene un vocabulario simple, que requiere de imaginación si se necesita describir o expresar con detalle. Lo constata Fonseca, al decir que «la lengua gitana tiene un vocabulario pequeño [...] una limitación que fuerza al hablante a ser ingenioso» (Fonseca, 1997: 78). Ramírez Heredia habla de «palabras medidas» (Ramírez Heredia, 1973: 13), mientras que el gitano barcelonés Manuel Giménez Valentí (el tío Manel del barrio de Gràcia) dice que las palabras deben ser «pocas pero bien dichas» (Giménez Valentí: 2006). Pero es quizá Manuel Reyes (2005) quien nos da una pista sobre la razón de fondo de esta simplicidad, al decir que «no hay palabras: hay que vivirlo».

Veíamos que la epistemología gitana se caracteriza por dos elementos: su *realismo*, porque el suyo es un conocimiento que tiene origen en la propia realidad; y por su *pragmatismo*, porque este conocimiento tiene sobre todo una función práctica. No en vano, como concluíamos, la identidad gitana está destinada tanto a garantizar la supervivencia humana en el medio como a situar a la persona en el seno de una colectividad de carácter cultural. Evidentemente, esto tiene una consecuencia clara en el uso del lenguaje. Así pues, no se necesitan más palabras que las precisas porque ninguna puede sustituir el valor de la propia experiencia. Si el lenguaje pretende representar la realidad, de forma coherente con la epistemología gitana, su uso del lenguaje estará destinado a transmitir esta realidad desde un punto experiencial. De ahí que no se necesiten términos abstractos sino concretos, como estableció el empirismo atomista de Bertrand Russell: las porciones simples del lenguaje (*oraciones*) remiten a porciones simples de la experiencia (*sensaciones*) causadas por porciones simples de realidad (*hechos*). Dicho de otra forma, los gitanos hacen un uso concreto y práctico del lenguaje para reproducir experiencias vividas más que para plasmar un mundo conceptual.

El modo perifrástico

Es evidente que esta concreción terminológica comporta algunas limitaciones significativas. La realidad es poliédrica, rica en matices, y formular esto con términos concretos es muy difícil. ¿Cómo presentan los gitanos sus vivencias de la realidad a los demás? Otra constatación, mayoritaria entre quienes hayan convivido con gitanos, nos puede dar una pista: los gitanos hablan mucho. No con los no gitanos, pero sí entre ellos, donde no paran de hablar, hasta el punto de que, desde nuestra óptica cultural, parecen unos auténticos pesados. Cuesta mucho librarse de un hablante gitano cuando quiere relatar un hecho o expresar un sentimiento a alguien que considera de su confianza. Se sabe cuándo empieza la conversación, pero no cuándo acabará. Veamos, por ejemplo, la carta que el gitano cordobés Antonio Salazar envió en el siglo XIX al escritor británico George Borrow en referencia a un regalo que le había enviado:

Cordova y Enero dia 22 de 1837

S.^{*or*} *D.*^{*n*} *Gorge Borro*
Muy señor mio
Después de saludarlo y alegrarme lo pase uste [=usted] bien paso a decirle como los dos pares de tigeras [=tijeras] llegaron a esta [¿ciudad?] de Cordova con el que uste las mando pero se las dieron a otro que uste no conocia ni hablo [=habló] con el ni lo vido nuca [=vió nunca] pues yo ablando con el que las trago [=trajo] porque era mui amigo mio me digo [=dijo] que abia [=había] traydo [=traído] dos pares de tigeras que se las abia dado un yngles para los gitanos y enterado yo de que era uste le dige pues esas tigeras son para mi –y me digo pues ya se las e [=he] dado a otro que es un gitano que no estava [=estaba] en Cordova cuando uste ustuvo [=estuvo] en Cordova pero con todo S.^{*or*} *D.*^{*n*} *Gorge estoy mui agradecido del acuerdo aunque no lo e recivido pero me doy por recivido y para que uste sepa quien yo soy i l[e] escrive yo me llamo Antonio Salazar– el primero que ablo con uste en Cordova en la casa de la diligencia a que [=aquel] picado de viruelas que me digo uste que fuera a otro dia a las once y fui y estuvimos ablando solos; pues yo quisiera que me ysiera [=hiciera] uste el fabror [=favor] de mandarme unas tigeras de esquilar bestias que fueran buenas pues sera un fabor que recivire de uste muy grande y estare sienpre [=siempre] agradicido porque aquí en Cordova no las ay [=hay] y si acaso las acen [=hacen] no valen nada pues S.*^{*or*} *D.*^{*n*} *Gorge se acordara uste que le dige que mi oficio era esquilador con lo que le dava [=daba] de gamar [=jamar] a los chaves S.*^{*or*} *D.*^{*n*} *Gorje si acaso uste me las manda las tigeras de esquilar m[e] escribirá uste y pondra el sobre escrito A las Callejas de la londiga [=alhóndiga] Casa numera 28 Antonio Salazar en Cordova – es cuanto tengo que decirle a uste y mande uste a su seguro servidor ge [=que] le vesa [=besa] la mano –y desea servirlo– yo sigo bueno a dios gracias*
Antonio Salazar
[Yates, 1955: 58-62]

Algo que, en un contexto no gitano, se resolvería yendo al grano y diciendo que «gracias por el regalo que me hizo, aunque se lo quedó otra persona», para el hablante gitano requiere una larga perífrasis. ¿Por qué? En este tipo de relatos parece que el hablante no quiere transmitir el concepto que resume la situación, sino reproducir la situación en sí misma, haciendo que el oyente pueda revivir lo que él sintió al vivir la situación. Así pues, un gitano nunca diría a otro «Ayer vi a Pedro. Me dijo que está bien», extrayendo la idea, sino que iría dentro del relato completo de la vivencia: «Ayer iba por la calle. Hacía calor y estaba cansado. De repente, al girar en una esquina, vi a Pedro. Iba bien vestido y se le veía contento. Él, al verme, se paró. Estuvimos hablando un buen rato y me explicó que estaba muy contento porque la vida le iba muy bien». Lo importante es transmitir sensaciones, más que conceptos.

Esa repetición no se lleva a cabo a través de oraciones complejas, relacionadas subordinadamente entre ellas, sino mediante la yuxtaposición de oraciones simples. Como cada oración refiere la sensación causada por un hecho, a fin de reproducir un conjunto de hechos hay que apelar a una repetición de oraciones simples –una por cada experiencia– que traslade vivencias yuxtapuestas para reproducir la variedad de la realidad misma. Este mecanismo es también usado para transmitir ideas, aunque, en lugar de hacerlo con una definición –como haríamos buena parte de los no gitanos–, se hace mediante la descripción de la sensación asociada a la idea (en este caso, yuxtaponiendo hasta cuatro oraciones simples):

> Desgrasiaíto aquel que come / el pan en manita ajena / siempre mirando a la cara / si la ponen mala o buena [Molina, 1967: 130].

Las formas metafóricas e hiperbólicas

Hemos visto cómo las perífrasis cumplen una función presentativa de la realidad, yuxtaponiéndose para mostrar la riqueza de la realidad exterior. Pero esta fórmula no basta para transmitir el amplio abanico de sensaciones personales. Dicho de otra forma, el modo perifrástico puede ser significativo cuantitativamente, pero no cualitativamente, porque le es difícil transmitir emociones. Sin embargo, hemos podido ver que los gitanos tienen una gran capacidad adaptativa, que Cervantes catalogaba de astucia e ingenio. Así pues, en su uso del lenguaje los gitanos han potenciado dos formas adicionales para aumentar la capacidad expresiva de su lengua, como *metáforas* e *hipérboles*, que son los recursos que Alstom asocia a la "fuerza emotiva" del relato (Alstom, 1985: 72).

La *metáfora* es quizá el recurso más eficaz del que dispone el hablante gitano. Permite construir ideas abstractas sin recurrir a los conceptos, asociándolas a través de la similitud que existe entre dos experiencias. La metáfora, según Alstom, sería «el tipo de uso figurado en el que la ampliación de significado se efectúa sobre la base del parecido» (Alstom, 1985: 143), «operando sobre la base de un sentido pero yendo más allá de él» (Alstom, 1985: 148). Habría cuatro criterios para construir esas metáforas:

- *Descripción del resultado de la acción*. Por ejemplo, el verbo "trabajar" se traduce como *Te kherav butiā* ("hacer cosas [concretas]") porque el resultado de la acción son las cosas hechas.
- *Descripción de la acción en sí misma*. Así, la palabra "terremoto" se traduce en romanó como *I phuv keldias* ("la tierra nos hace bailar") porque es lo que se experimenta cuando la acción sucede.

- *Descripción del origen de la acción.* De ahí que *tchorrō* signifique tanto "indigente" como "malo", dependiendo de si se usa como sustantivo o como adjetivo, porque mendigar o robar tienen en la necesidad su común origen.
- *Función común de dos palabras.* Por ejemplo, los gitanos crearon la palabra "cruz" a partir del sánscrito *trushūl*, porque el tridente de Shiva tenía en el hinduismo la misma función que en el cristianismo la cruz de Jesucristo.

El resultado es la creación de un lenguaje muy sugerente y muy visual a la vez, que concuerda con la primacía que las percepciones visuales y auditivas tienen en los procesos perceptivos gitanos. Como afirma Fonseca, «sin palabras generales, el lenguaje fluye como un buen poema, rico en el detalle y lleno de imágenes concretas» (Fonseca, 1997: 81). Un lenguaje parecido al de la Biblia (Fonseca, 1997: 121). Recordemos que el uso de la metáfora, como recurso, lo había constatado ya Closa (Closa, 1967: 335-342). Esto resulta coherente con el lenguaje oriental, basado tanto en «el mito, las paradojas, las metáforas y el diálogo» (VV.AA., 1999: 180) o como en «las metáforas, las analogías y las descripciones» (Thuruthiyil, 2007: 98).

La segunda forma de que dispone el hablante gitano sería la *hipérbole*; otro mecanismo para alargar al máximo el significado de cada palabra sin tener que recurrir a términos abstractos. Más importante de *lo que* se dice es *cómo* se dice, porque la lengua gitana «parece especialmente dotada para lo hiperbólico [...] porque su función es expresar sociabilidad más que intercambiar ideas, que es probable que se compartan ya» (Fonseca, 1997: 81), tendencia constatada también por otros autores (Molina, 1967: 98). Veamos, por ejemplo, esta copla en la que lo importante es el hecho que se explica más que los detalles:

> *Allá arribita mararon / no chanelo quien; / el mulo cayó en la truni. / El maraol se puso a huir* [Borrow, 1979: 27].

Esta tendencia a la expresividad la describíamos antes, al analizar la importancia del gesto o la voz para aportar riqueza al discurso oral. Habría dos mecanismos para hacerlo:

- La *sonoridad*. Por ejemplo, para describir a alguien muy grande se alargaría la pronunciación de la u de *manush* ("hombre"): *jekh manuuuush* (es decir, "un hoooooombre"), usando a la vez los brazos.
- Las *expresiones*. Así, para decir que una mujer no gitana no sabe sacrificarse por su familia, una mujer que sí lo sea diría de ella que: «no sabe sacarse los ojos por los suyos», mientras que para decir que un alimento es muy agrio, un gitano diría que: «un cerdo saldría volando si lo pusieras en el culo [*sic*]» (Fonseca, 1997: 81). En España, sin ir más lejos, muchos gitanos dicen «comer la cara» en lugar de «dar besos», llevando al máximo lo que significa el contacto de una cara con otra.

Incluso cuando la lengua se ha perdido, como sucede en España, el recurso a la hipérbole como mecanismo para superar la concreción terminológica permanece en el uso de las lenguas autóctonas, como reminiscencia de la expresividad gitana. Quizá sea el contacto entre los no gitanos con los gitanos, en el sur, lo que ha acabado por transmitir a los andaluces en general la tendencia a la exageración, hasta el punto de acuñar la frase tópica de «ser más exagerado que un andaluz». No en vano el musicólogo Ricardo Molina asimila «una locuacidad mediterránea (de la que el exceso gesticulador es una forma)» de los gitanos con «la tendencia hiperbólica, muy acusada» de los andaluces (Molina, 1967: 98).

LOS RECURSOS NO VERBALES

Más allá de los diferentes recursos del lenguaje verbal hay que decir que los gitanos completan la capacidad descriptiva y expresiva del lenguaje con la incorporación de un abanico muy amplio de recursos no verbales. A menudo, las propias palabras no son suficientes para transmitir con detalle lo que se quiere comunicar, por lo que el uso del gesto, de la voz (tonalidad, cadencia, etcétera) o de la música se convierte en fundamental. Para Rafael Corazón, «el ser humano utiliza muchos otros sistemas de signos, todos ellos menos expresivos que el habla» (Corazón, 2002: 90).

Los gitanos gesticulan mucho cuando hablan, superada la desconfianza inicial. Los *gestos* funcionan como apoyo de la expresión oral, subrayando lo que se dice con las palabras. Así, la cabeza o los brazos reafirman el carácter exclamativo o interrogativo de una oración, mientras que la *voz* es empleada como instrumento paramusical, más allá de su utilidad como signo verbal. La intensidad o la extensión vocal acaban de aportar al relato una densidad expresiva (dramática o cómica, siempre enfática), añadiéndose en determinadas ocasiones elementos como entonaciones o aliteraciones. Fonseca nos recuerda que «el cuento nunca es tan importante como la forma de explicarlo» (Fonseca, 1997: 81) y que la aspiración o la ronquera, influencia de la lengua armenia, «resultan excepcionalmente expresivas» (Fonseca, 1997: 81). De ahí que la folclorista Diane Tong afirme que «incluso cuando la música no es el tema del cuento o su medio narrativo, los gitanos suelen incorporar sus apreciaciones musicales al argumento» (Tong, 1997: 23). Sucede algo parecido con el baile gitano, donde el hombre mueve los pies, y la mujer, los brazos, a la manera de una bailadora india cuyos movimientos (*mudras*) intentan mostrar el carácter dinámico de la realidad. De hecho, como apunta Alstom, sólo podemos transmitir lo que significa el encogimiento si nos encogemos físicamente (Alstom, 1985: 153). Los significantes, de nuevo, adquieren significado. Todo ello da a entender que el cuerpo, en la cultura gitana, se convierte en un instrumento complementario al discurso verbal, en un recurso lingüístico más.

LA SUBJETIVIDAD DEL RELATO

Ello nos recuerda la estrecha relación que, para los gitanos, existe entre realidad y pensamiento, una relación en la que el lenguaje se convierte en el nexo fundamental. Los gitanos se sitúan dentro de la realidad para intentar aprehenderla, obteniendo experiencias concretas de su contacto con ella, más que situándose fuera de ella e intentando aproximarse mediante formulaciones teóricas. Vivir la realidad comporta una dificultad para distinguir el sujeto que comprende del objeto comprendido. Intentando construir una metáfora a la manera gitana sería como si uno mismo, de tanto nadar en el agua, acabase confundiéndose con ella («*Be water, my friend!*»). Manuel Reyes (2005) siempre asegura que para conocer verdaderamente una cosa hay que entrar en contacto con ella, «para que te penetre».

Esto tiene como principal consecuencia, en el plano lingüístico, la confusión entre el sujeto enunciador y el objeto enunciado. El relato depende, pues, de quien lo enuncia.

Veamos, por ejemplo, estas dos coplas recogidas por Borrow en el siglo XIX:

> *Chalando por una ulicha / he dica'o una mulati / y a mí me araqueró: / garabelate calorí* [Yendo por la calle / he visto una horca / y me ha dicho: / guárdate, gitano] [Borrow, 1979: 195].
>
> *Por aquel luchipén abajo / abilella un balicharó. / Abilella a goli, goli: / ustilame Caloró* [Por aquella montaña / baja un cerdo / y corre chillando: / róbame, gitano] [Borrow, 1979: 195].

En ambos casos, el hablante gitano convierte el objeto enunciado en un sujeto enunciador, animando dos objetos inanimados (una horca y un cerdo) para poder sostener con ellos un diálogo imaginario, aunque presentado de forma realista. En el fondo, lo que hace ese otro hablante no es sostener un punto de vista diferente al del hablante, propio de un diálogo, sino confirmar lo que el propio hablante quería: evitar la horca o robar el cerdo. El objeto enunciado, pues, no es otra cosa que una confirmación –puesta en boca de otro– de lo que el sujeto enunciador quería. El sentido de la oración viene dado así por la importancia que se otorga al referente. La literatura contemporánea ha usado este recurso, como Samuel Beckett en *Compañía* (1979).

Este uso referencial del lenguaje en la construcción del significado es lo que Gottlob Frege postuló en su teoría referencial, formulada en *Los fundamentos de la aritmética* (1884) y recogida posteriormente por Umberto Eco en su diferenciación entre «sujeto de la enunciación» (de quién se habla) y «sujeto del enunciado» (quién habla), formulada en *Teoría de la semiótica* (1977). Pero resulta también habitual en el lenguaje oriental, como consta Nakamura: «El sujeto es, en la mayoría de los casos, [...] un sujeto personificado de la acción [...] incluyendo todo tipo de seres vivos» (Nakamura, 1991: 407 y 574).

Otra consecuencia lingüística de esta comprensión de la realidad desde la realidad misma sería la *subjetividad extrema* en las enunciaciones. El relato depende sobre todo de la percepción de los hechos. El mundo es, pues, como uno lo ve. Como fenómeno perceptivo depende siempre de lo que uno sienta en el momento de percibir. Como formuló Vasili Kandinski en el mundo del arte, diciendo que «el espectador es quien hace el cuadro [con su mirada]», el lenguaje tiene entre los gitanos la función de expresar una visión del mundo subjetiva, que si no es plenamente arbitraria es por la necesidad de concordarse con las necesidades o intereses de la propia comunidad. Este podría ser el origen del tópico de que los gitanos mienten, del que se hace eco Cervantes: en realidad, no intentan mentir sobre un hecho y confundir a quien les escucha, sino que varían el punto de vista sobre el hecho según lo perciben. Es el «predominio de la subjetividad en sus relaciones con el mundo exterior» que constataba Botey (Botey, 1970: 180). Como dice Nedich, «la verdad va cambiando a medida que se avanza en la conversación» (Nedich, 2007: en internet). Lo intuyó también el sacerdote Joan Guillamet, al constatar la percepción relativa del tiempo que tenían los gitanos que había conocido: «Este *toda la vida* puede ser muy relativo» (Guillamet, 1970: 16). Raimon Panikkar lo constata también entre los indios:

> El turista cultural encuentra aquí una clave hermenéutica para muchas de sus perplejidades: la facilidad con que *mienten* los habitantes del continente indio [...]. No dicen lo que son las cosas, no dan información objetiva, sino que responden según creen que deben responder en cada circunstan-

cia. No usan conceptos objetivos sino estados de conciencia [Panikkar, 1997: 97].

El hablante se preocupa por el efecto que su discurso causa en el oyente, situándose empáticamente en su sitio. Esta subjetividad psicológica en la formación de las oraciones es la que Hilary Putnam postuló en su teoría del interinismo psicológico, formulada en *Mente, lenguaje y realidad* (1975). Pero también puede tener su origen en las raíces orientales de los gitanos. En la modalidad emocional de los verbos japoneses «se expresa también, y sobre todo, un sentimiento subjetivo al entorno del acto o el acontecimiento [...] Por ejemplo, para decir en japonés "el tren ha llegado" se dice literalmente "ha llegado, ha llegado", lo que expresa sobre todo la emoción de alegría tras la espera» (Oshima, 2006: 18-19). Como afirma Hajime Nakamura:

> Pese a que la lengua japonesa tiene dificultad para expresar los razonamientos lógicos precisos, tiene facilidad para expresar la intuición de una emoción individual [Nakamura, 1991: 551] [hasta el punto de que] las sentencias japonesas enfatizan los factores emotivos más que los cognitivos [Nakamura, 1991: 531].

Como consecuencia final de esta confusión entre sujeto y objeto de la enunciación aparece el predominio del *tiempo presente*. Ya hemos visto que la importancia del tiempo presente respecto a las personas es la misma que el tiempo pasado tiene para los pueblos. De ahí que el tiempo del lenguaje que prefieren los gitanos sea el presente, porque es donde se desarrolla la actividad humana básica (hablar sobre lo que se vive). Lo reconoce Mendiola, al afirmar que «el gitano olvida pronto el pasado [...] y raramente piensa en el futuro [...].

Eso sí: vive intensamente el presente» (Mendiola, 1997: 17). También lo constata el periodista Albert Garrido: «La lengua gitana nos pone al corriente de un valor esencial de los gitanos: su predisposición a vivir al día» (Garrido, 1999: 54). Incluso los cuentos gitanos empiezan siempre igual, con la expresión «Un día entre los días», para dar a entender que lo que pasó fue un hecho ordinario y que se podría volver a repetir, haciendo que el pasado se convierta en presente y aportando así realismo a lo que se explica y proximidad a quien lo escucha.

LA CAPACIDAD EVOCADORA DEL LENGUAJE

Este realismo extremo en el uso del lenguaje tiene como resultado un relato extremadamente sugerente. Esta capacidad evocadora del lenguaje llega hasta el extremo de que muchos signos lingüísticos (verbales o no verbales) no se pueden representar fuera de su contexto. Hacerlo sería revivir, en otro contexto, algo que "no toca".

En el subconsciente colectivo de los gitanos, el lenguaje es siempre *connotativo*: las palabras no sólo transmiten un contenido explícito, sino que los signos mismos que las conforman remiten a su vez a un contexto determinado. Existe un significado no explicitado, aunque comprendido de forma inconsciente, porque forma parte del subconsciente colectivo transmitido por la cultura gitana. Veamos el ejemplo de la *alboreá*, palo del flamenco que no se puede interpretar fuera del momento de verificar la virginidad de la novia en la boda, porque para los gitanos "trae la mala suerte": como tiene una consideración de acto sagrado, interpretar esa música en otro contexto constituiría una profanación (como si, por ejemplo, un sacerdote repitiera la fórmula de la consagración mientras cocina un huevo frito). De igual forma, para los gitanos, tampoco se puede pronunciar el nombre de los difuntos, como constata Bart McDowell, porque parecería estar invocándolos:

> Uno de sus hijos muertos había adorado las naranjas y los *puddings*. Mi abuela nunca volvió a comer una naranja ni a preparar un *pudding*. Ni a mencionar su nombre, naturalmente [McDowell, 1978: 60].

Este rasgo está presente en el plano gestual del lenguaje, porque los gitanos tampoco adoptarían determinadas posturas asociadas a sensaciones negativas, como estirarse encima de una mesa (les recordaría una autopsia) o meterse dentro de una caja (les recordaría a un nicho). De hecho, las maldiciones no son genuinamente gitanas, sino adquiridas en Europa, fruto de la superstición: el sólo hecho de desear algo malo para alguien le comportaría ya el mal a quien lo deseara, como si formara parte de la dinámica kármica. Esto puede ser una reminiscencia de las escuelas realistas de pensamiento indio, Mīmāmsā y Nyāyā, para las que pronunciar la palabra "serpiente" comportaría sufrir un daño en la boca similar al mordisco del animal. De ahí que los gitanos no quieran pronunciar la palabra "muerte": no por superstición, como sostiene la antropología social, sino porque hacerlo comportaría, en cierta forma, empezar a morirse. Esto contrasta con el pensamiento occidental, donde el signo lingüístico remite a la imagen de la cosa, no a la cosa en sí misma (Nakamura, 1991: 152; VV.AA., 1999: 34).

Un lenguaje presentativo

Como resumen final de lo expuesto en este apartado hay que decir que el lenguaje gitano es fundamentalmente *presenta-*

tivo. Lo importante es presentar la realidad, más que representarla, conscientes de que ningún concepto puede sustituir a la propia realidad y de que ningún conocimiento puede ser tan significativo como la realidad misma. Ya decía Manuel Reyes (2005) que «no hay palabras para expresarlo: esto hay que vivirlo». Sucedería algo parecido con la idea de absoluto entre los musulmanes: Allah no se puede representar porque va más allá de la propia representación. No se puede hablar de lo que es infinito con un sistema de signos concretos, que sólo asumen valor simbólico gracias a una convención cultural. Este hecho, entre los gitanos, tiene un claro origen oriental, fruto del origen sánscrito de la lengua gitana. Panikkar habla de una «forma de pensar presentativa», fruto de la preocupación por lo inmanente:

> Pensar nos presenta las cosas mismas [...] haciéndonos participar en ellas [...]. La verdad no está en el intelecto sino en las cosas mismas. El mundo del filósofo no es el de la mente sino el mundo real [Panikkar, 1997: 56].

Es obvio que esto tiene un límite. En un momento u otro los gitanos deberán ir más allá de las sensaciones para hablar de términos abstractos. Parafraseando al primer Wittgenstein, los límites del mundo gitano son los que la experiencia es capaz de captar, por lo que su lenguaje estará destinado sobre todo a recoger la experiencia vivida; de lo que no hay experiencia, «es mejor guardar silencio». De ahí que hay palabras, como "tranquilidad" o "avaricia", para las que no existe traducción en lengua gitana. Baste recordar cómo el historiador británico Donald Kenrick tradujo al *romanō* la obra *Romeo y Julieta*, de William Shakespeare, por encargo del grupo teatral gitano Phralipē, que quería representarla en Skopje (Macedonia) y en Viena (Austria):

Traducción castellana	Re-traducción castellana de la traducción al *romanō*
¿Qué luz irrumpe por aquella ventana? *¡Es el oriente y Julieta el sol!* *Sal, bello sol, y mata a la envidiosa luna* *que está ya pálida y enferma de dolor* *para que tú, su doncella, seas mucho más hermosa que ella.* *No seas su doncella, porque ella te envidia.* *Sus ropajes de vestal están verdes y ajados,* *y sólo un necio se los pondría.*	*¿Qué luz hay en aquella ventana?* *¡Es el oriente y Julieta el sol!* *Sal, buen sol, y mata a la luna.* *Enferma y pálida está la luna* *No quiere que tú, su sirvienta, seas más hermosa que ella.* *Tiene su ropa verde y ajada.* *Sólo los necios se visten así.* *¡Tírala!*

16. LA DIMENSIÓN SOCIAL DEL LENGUAJE ENTRE LOS GITANOS

Hemos visto hasta ahora cómo el lenguaje se articula en un sistema de signos (verbales y no verbales), organizados de una forma concreta (la sintaxis) y compartidos por una misma comunidad, que sirve a las personas que la integran para transmitir su particular visión de la realidad (llena tanto de elementos descriptivos como de emociones). Pero, precisamente, en la medida que estos signos son compartidos por su comunidad cultural asumen en su seno una importancia que va más allá de los contenidos que transmiten. Es así como el lenguaje alcanza una función pragmática, destinada a articular la relación entre hablantes, que si no llega a ser metalingüística es porque no se explicita.

En el caso de los gitanos, por las características históricas de nomadismo y exclusión que les ha tocado vivir, el lenguaje ha tenido una función especialmente práctica, más que en otros grupos humanos. A través del lenguaje, los gitanos acceden a la realidad y conocen su cultura, como el resto de personas, pero gracias a un uso particular de ese lenguaje han podido también fortalecer los vínculos entre las personas que lo forman. Dicho de otra manera, el lenguaje no sólo les confiere identidad personal sino también cohesión grupal. La cultura gitana ha podido sobrevivir gracias a la lengua gitana y a las estructuras que subyacen en ella. Como reconoce el gitano estadounidense George Kaslov, «en nosotros existe voluntad de sobrevivir como pueblo [...] Todos los grupos étnicos que llegan a Estados Unidos tienden a asimilarse con el paso de las generaciones, perdiendo [...] su lengua. Pero los *romā* no: nosotros resistimos» (Godwin, 2001: 99). Está claro, pues, que el lenguaje tiene entre los gitanos una clara dimensión social, que se articula en unos niveles diferentes que analizaremos a continuación.

Función socializadora

Hemos visto antes que la lengua gitana tiene una gran concreción terminológica, lo que no necesariamente comporta una alta precisión en la descripción de la realidad externa o interna de las personas. Por ejemplo, las metáforas acaban por crear palabras equívocas, lo que parece no importar mucho a los propios gitanos. Eso se debe, como anticipaba Fonseca, al hecho de que la función del lenguaje entre ellos sea «expresar sociabilidad más que intercambiar ideas, que probablemente se compartan previamente» (Fonseca, 1997: 81). Los gitanos no conciben el lenguaje tanto para comunicarse como para relacionarse. Lo importante no es la información, sino la actitud que se transmite (de ahí la importancia de «saber comportarse a la manera gitana», más que «saber mucho sobre gitanos»).

Si recordamos el análisis que Fonseca hacía de la traducción de "terremoto" en lengua gitana (*I phuv keldias*: literalmente, "la tierra nos hace bailar"), la descripción del hecho privilegia no sólo la percepción del fenómeno (el movimiento), sino su repercusión para el conjunto de la comunidad. Un hecho es importante en la medida en que afecta a todos los gitanos. Eso se evidencia también en el proceso de nominalización, porque los gitanos no "se llaman" sino que "son llamados" (el nombre no viene dado por uno sino por los demás), como lo demuestra que los gitanos pregunten «¿Cómo te llaman?» (*Sar butchiós?*) en lugar de «¿Cómo te llamas?». Igualmente, en los verbos que describen acciones posesivas, el individuo queda desdibujado dentro de su comunidad, como puede constatarse en el verbo "tener", que no necesita pronombres personales para enunciarse ("yo tengo" se diría *si man*, lo que literalmente significa "hay para mí"). El lenguaje, como apuntaban los estructuralistas franceses (especialmente Althusser y Barthes), tiene una función *socializadora*, que deja entrever las estructuras de poder que hay tras él. En el caso de los gitanos se trata del predominio de lo colectivo por encima de lo individual, del grupo por encima de la persona (con sus ventajas, pero también desventajas), como apunta la abogada gitana Carmen Santiago: «Antes piensas en la familia que en la mujer como individuo» (Santiago: 2003).

El doble nivel discursivo

Al margen de su función socializadora, el lenguaje ha tenido también –y sobre todo– una función *cohesionadora* entre los gitanos. De hecho, cuando antes hablábamos de la locuacidad de los gitanos hemos dejado claro que esta es sólo *ad intra*, es decir, entre los miembros de la propia comunidad o con los no gitanos que disfruten de su confianza. En general, con los desconocidos los gitanos son muy reservados. Vale la pena recordar la afirmación del tío Manel de Gràcia, en el sentido de que quieren «pocas palabras pero bien dichas». Como en un lenguaje militar, básicamente de autodefensa, cuanto menos se diga, menos posibilidades existen de dar más información de la necesaria. No en vano, de cara a los no gitanos los gitanos confirman su opción por el silencio y por la libertad (cosa totalmente inversa en la propia comunidad), como observábamos en la copla citada en la página 101.

> Soy amigo del silencio / me gusta la soledad / Soy amigo del silencio / Adoro la libertad / Y le tengo envidia al viento / Que nadie le pué parar [Diezhandino, 1985: 69].

En su viaje por la Europa gitana del centro y el este, Fonseca afirma que «desinformar al *gadjē* inquisitivo tiene una larga tradición» (Fonseca, 1997: 76). Borrow va más allá, al decir:

> En esto los gitanos de España se distinguen de los de mi país [Inglaterra]. Allí cada familia tiene dos nombres: uno con el que los conocen los *busné* [no gitanos] y otro que usan entre sí» [Borrow, 1979: 113].

Parece como si hubiera un doble nivel discursivo: uno para las personas de confianza (básicamente, gitanos) y otro para quienes no la tienen (mayoritariamente, no gitanos). La diferencia radicaría en la densidad semántica, alta en el primer caso y baja en el segundo. Dicho de otra manera: decir mucho a unos y muy poco a otros. En algunos casos, incluso, he podido apreciar que esta densidad afecta también al lenguaje no verbal, porque son muchos los gitanos españoles que al hablar con los suyos tienen una fonética más gutural, dando quizá a entender que lo que dicen les sale de muy adentro: del corazón mismo.

Esta diferenciación sería también coherente con los dos niveles que los lingüistas han descrito en el vocabulario gitano. Pese a haber tomado préstamos de muchas de las lenguas con las que han entrado en contacto, los gitanos han reservado las palabras de origen sánscrito para el vocabulario referido al cuerpo, a la naturaleza, a los animales, a las personas o a las acciones básicas de la existencia o las principales operaciones del conocimiento. Eso se podría deber al hecho de que los gitanos, conscientes de la importancia de sus raíces indias, han querido mantener el vocabulario índico para los ámbitos fundamentales de la existencia, que se desarrollan generalmente en el seno de la propia comunidad. Esta teoría se desprende de la afirmación que hace Adiego, para quien «parece que haya querido mantener intacto el núcleo fundamental de la lengua gitana» (Adiego: 2004). De ahí que el léxico básico que comparten los diferentes grupos dialectales gitanos es fundamentalmente el mismo. Su dominio, entre los hablantes gitanos, forma parte de su competencia lingüística, siendo una tarea fundamental de las familias su labor educativa con los hijos.

La visión dicotómica del mundo

De este doble nivel discursivo se desprendería, consecuentemente, una visión dicotómica del mundo, que consiste en la división entre el mundo de los gitanos y el de los no gitanos. Hemos visto que los gitanos se denominan *romā* (lit. "hombres", ante los "extraños" o *gadjē*), porque tienen una visión dicotómica del mundo: nosotros y vosotros. También acabamos de ver que el doble nivel discursivo conforma un doble ámbito comunicativo, diferenciado por su densidad semántica. Pero esto tendría una plasmación sintáctica en la lengua, derivada de la ausencia original de tercera persona, introducida más tarde y de forma exógena. Fruto de ello sería el uso de la primera y la segunda personas, tanto del singular como del plural (yo-tú; nosotros-vosotros), para diferenciar lo que pertenece a la comunidad de lo que se sitúa fuera de ella.

Sería la lógica cuantificacional de Frege, que tiende a simplificar las divisiones: todos, algunos o ninguno.

LOS TRES CRITERIOS DE VERIFICACIÓN

Para concluir nuestro análisis hay que abordar los criterios que conforman la validez de las oraciones para los gitanos. Todos los lingüistas coinciden en afirmar que, en un sistema socio-lingüístico, hay que establecer unos criterios de veracidad que sean conocidos y compartidos por el conjunto de hablantes. Una oración puede ser percibida como verdadera de forma diferente según el contexto socio-cultural de quien la escucha.

En el caso de los gitanos, de forma coherente con los criterios que hemos expuesto al hablar de las sensaciones o de los juicios, una oración será percibida como verdadera por ellos en la medida que quien la profiera sea de *confianza* (básicamente, gitano, aunque no exclusivamente), que aquello que se profiera sea *experimentable* (no tanto como comprensible) o que aquello que se profiera tenga un interés para el conjunto de la comunidad. No debemos olvidar que muchas de las historias (que no cuentos) explicadas por los gitanos suelen empezar diciendo: «Pudo o no haber sido; pero, si pudo haber sido, seguramente fue» (Reyes, Manuel: 2005). Se trata de una forma de pensar intuitiva, que hay que validar con el consenso personal o verificar mediante la experiencia. Esto encajaría con la teoría de verificabilidad del significado formulada por los primeros miembros del Círculo de Viena, en el sentido de que «para que uno pueda hablar con sentido debería poder verificar empíricamente lo que dice» (Alstom, 1985: 105).

En último término, los tres criterios refieren a un *principio de falsación* más que a uno de verificabilidad: lo que me explica alguien de confianza (otro gitano, es decir, alguien que comparte la misma visión del mundo) no puede ser mentira; lo que me explica otro y soy capaz de imaginármelo no puede ser mentira; y lo que me explica otro y tiene interés para mí o para alguien de mi comunidad no puede ser mentira.

En esta parte hemos analizado la estructura formal de la lengua gitana desde un punto de vista sintáctico, su capacidad de traducir en signos el mundo interior o exterior desde un punto de vista semántico y la dimensión social que el lenguaje alcanza en el seno de la cultura gitana, así como los estudios sobre lengua gitana que se han hecho a lo largo de la historia y la incidencia que estos han tenido para los propios gitanos. La sintaxis ordena, la semántica significa y la pragmática relaciona socialmente, siendo la manifestación de un sistema de pensamiento. En este sentido, el uso del lenguaje que hacen los gitanos no es sino una «forma de expresar la *gitanidad* a través del idioma» (Mendiola, 2000). En esto no se alejan del uso que hacen los indios, cuya literatura se construye sobre el uso del «mito, las paradojas, las metáforas y el diálogo. Son obras en prosa, con algunos versos intercalados, que explican los más variados problemas, frecuentemente expuestos mediante aforismos y frecuentemente mediante diálogo entre personas» (AA.VV., 1999: 180)

Sin embargo, como las culturas son dinámicas hay que decir que en las últimas décadas la cultura gitana ha visto evolucionar algunas de las tendencias que hemos descrito. La progresiva incorporación a la educación reglada de niños y jóvenes gitanos les ha dado una capacidad de conceptualización que no tenían sus antepasados. Esto es lo que lleva al gitano estadounidense Ian Hancock, profesor de la Universidad de Texas, a decir que «las posibilidades de construcción de nuevas palabras, en nuestra lengua, es tremenda y no existe ningún concepto que no pueda ser expresado adecuadamente en romaní. Pero esto requiere formación […] y las prioridades de nuestro pueblo son todavía la alimentación, el alojamiento o el trabajo» (Hancock, 2002: 143). Esta tendencia la intuía ya el político gitano Juan de Dios Ramírez Heredia, a principios de la década de 1970, al constatar la progresiva incorporación de su pueblo a todos los ámbitos sociales: «La lengua gitana se compone de […] ciertas palabras inventadas por los gitanos, a las que han dado […] carta de naturaleza» (Ramírez Heredia, 1973: 119).

PARTE IV. ANTROPOLOGÍA GITANA
Ser persona, en clave gitana

17. DEFINICIÓN Y CLASIFICACIONES DE LA ANTROPOLOGÍA

Pensar es una actividad propiamente humana. A diferencia de otros seres vivos, sólo los seres humanos piensan; de hecho, su humanidad proviene, precisamente, de desarrollar una actividad cognitiva y ser conscientes de sí mismos. «Conócete a ti mismo», aseguraba Aristóteles que ponía en el tímpano del templo de Delfos. El papa Juan Pablo II, en su carta *Fides et ratio* (1998), aseguraba que el ser humano se distingue, en medio de la creación, porque se conoce a sí mismo (Juan Pablo II, 1998: 1): se interroga por lo que le rodea y, sobre todo, por él mismo. Es más, la pregunta por la realidad se produce en la medida en que quiere dar respuesta a la pregunta fundamental: «¿Quién soy yo?».

Esta cuestión aparece formulada, de forma implícita o explícita, a lo largo de toda la historia de la filosofía, tanto en Occidente como en Oriente. Surge en el pensamiento cotidiano en la medida en que este conocimiento tiene sentido para configurar la propia existencia, en la búsqueda de la propia felicidad: «¿Qué puedo hacer para vivir con plenitud?». En el plano académico, la pregunta se plantea en términos de universalidad y esencialidad: «¿Quién es persona?». Una cuestión tan importante asume un papel central dentro la filosofía, hasta erigirse en el *problema del hombre*. San Agustín de Hipona confesaba: «Ni yo mismo comprendo todo lo que soy» (434, X, c.8, 15). Siglos más tarde, Blaise

Pascal reconocía que la persona era el misterio más incomprensible de todos.

Dentro de las ciencias, la reflexión sistemática sobre esta cuestión central de la naturaleza humana ha acabado denominándose *antropología*. Su etimología (del griego ἄνθρωπος, *anthropos* u "hombre" y λόγος, *logos* o "explicación") remite a una interpretación de la condición humana, tanto desde un plano físico (la antropología física o *etnografía*, que estudia la morfología de los rasgos corporales) o cultural (la antropología cultural o *etnología*, que analiza la estructura de las culturas humanas) como filosófico. Esta última intenta establecer la condición humana y determinar el sentido de su existencia, interpretando los aspectos de la realidad humana (material, biológico, económico, histórico, cultural...) desde el punto de vista del origen, el desarrollo y la finitud de la existencia. No se trata de una combinación de diversas disciplinas científicas, sino de una síntesis en clave metafísica de sus aportaciones, sin perder de vista su pretensión de comprender al ser humano más allá de los límites de estas ciencias.

Pese a la centralidad de su objeto de estudio en el pensamiento humano, la formulación explícita de la antropología en el ámbito filosófico es un fenómeno reciente, configurándose como rama de la filosofía a partir del siglo xviii. Kant acuñó el término *antropología en sentido pragmático*, definiéndola como «doctrina del conocimiento del hombre ordenada sistemáticamente» (Mondin, 1975: 9). Hegel, en su *Enciclopedia de las ciencias filosóficas* (1830), diferenció entre la antropología (estudio de las razas) y la psicología (estudio del alma). En el siglo xix, Kierkegaard utilizó la segunda para encuadrar buena parte de sus obras, tendencia también seguida por Nietzsche. Habría que esperar hasta bien entrado el siglo xx para asistir a la aparición del término *antropolo-*

gía filosófica, gracias a la obra homónima de Max Scheler en 1929, que popularizaron después Michael Landmann (1961), Hans E. Hengstenberg (1963) y Ernst Cassirer (1975), entre otros. En ellas se diferencian claramente la antropología filosófica de la antropología positiva (o *etnografía*), de la psicología y del producto de ambas: la antropología cultural o *etnología*.

Este será, precisamente, nuestro ámbito de reflexión en esta parte, en la que analizaremos los principios esenciales que conforman la forma de ser de las personas de cultura gitana, interpretando un modelo gitano de persona a partir de tres elementos constitutivos (vida, libertad y trabajo) y de dos condicionantes (comunidad e historia), que configuran las dimensiones fundamentales de la cosmovisión gitana.

18. EL MODELO GITANO DE PERSONA

Partiremos de una constatación inicial, que he observado durante mi periplo por la cultura gitana: los gitanos se sienten orgullosos de serlo. Ningún gitano esconde su condición cuando se le pregunta explícitamente por ello, pese a los sufrimientos que la pertenencia al pueblo gitano ha comportado a sus miembros durante siglos (cosa distinta, por supuesto, es proclamarlo en cualquier contexto y a cualquier hora). Eso les diferencia claramente de otras culturas minoritarias estigmatizadas. Esta impresión la tuvo también Garrido durante su ciclo de entrevistas a jóvenes gitanos europeos: «No hay gitanos que pongan en duda puntos vitales, esencialmente identificativos de la cultura gitana» (Garrido, 1999: 41). ¿Cómo puede ser?

Hemos visto en la parte III que los gitanos tienen una forma propia de pensar, que se refleja en su uso del lenguaje. Así, gracias a la lengua gitana el investigador dispone de un medio eficaz para interpretar el significado que un determinado valor puede tener en la cultura gitana. No en vano, como afirma Albaicín, la cosmovisión gitana emana «precisamente de la diferente frecuencia de onda de su sensibilidad» (Albaicín, 1993: 135). Hay una primera constatación que revela hasta qué punto la etnicidad está vinculada a la identidad en esta cultura concreta. Se trata de la palabra "persona", que en lengua gitana se dice *rrom*, que literalmente significa "gitano"; de igual forma, la expresión que los gitanos utilizan para referirse a sí mismos es *rromā*, cuyo significado literal es "hombres" (les ruego disculpas, pero los gitanos surgieron unos 900 años antes del lenguaje inclusivo).

Botey también es de este parecer, al afirmar que «el gitano sólo lo es en el clan» (Botey, 1970: 52) y el no gitano «no es totalmente persona, porque la voz del clan no resuena para él; de aquí que no merezca el mismo nombre que el gitano» (Botey, 1970: 54). Esto pone de manifiesto que ser persona y ser gitano es lo mismo; o, dicho de otra forma, que sólo se puede ser persona si se es gitano. Así, es fácilmente comprensible que un gitano no niegue nunca su condición, porque supondría renegar de ser persona y, por tanto, de ser humano. Como reconoce Eliade, «la existencia se constituye como tal, precisamente, por el hecho de considerarse situada en el centro del mundo» (Eliade, 1992: 13).

Profundizando en esta reflexión veremos que, a diferencia de la unicidad de la palabra "gitano", la lengua gitana contiene muchas expresiones para referirse a quienes no son gitanos. La más genuina y habitual de ellas es *gadje*, que literalmente significa "extranjeros". Los gitanos *kalē* tienen otras expresiones que no hacen sino abundar en lo mismo, aunque añadiendo algunos matices: *jambo* (no gitano inútil, lit. "trozo de carne"), *busnó* (no gitano pérfido, lit. "cabrón") o *bengaló* (no gitano malvado, lit. "demoníaco"); los gitanos *kalderāsh* usan *manushā*, que correspondería a "gente". Los no gitanos, en un sentido literal, no serían propiamente personas *alter* (personas) sino *alia* (extraños).

Esto nos lleva a una segunda constatación, según la cual los no gitanos constituyen un grupo no sólo ajeno a la cultura gitana, sino algo nunca comprendido del todo. ¿Cómo pueden ser personas aquellas que se matan entre ellas, se niegan la ayuda mutua o degradan la naturaleza? He llegado a escuchar la expresión «no entiendo cómo no se puede ser gitano» entre algún gitano (Porras: 1998). También Clébert constató algo similar en su libro:

> En una ocasión un niño no gitano preguntó a su amigo gitano, después de haber estado toda una tarde jugando: «¿Qué soy, payo o gitano?». El niño gitano le contestó: «Para mí, tú eres gitano; además, si mi madre me lo preguntara, no podría entender que hubiera estado jugando toda una tarde con alguien que no lo fuera» [Clébert, 1965: 123].

El origen de esta identificación entre *persona* y *gitano* –y entre *extraño* y *no gitano*–, que el gitano extremeño Manuel Vargas reconoce explícitamente (*Hoy.es*, 14/10/2007), se encuentra en la contraposición que los gitanos hicieron con los no gitanos que encontraron en su proceso migratorio. Como afirma Botey, «al cortar el cordón umbilical con la Madre India, crearon una raza» (Botey, 1970: 17). Al encontrar a personas distintas, física y culturalmente, los gitanos se atribuyeron un lugar preeminente en la jerarquía ontológica. No en vano, como veremos en la parte VII, la mayoría de mitos sobre el origen de la condición gitana parten de un ser divino que asignó a los gitanos un lugar preferente en la creación (Ville, 1956: 115; Ramírez Heredia, 1974: 75-76; Tong, 1997: 138; Reyes, Manuel: 2003). Recordemos, como hace Hancock, que «el tiempo que se pasa en el mundo no gitano (el *jado*) quita energía espiritual (la *dji*)» (Hancock, 2002: 74-75).

He constatado a menudo cómo algunos gitanos se emplean concienzudamente en limpiar tazas y vasos en locales públicos. Al comienzo pensé que era cuestión de higiene, hasta que reparé en que aquellos utensilios estaban siempre aceptablemente limpios. No era cuestión de suciedad, pues, sino de impureza: habían sido tocados por no gitanos, es decir, por "no personas". Baste, como ejemplo, la anécdota que explican dos realizadores que pasaron casi tres años en el barrio barcelonés de Can Tunis para rodar un documental:

> En las primeras semanas de rodaje, cuando comíamos con las familias, nos daban vasos y platos de plástico que luego tiraban a la basura, porque les daban asco. Esta situación cambió radicalmente cuando nos ganamos su confianza [González/Toledo: 2010].

Este hecho, unido a una concepción unitaria y permanente de la realidad (según la cual, lo que es, es; y lo que no es, no es),[1] les otorgó un orgullo cultural que todavía es fácilmente perceptible. Como reconoce Ramírez Heredia, «si se es gitano, difícilmente se puede dejar de serlo. Se es gitano para siempre» (Ramírez Heredia, 1974: 34). En la medida en que esta alteridad extraña se fue volviendo hostil, a través de las dinámicas de persecución posteriores al siglo XV, se desarrolló una estrategia cultural que consistió en mantener la unidad y homogeneidad como grupo mediante un proceso endogámico. Igualmente, ante la falta de posesiones materiales, fruto de las dinámicas de exclusión, los gitanos comprendieron que se tenían a ellos mismos como única propiedad. Resultado de unas y otras surgió una creciente actitud de desconfianza e, incluso, menosprecio, que todavía es fácilmente perceptible. Este orgullo por la propia condición es lo que llevó a Kenrick a denominar a los gitanos «orgullosos descastados», algo constatado por Tong en cuentos gitanos como *La creación* o *Alifi y Dalifi* (Tong, 1997: 22). Es la

---

1. Analizada en la parte III, en la que se ha visto que la realidad tiene una única sustancia que, pese a presentarse de formas diversas, permanece siempre igual en su carácter esencial.

«sobrevaloración de sí mismos y la infravaloración del no gitano» que afirma Botey (Botey, 1970: 180). Como dice una copla gitana, recopilada tanto por Borrow como por Molina:

> *No camelo ser eray, / es caló mi nacimiento / No camelo ser eray, / con ser caló me contento* [No quiero ser señor / es gitano mi nacimiento / No quiero ser señor / con ser gitano me basta] [Borrow, 1841/1932: 276; Molina, 1967: 61].

En la medida en que los gitanos se ven obligados a vivir fuera de su comunidad, y a hacerlo según unas pautas de comportamiento no gitanas (por ejemplo, en la escuela o en el trabajo), esta identificación entre persona y gitano les lleva a desdoblar su personalidad, construyendo una nueva para vivir en la sociedad mayoritaria. He constatado la expresión «mañana, al convertirme de nuevo en payo» (Porras: 1997) en un gitano que al día siguiente debía reincorporarse a su puesto de trabajo en una sucursal bancaria, tras haber pasado el fin de semana entre gitanos. Manuel Reyes (2005) recuerda que su madre se lamentaba frecuentemente de que «vivir como gitano las 24 horas del día es muy complicado». En el peor de los casos, cuando este intercambio de roles se torna cotidiano puede degenerar en situaciones próximas a la esquizofrenia («¿quién soy, payo o gitano?»), el relativismo («no hay tanta diferencia» o «la identidad no es tan importante») o la estigmatización («este está *apayado*»). Esta idea es coherente con la visión dicotómica del mundo que configuran la epistemología gitana y el doble nivel discursivo del lenguaje gitano, descritos en la parte III. Es el dualismo comunitario que recogía el musicólogo Ricardo Molina (Molina, 1967: 151). De ahí la estrategia histórica de vivir de forma paralela a la sociedad mayoritaria, como reconoce Ramírez Heredia:

> Los gitanos de todos los tiempos siempre hemos procurado, con el máximo interés, el alejamiento de las presiones que podían comportar una merma de nuestra originalidad propia [Ramírez Heredia, 1973: 89].

La vida como elemento constitutivo

La vida constituye una pulsión básica en la cultura gitana. Se podría decir que en todas las culturas lo es, porque sin vida no hay reflexión posible sobre el ser humano. La existencia de personas con conciencia propia es condición de posibilidad para reflexionar sobre la vida humana. Sin embargo, en el caso de los gitanos la vida constituye una preocupación fundamental en el horizonte cognitivo y se convierte en un elemento primordial de su cosmovisión. No he constatado nunca el testimonio de gitanas que hayan abortado (tampoco Clébert: 1965, 205) o de familias que no hayan situado el cuidado de los niños o los mayores por encima de las necesidades materiales. Al contrario, la exaltación de la natalidad, la pasión por la vida o el respeto a los mayores son tres de las costumbres gitanas.

Basta con analizar las definiciones que los gitanos hacen de su cultura para ver que, en casi en todas, aparece la conservación de la vida como elemento fundamental. El sociólogo gitano Nicolás Jiménez sitúa la vida y su defensa como dos de los tres principios gitanos, en lo que él denomina *biofilia* y *no violencia* (Jiménez, 2002: 17). Algo parecido hace el escritor gitano Jorge Bernal, desde Argentina, para quien «ser gitano significa, tener […] respeto por […] el valor de la vida, por la humanidad» (Bernal: 2007). Ramírez Heredia sitúa también a la persona en lo más alto de la ontología gitana, junto a la naturaleza y los animales (Ramírez Heredia, 1974: 77).

Ya decíamos antes que, como consecuencia de la voluntad de ser –y de serlo en contraposición a los no gitanos–, la cultura gitana se convirtió en homogénea, fomentando la endogamia y la solidaridad. De hecho, en una cultura que asocia ser persona a ser gitano, la defensa de la vida se convierte en un rasgo fundamental, porque sin vida no hay *gitanidad* o *romipēn* posible. Nada más lejos que entender este concepto de forma eidética, como espíritu no encarnado. Para algunos autores, «la persona no sólo *tiene* cuerpo sino que *es* también su cuerpo» (Corazón, 2002: 191), que supone su encarnación en el mundo (Merleau-Ponty, 1985: 219). Su conservación, mediante la natalidad o la no violencia, resulta fundamental. Por ese motivo, las faltas contra la vida constituyen el principal contravalor gitano, siendo las únicas que comportan la expulsión de la comunidad dentro de la *ley gitana*, que analizaremos en la parte V.

Pero la concepción gitana de la vida va más allá de la puramente humana, alcanzando una dimensión natural. Una mirada todavía más atenta a la manifestación de valores de Jiménez, Bernal y Ramírez Heredia nos llevará a darnos cuenta de la importancia que la naturaleza y los animales tienen también en esta concepción de la vida, algo ya observado por Borrow entre los gitanos españoles del siglo xix, al poner en boca del gitano extremeño Antonio López la siguiente afirmación:

> Una vez, cuando era un niño, golpeé a una burra. Pero mi padre me sujetó la mano y me reprendió: «¡No hagas daño a este animal, porque dentro suyo está el alma de tu hermana!» [Borrow, 2003: 138].

Estamos ante un concepto amplio de vida. Fruto de su proceso migratorio, los gitanos acabaron por hacer del mundo su casa. *Le monde est ma maison*, dice un aforismo gitano. Tuvieron que vivir en entornos naturales, obteniendo de la naturaleza los recursos necesarios para su supervivencia. Quien ha trabajado en el campo, ni que sea de forma temporal, sabe que una economía depredadora malgasta los recursos naturales, mientras que una respetuosa los garantiza durante años: hay que extraer del medio natural sólo lo necesario. Aunque los gitanos son ya casi todos sedentarios, la reminiscencia de este pasado nómada subyace aún en su inconsciente colectivo. Se sienten parte de una naturaleza de la que depende su supervivencia. Esta concepción orgánica de la vida, en la que todo depende de todo, es coherente con la epistemología gitana. Como hemos visto en la parte III, parten de una concepción unitaria y orgánica de la realidad, en la que todo se encuentra interrelacionado, incluyendo la persona con la naturaleza: no sólo coexisten sino que se interrelacionan en condiciones de mutua dependencia (Nakamura, 1997: 67; Argullol/Mishra, 2004: 44 y 81).

Habría un tercer elemento que condiciona la forma de entender la vida dentro de la cultura gitana, que es la conciencia. Existe pleno consenso en la filosofía, desde la Edad Media, en que la naturaleza humana está formada tanto por elementos materiales como espirituales. Hasta ahora hemos visto que los gitanos otorgan una importancia capital a la vida, aunque entendida de forma biológica. Y, aunque el cuerpo constituye su nexo de relación con el mundo (para delimitar una presencia, pero también para hacer un uso instrumental),[2] la persona es algo más que un organismo biológico porque –a diferencia de los animales– tiene conciencia de sí

---

2. Pese a que en la cultura gitana, como veremos en las partes VI y VII, el cuerpo se convierte en una herramienta fundamental de expresión, desarrollando todo un lenguaje específico.

misma. Por ese motivo, dentro de la concepción gitana de la vida la conciencia alcanza una gran importancia.

Ciertamente, el punto de partida de la *gitanidad* o *romipēn* es casi siempre biológico, porque quien nace en el seno de una familia gitana opta mayoritariamente por vivir como gitano, siendo reconocido por la comunidad como tal. Pero quien asume esa condición de forma no biológica, fruto de una adopción infantil o de una larga convivencia, también puede ser aceptado como gitano por el resto de la comunidad. Asimismo, como nos recuerda Juan Reyes (2001), uno puede dejar de ser gitano si deja de tener conciencia de esa condición, restándole sólo lo biológico. Probablemente sin saberlo, Reyes se alinea con una de las tesis fundamentales de Descartes, según la cual lo propio de la persona no es su condición sino su conciencia. La *gitanidad* es siempre una condición en potencia, que hay que actualizar a través de un proceso de aprendizaje cultural. Ser gitano aparece así como una llamada a vivir en la *romipēn*, un proceso de autoconocimiento que se desarrolla en el contexto familiar. Eso pone de relieve la importancia del contexto comunitario, como veremos en la parte V.

Un cuarto y último elemento conforma la concepción gitana de la vida, como es el de la dignidad. La vida gitana no requiere sólo una base biológica o una asunción consciente, sino también desarrollarse dignamente. Fijémonos en el interés, casi escrupuloso, con que las familias gitanas proporcionan a sus miembros lo fundamental para la existencia: alimentos, techo, afecto, valores y diversión. Así, los padres facilitan esos elementos a sus hijos y estos, al ser mayores, los devuelven recíprocamente a sus padres. De ahí la protección de los niños o el respeto a los mayores, aunque también el acompañamiento en la enfermedad o la solidaridad en los momentos difíciles.

Se trata de un concepto esencialista de dignidad, alejado del de la sociedad mayoritaria que considera una vida digna cuando se dispone de estos pequeños elementos aunque sea de forma redundante: muchos alimentos (más de los que se pueden comer), muchos techos (más de los que se pueden habitar), el afecto de muchos (con la pretensión de gustar a todo el mundo), muchos valores (la mayoría excluyentes, sobrantes para construir una cosmovisión coherente) o mucha diversión (para olvidar así el vacío afectivo). Para los gitanos, lo accesorio no es prioritario, porque una cosa es la dignidad y otra, el lujo; una la pobreza y otra, la miseria. Hasta no hace muchos años, entre los gitanos *kalderāsh*, las posesiones personales se quemaban al enterrar al difunto, porque habían cumplido su función esencial: facilitar la vida material. Como dice Manuel Reyes (2005), «hay una cosa que se llama dignidad, sin la cual no se es persona» y «para vivir, verdaderamente, no hace falta mucho».

Como corolario de lo expuesto, baste decir que, si bien he constatado algún homicidio (que no asesinato, por la falta de premeditación, castigado con la expulsión de la comunidad), sólo he tenido constancia de un único caso de suicidio. Sucedió en 1997, durante el realojamiento de unas familias gitanas que vivían en el campamento de Riusec, en Barberà del Vallès (Barcelona), cuando el técnico a quien la Administración había confiado el proceso rompió una unidad familiar, segregando a un matrimonio del resto de su familia en un barrio alejado. Este triste hecho es una buena muestra de hasta qué punto la vida deja de ser digna cuando se impide vivirla conscientemente en el seno de la cultura gitana.

La libertad como elemento constitutivo

Afirma García Cuadrado que la persona «es una realidad que posee el ser en sí mismo y, por tanto, es principio de sus operaciones», que le otorgan «unas enormes posibilidades de perfeccionamiento. […] Pero estas posibilidades no las tiene perfeccionadas en acto desde un principio sino que las debe perfeccionar en el tiempo» (García, 2003: 143). Esta capacidad es lo que denomina *libertad*, que aparece como intrínseca a la condición humana: sólo el ser humano tiene conciencia de sí mismo y, por tanto, voluntad de ser o de hacer. Según Jacinto Choza, la libertad puede ser de cuatro tipos: fundamental, psicológica, moral y política; excepto la primera, entendida como apertura a la realidad, las otras tres están relacionadas con la voluntad.

La libertad tiene una importancia fundamental en la cultura gitana, aunque menos que la vida. Esta afirmación rompe con el tópico de que los gitanos son «libres como el viento» (Ozcoz: 1998) y adoran la libertad (Diezhandino, 1985: 69; Ortega: 2008): en suma, de que son las personas más libres del mundo. Lo son respecto al mundo no gitano, pero no respecto al suyo. Puede hacer referencia al cumplimiento de las normas fijadas por la sociedad mayoritaria, pero no a la propia comunidad gitana, donde la codificación del comportamiento personal es muy intensa. De ahí la afirmación del musicólogo español Domingo Manfredi, para quien «nada más diferente, y frecuentemente contrario a un gitano verdadero, que aquellos gitanos que nos pintan los poetas y los autores de comedias» (Manfredi, 1957: 20).

Fonseca tampoco duda al afirmar que «la dura ley de los gitanos, que contradice cruelmente el estereotipo romántico del espíritu libre romaní, prohíbe la emancipación de los individuos en aras de la preservación del grupo» (Fonseca,

1997: 25). De igual forma, Botey sostiene que: «la libertad del gitano y la crítica se ejercen siempre dentro del ámbito de la ley y la tradición, en las que se contiene toda la vida del gitano» (Botey, 1970: 132). Es lo que Joseph Gevaert denomina *responsabilidad*, estrictamente ligada a la libertad porque «indica su capacidad de obrar sabiendo lo que se hace y por qué se hace» (Gevaert, 1974/1993: 206). García Cuadrado va todavía más lejos, al afirmar que: «reducir la libertad a la *elección* es trivializarla: la libertad significa *compromiso*» (García, 2001: 151).

¿Significa esto que son esclavos de su comunidad? Y, en caso de ser así, ¿por qué no se quejan o se marchan de ella? La respuesta es clara: no valoran la libertad porque viven en ella; es más: porque no la necesitan. De hecho, todos los comentarios sobre la importancia de la libertad están hechos por no gitanos, porque ningún gitano la establece como prioridad. Apuntábamos antes que la voluntad es lo que hace que la libertad se viva de forma implícita, permitiendo a la persona determinarse a la hora de pensar (*libertad psicológica*) o de actuar (*libertad moral*). Los gitanos eligen libremente en aquello concreto y cotidiano (por ejemplo, ir a trabajar), pero el interés comunitario prima en lo genérico e importante (por ejemplo, en qué trabajar). Sucede algo parecido con las órdenes y congregaciones religiosas de la Iglesia católica. Es lo que Gevaert denomina *liberamiento comunitario*: «La persona debe liberarse con las demás personas mediante la creación de un mundo humano» (Gevaert, 1974/1993: 231).

En el transcurso de los siglos, los gitanos han interiorizado hasta tal punto la importancia de la comunidad en su propia existencia que han acabado por asumir inconscientemente el interés colectivo como criterio de validación de lo que es o no moralmente correcto, al igual que sucedía con el criterio del consenso social sobre la verdad en el campo de la epistemología. Así, no resulta extraño que gitanos como la poetisa Marysol Pérez Valiente digan que ser gitana es «cumplir la tradición» (VV.AA., 2003: 63); el escritor Jorge E. Nedich asegure que es «tener conciencia social de grupo» (Nedich, 2007: en internet); o el político Ramírez Heredia afirme que la propia conducta se deba evaluar según «se cumpla con la obligación de buen padre, hijo o marido» (Ramírez Heredia, 1974: 33). Analizaremos en la parte V cómo la educación moral permite interiorizar este proceso.

Vale la pena que consideremos una cuestión final respecto a la concepción gitana de la libertad. Se trata del *determinismo*, en parte ya anticipado: si la libertad psicológica y moral vienen determinadas por el criterio de interés comunitario, ¿significa esto que en la cultura gitana no existe capacidad de decisión? En su *Fundamentación para una metafísica de las costumbres* (1785), Kant se planteaba cómo la voluntad pura podía determinarse por sí misma a la acción, prescindiendo de lo que fuera exterior empírico. En el caso de los gitanos, la libertad queda reservada para el exterior comunitario, como capacidad de influir en la propia comunidad para que esta pueda conservar su independencia en la sociedad mayoritaria. Es lo que Choza denominaría *libertad política*, entendida como «mantenimiento y desarrollo del sí mismo de la colectividad» (Choza, 1988: 398).

En este sentido, las dinámicas de promoción y de reconocimiento se encuadrarían plenamente en el ejercicio de esta *libertad colectiva*. No en vano Ferrater Mora define este tipo de libertad como «la capacidad de una comunidad humana de regir sus propios destinos sin interferencia de otras comunidades» (Ferrater, 1994: 218). Cuando los gitanos han percibido como necesidad esta capacidad de decidir, satisfaciéndola a través de su libertad de elección, la cultura gitana ha podido superar el determinismo que Kant establece para hablar de verdadera libertad.

Como vemos, los gitanos son libres en la medida en que la libertad les permite liberarse de su condición presente y proyectar sus capacidades hacia el futuro según sus necesidades. Si ser persona es ser gitano, *ergo* «ser con los otros», lo que permite a los gitanos vivir en libertad es el hecho de no percibir como necesidad la capacidad de decidir a nivel moral. Pongamos, por ejemplo, la verificación de la virginidad de la novia antes de la boda. Es evidente que ha pasado de elegirla la familia a hacerlo la novia misma. Pero, desde una perspectiva occidental no gitana, ¿puede haber libre elección cuando todo el mundo está pendiente de esta decisión? Cuando esto cambie y los procesos de liberación sean no sólo colectivos sino individuales, pasando de necesidades colectivas a individuales (fruto del proceso de atomización contemporánea), este modelo entrará en crisis y la concepción gitana de la libertad se transformará.

EL TRABAJO COMO ELEMENTO CONSTITUTIVO

Hemos visto ya que ser persona es serlo dentro de una colectividad. Pero este grupo no constituye el punto final de la existencia, porque también se desarrolla en un entorno natural. Puede ser una naturaleza originaria (rural) o transformada (urbana), en diferentes niveles de transformación, pero la persona necesita transformar el medio natural tanto de forma significativa (para poder sobrevivir, gracias al aire y a los alimentos) como simbólica (para poder religarse con lo transcendente, otorgando a los elementos naturales un significado que les trasciende).

El *trabajo* es la acción transformadora de la naturaleza por la persona. Constituye un elemento tan importante en las cosmovisiones humanas que, de la forma de entenderlo, se deriva una manera u otra de concebir la propia existencia. Para Gevaert representa el «punto de soporte de la obra histórica, porque todo bien cultural está creado por él» (Gevaert, 1974/1993: 243). Se configura así como «actividad específicamente humana» (Corazón, 2002: 213), porque no sólo transforma la naturaleza, sino que lo hace con una finalidad concreta, el *producto*, que no es otra cosa que «la introducción de una idea en el mundo físico» (Corazón, 2002: 214). Para algunos autores, incluso, es una herramienta de autorrealización humana (Choza, 1990: 328). En la medida en que la persona acumula productos aparece el término *economía*, entendido genuinamente como administración de los recursos, cuyo estudio sobrepasa el ámbito de la filosofía para convertirse en una disciplina científica propia.

Para interpretar la concepción gitana del trabajo hay que recurrir de nuevo a la lengua gitana, con su forma de conceptualizar el mundo a través del lenguaje. Resulta muy significativa la ausencia de un término específico para designar la palabra "trabajar", que es sustituida por una perífrasis "hacer cosas" (*te kerel butiā*). La razón hay que buscarla en la forma de concebir esta dimensión humana, entendida en su forma genuina de transformar puntualmente (no sistemáticamente) la naturaleza, en beneficio de la comunidad (no de la persona). Así, los gitanos trabajan sólo cuando lo necesitan, mientras que los no gitanos lo hacen independientemente de que lo necesiten o no. Y, al hacerlo, mientras que los no gitanos elaboran productos para otros que les pagan por hacerlo, los gitanos trabajan para obtener un beneficio comunitario. Haciendo un símil con el mundo rural, la concepción gitana del trabajo se parecería a un cazador que mata para comer, mientras que la no gitana se asimilaría a un cazador que lo hace para estar entretenido.

Estamos ante una concepción más familiar que humana del trabajo, donde la familia es la medida de la actividad laboral. Se trabaja sólo para garantizar las necesidades puntuales de subsistencia familiar. Pero también sólo cuando la familia lo permite. He constatado cómo diversos gitanos han interrumpido sus actividades profesionales ante la enfermedad de un familiar cercano (Perona: 2004); también cómo han renunciado a oportunidades laborales porque les impedían relacionarse normalmente con su familia. La concepción gitana del trabajo se ajusta a su definición más genuina, que lleva a Gevaert a afirmar: «La persona trabaja cuando desarrolla sus actividades en el marco de lo que se ha juzgado como necesario para la realización de la sociedad en todos sus aspectos» (Gevaert, 1974/1993: 245). *Trabajo* se asocia a *compromiso*, como sucedía con la libertad.

Esta concepción familiar del trabajo tiene una clara traslación en el campo de la economía, con una organización económica basada en la familia. Los gitanos han optado siempre por aquellas actividades laborales que les permiten implicar a la propia familia, manteniendo a la vez la independencia de la institución familiar, como constatan tanto gitanos como no gitanos (Ramírez Heredia, 1973: 89; Nedich: *Clarín*, 24/07/2005; Botey, 1970: 61). Lee define la economía de su pueblo como «compartir bienes por igual y contribuir al bienestar en el mismo grado» (Lee, 1989: 16). Resulta iluminadora, en este sentido, la copla gitana que reproduce Molina:

> Desgrasiaíto aquel que come / el pan en manita ajena / siempre mirando a la cara / si la ponen mala o buena [Molina, 1967: 130].

De ahí la importancia de los negocios familiares en la economía gitana, tanto en épocas anteriores (forjadores, herreros, temporeros, etcétera) como actuales (vendedores ambulantes, cooperativas artesanales, grupos artísticos, negocios de antigüedades, etcétera). Liégeois apunta incluso la idea de especialización laboral familiar, partiendo del aprovechamiento de las potencialidades naturales de cada miembro: «El niño y el joven trabajan con el padre; la niña y la joven trabajan con la madre: todos tienen responsabilidades reales» (Liégeois, 1987: 79). Botey va todavía más lejos, al sostener que «la familia gitana nos ofrece el ejemplo de una primera aproximación a una solidaridad organizada, basada en la complementariedad funcional y en la interdependencia entre todos sus miembros» (Botey, 1970: 63).

Esta concepción del trabajo es producto del largo contacto de los gitanos con la naturaleza, así como de la importancia de la comunidad. Sin embargo, resulta curioso comprobar cómo la cultura gitana no suele favorecer el uso de otra *tecnología* que la que facilita el movimiento, algo tan valorado en su cosmovisión. La alternativa está en utilizar técnicas naturales o similares, que permiten manipular directamente los materiales y tener un contacto directo con la naturaleza misma (como describíamos en la parte III). Se trata de *transformar* el medio natural, pero de *sentir* cómo se transforma. De nuevo debemos recordar las palabras de Manuel Reyes (2005) en su inicio como herrero en una fragua gitana:

> Como aprendiz de herrero, pude comprobar cómo el elemento aire, canalizado con el fuelle, avivaba el elemento fuego, donde se depositaban los metales para darles forma con el martillo sobre el yunque.

Esta ausencia de *técnica*, entendida como «eficiencia transformadora» (Choza, 1988: 478), se debe también al carácter poco sistemático de la concepción gitana del trabajo. Al ser una actividad puntual, no se especula con los resultados a medio o largo plazo, de forma coherente con la falta de abstracción de la epistemología gitana. Al mismo tiempo, la necesidad de garantizar el sustento de la familia hace necesario disponer de resultados inmediatos, a corto plazo. Además, como veremos en la parte VII, eso también permite estar el mínimo tiempo posible con los no gitanos, ya que resta energía espiritual. Aun así, no hay oficios gitanos sino oficios tradicionalmente realizados por los gitanos, porque son una «forma de expresar la *gitanidad* a través del trabajo [...] Sin ser gitanos, tienen algo en común con la forma de ser del gitano», como la independencia y la creatividad (Mendiola, 2000). Botey también lo intuyó:

> Algunos grupos gitanos se han apropiado de profesiones [...], en una reminiscencia de las castas y subcastas; cada una de ellas tiene asignada en su *dharma* una determinada profesión, que se convierte así en sagrada [Botey, 1970: 61].

Es fácil y rápida la crítica a esta economía de subsistencia, en la que el trabajo se abandona al haber satisfecho la necesidad. Son muchos quienes consideran que los gitanos «viven al día», porque no acumulan para el futuro. También hay quien sostiene que este sistema de organización económica les convierte en destinatarios permanentes de ayuda social. Pero hay que recordar la eficacia gitana. A diferencia de lo que pudiera parecer, incluso del tópico, la economía no gitana es previsora y no acumulativa porque hace un uso puntual de los recursos naturales para garantizar su regeneración espontánea. Con ello se desmarca de la economía no gitana, que se ha construido sobre la explotación sin fin de la naturaleza, algo que se está revelando como insostenible. Como bien dice la eurodiputada gitana Lívia Járóka, «es más lucrativo integrar a los gitanos que sostener su modelo socioeconómico» (*Mundo gitano*, 03/12/2010). En un plano más profundo, como veremos en la parte VII, los gitanos se sienten miembros de una naturaleza de la que depende su supervivencia, rasgo que les aleja del ideal occidental –de origen cristiano– de situarse en la Tierra para dominarla. Como reconoce Nedich, «toman de la naturaleza aquello que necesitan para la sostenibilidad de su cultura […], al tiempo que le hacen una retribución en justa reciprocidad» [Nedich, 2007: en internet].

No hay que pasar por alto dos hechos con los que tradicionalmente se ha asociado a los gitanos: la mendicidad y el robo. Nadie pide ni roba por opción. La opción por un modelo económico alternativo y las dinámicas de exclusión social han dificultado su acceso a los recursos (Molina, 1967: 129), lo que ha impelido a muchos gitanos a tener que *mangar* ("pedir") o *chorar/randar* ("robar") para mantener a sus familias. Cosa bien distinta es la dependencia de los servicios sociales al que más recientemente se ha acostumbrado a muchas familias, al entregar ayuda sin pedir responsabilidad a cambio, fruto de la mala conciencia de los no gitanos. La degradación del barrio de Can Tunis, que pasó de barrio humilde pero normalizado a supermercado europeo de la droga, es un claro ejemplo (Codina, 2010). Pero también aquí han sido eficaces, porque han sabido encontrar las fórmulas para recibir sin dar nada a cambio…

Reemprendamos el hilo del discurso. Existe una concepción colectiva de la propiedad, que se deriva de la concepción familiar del trabajo y de la organización de la economía en clave de subsistencia sostenible. El mundo gitano es tan extremadamente fraterno que los recursos son de uso colectivo. Lo que haya, poco o mucho, es de todos. En efecto, si resultaba fácil comparar el concepto gitano con el de algunas instituciones cristianas, también resulta fácil hacer una analogía entre la concepción gitana de la propiedad y la *pobreza* comunitaria de los religiosos. Cuando los gitanos vivían en los mismos campamentos y barrios, todo era colectivo entre ellos; con su atomización actual, dispersos por las grandes ciudades, todo continúa siendo colectivo dentro de la familia extensa. He constatado cómo algunas familias no acaban de salir nunca de la pobreza porque cuando un miembro ha conseguido mejorar su situación, se ve obligado a dar su dinero sobrante al resto de miembros que siguen mal. El origen de este fenómeno hay que buscarlo en la interiorización, durante siglos, de la obligación moral de garantizar las necesidades grupales. Como sostiene Botey, «los bienes se valoran en el pueblo gitano en función de esta comunión profunda» (Botey, 1970: 62). Esto se correspondería con la concepción unitaria de la realidad que analizábamos en la parte III, de la que se deriva una inserción armónica de la persona en el entorno. Baste recordar la constatación de Closa:

> Si se dan cuenta de que tienes alguna cosa que no tienen, no pararán hasta quitártela. Pero, si se dan cuenta que eres tú quien no la tiene, te darán hasta la camisa que llevan puesta [Closa, 1967: 335-342].

Esta distribución colectiva de la propiedad se regula «como un sistema de vasos comunicantes, en el que lo que uno tiene le pertenece tanto a él como a su familia. Es lógico: no se concibe la posesión de algo que diferencie al individuo del resto de la comunidad, porque le haría la vida más difícil en el seno del propio grupo» (Rodríguez López-Ros, 2007: 22). El sentimiento de propiedad genera conciencia individual y fomenta el egoísmo. Esta constatación la encontramos en Liégeois, para quien «fortalecer particularismos o privilegios, podría [...] incrementar las disparidades entre los elementos de un sistema que necesita conservar su equilibrio» (Liégeois, 1987: 76). También la hace Clébert, quien incluso asegura que muchas familias guardan el dinero en común (Clébert, 1965: 164). Se trata de lo que Nedich, citando a Max Weber, denomina «solidaridad mecánica» (Nedich, 2007: en internet). A su llegada a Barcelona, durante la década de 1960, Manuel Reyes (2005) descubrió horrorizado algo hasta entonces inédito para él, en su vida en el entorno rural: en el asentamiento del Campo de la Bota (Barcelona) había gitanos que se robaban entre ellos. De ahí que el cooperativismo haya funcionado en la cultura gitana (Molina, 1967: 156). Este carácter relativo e instrumental de la propiedad subyace bajo la práctica de la *phabaripē* –netamente india– de quemar las posesiones del difunto, que perduró hasta mediados del siglo XX (Liégeois, 1987: 76; Fonseca, 1997: 73; Hancock, 2002: 74-75).

Resulta curiosa la constatación que Ramírez Heredia hizo en la década de 1960 y que me explicó en 1995. Durante su trabajo en Cáritas de Barcelona tuvo que gestionar la indemnización de una compañía aseguradora a una familia gitana cuyo hijo había fallecido en accidente. Pese a su pobreza extrema, se negaron a cobrarlo porque era dinero «manchado de desgracia», obtenido a cambio de una muerte. Se trata de una muestra de la dimensión simbólica del dinero, más allá de su dimensión significativa (su *valor*), de origen claramente indio: las cosas se impregnan de la resonancia de las actuaciones (Melloni, 2003: 244). Dentro de la cultura gitana se privilegia, claramente, el ser sobre el tener, como bien reconocen abiertamente algunos gitanos (Jiménez: 2003), porque se tienen ellos mismos como única propiedad. El dinero fácil, tristemente, ha subvertido este valor entre muchos gitanos.

Baste, como resumen de todo lo expuesto en este epígrafe, la constatación que hace Liégeois sobre el trabajo, la economía y la propiedad en la cultura gitana, que la aleja tanto de la idea hegeliana de autorrealización como de la marxista de alienación:

> No se busca la acumulación de riquezas ni la alienación en el trabajo [...] Lo que continúa predominando es el valor que se concede a la persona y a las relaciones humanas. El dinero capitalizado y la propiedad tienen menos importancia que [...] el instante que transcurre, y es aquí donde ha de estar la riqueza, para su inmediato aprovechamiento (buena alimentación, confort provisional, sentido de la fiesta sin preocupación por el mañana) dentro de una economía de lo efímero [...] en la que todo se reduce a lo esencial [...]. El gitano, como el nómada, *es* y en él *está todo*: su identidad no está vinculada a ningún sitio ni a una posesión [Liégeois, 1987: 98].

19. EL CONDICIONANTE DE LA COMUNIDAD

Hemos analizado la concepción gitana de la persona, con sus elementos fundamentales: la vida, la libertad y el trabajo. En ellos hemos constatado que la naturaleza y la comunidad aparecen siempre como claves hermenéuticas para interpretar la cosmovisión gitana. Pero esta cosmovisión quedaría incompleta si la redujésemos a los imposibles límites de la propia condición personal. Ya hemos visto que el aforismo «ser es ser con los demás», que desde Sócrates aparece como una constante en la historia de la filosofía (poniendo de relieve el carácter constitutivamente social de la persona), impregna por completo la cultura gitana, donde el individuo está siempre al servicio de su comunidad. Autores como Corazón contraponen, incluso, los términos *individuo* (ser humano descontextualizado) y *persona* (ser humano contextualizado) (Corazón, 2002: 269). Resulta evidente que la coexistencia con los demás, especialmente si comparten la misma cultura, es fundamental. Pero también lo es porque la existencia humana se desarrolla en dos planos que la condicionan, el *espacio* y el *tiempo*, que analizaremos en este y el siguiente epígrafe. Nuestro cerebro es como es, como constatan los etólogos, porque ha desarrollado esas dos variables para vivir en el mundo.

La noción de espacio constituye una dimensión básica de la existencia humana. El ser humano se desplaza para buscar su alimento, para hacer sus necesidades, para transformar el medio natural, para visitar a personas conocidas o para religarse con la divinidad en aquellos lugares que considera sagrados, entre muchas otras ocasiones. De hecho, el bebé concluye su etapa educativa –marcada de forma significativa por el cierre del fórceps craneal– cuando empieza a ser consciente del espacio que existe a su alrededor, al recorrerlo intuitivamente. Más tarde, cuando es plenamente consciente de esa dimensión espacial de la existencia (espacio que puede ocupar a través del movimiento, con unos elementos que empieza a reconocer), el bebé concluye su primer proceso de socialización, convirtiéndose en persona. En un segundo momento, un nuevo proceso de socialización le llevará a relacionarse con los demás, estableciendo relaciones significativas e incluso simbólicas. El mundo no es sólo el escenario de la existencia humana, sino que interpela a la propia persona en la medida en que lo hace suyo (Marías, 1993: 174).

De ahí que el espacio sea una de las nociones centrales de la filosofía, que suele definirse en términos de extensión, relación y movimiento: los objetos tienen dimensiones propias, ocupan un punto del espacio y, por consiguiente, las distancias se pueden medir entre ellos y pueden ser recorridas por un objeto móvil. Zenón fue uno de los primeros filósofos en abordar esta cuestión, definiendo *vacío* y *plenitud*, reflexiones a las que Aristóteles añadió las nociones de *movimiento* y de *tiempo*. En el siglo XVI Descartes objetivó el espacio, al introducir la diferencia entre *res extensa* y *res cogita*. Estos fundamentos de la física clásica se enriquecieron con la física de Newton, quien en el siglo XVII absolutizó ambas nociones. En el siglo XVIII, Kant intuyó con acierto que esta formulación era sólo *a priori* y, en el siglo XX, Albert Einstein demostró que el tiempo dependía del marco de referencia espacial que se adoptara. En ese mismo siglo, Max Planck introdujo el concepto de azar en las relaciones espacio-temporales.

Muchos siglos antes de Einstein, gracias a la eficacia de su cultura, los gitanos comprendieron que el espacio y el tiempo eran relativos, porque ambos dependían de la percepción personal. La necesidad de sobrevivir en entornos naturales hizo que los gitanos privilegiasen la percepción visual del espacio en sus procesos epistemológicos, como vimos en la parte III. Ese predominio del factor visual, unido al componente afectivo que los gitanos añaden al sentido común en su proceso cognitivo, les llevó a desarrollar la noción de espacio afectivo: la proximidad de las cosas depende de la intensidad afectiva del momento vivido. Vale la pena recordar la constatación del Pontificio Consejo para la Pastoral de los Migrantes e Itinerantes:

> Los gitanos [...] están especialmente dispuestos al impacto sensitivo de un acontecimiento, sobre todo si afecta al ámbito familiar. Su relación con la historia es siempre fundamentalmente emotiva. Y sus puntos de referencia en el espacio y en el tiempo no están establecidos por la geografía o las fechas del calendario, sino por la densidad afectiva de un encuentro» [PCPMG, 2006: 22].

El espacio puede incluso quedar supeditado al tiempo y este a la percepción personal de la experiencia vivida. Es más importante saber con quién se vive una situación que el contenido de la situación en sí misma. Lo constata Fonseca, al afirmar que «para ellos, la conciencia de lugar depende completamente del paisaje humano» (Fonseca, 1997: 150). Esta idea la constata Rafael Argullol en el pensamiento oriental, que «introduce una idea de tiempo experiencial [y subjetivo, opuesto al tiempo no conceptual y objetivo de los occidentales]: se utiliza la propia experiencia para medirlo» (Argullol/Mishra, 2004: 54). Pero la constatación más fehaciente es la que hace Mendiola:

> La cultura [gitana] es circular, pero el individuo es tangente o cotangente [...] De ahí que la rueda de carro sea quizá su símbolo más expresivo [...] El individuo se sale del círculo de tanto en tanto, pero nunca pierde de vista el centro» [Mendiola, 1997: 15].

¿Cuál sería ese centro que los gitanos, vayan donde vayan, nunca pierden de vista? No puede ser la India, su patria originaria, porque la dejaron atrás definitivamente en el siglo x, pese a tenerla presente en el inconsciente colectivo. Nunca han querido volver allí, pese a ser lugar de peregrinación desde la década de 1970. Recordemos, igualmente, las críticas a la eventual creación de un Estado gitano, el *Romanesthan*. No, se trata de algo más sutil, aunque no por ello menos evidente: la familia. Como sostiene Fonseca, «los gitanos habían soportado penalidades inmensas, pero la soledad no era una de ellas» (Fonseca, 1997: 37).

La vida de los gitanos, la auténtica y verdadera, se produce siempre en el marco de la familia, que se convierte en su principal horizonte cognitivo. Abandonada la India sustituyeron su patria por su familia, hasta convertirla en el elemento central de su cosmovisión. Para Botey es la raza que crearon como paliativo (Botey, 1970: 17) a fin de seguir arraigados a su identidad. Gracias a ella han podido superar diferentes procesos migratorios de más de cuatro siglos y han podido sobrevivir a dinámicas de persecución y exclusión durante casi seis siglos. Recordemos la constatación de Ramírez Heredia: «Justamente porque el peligro existe, en una reacción lógica de autodefensa, la familia gitana fortalece sus lazos de cohesión» (Ramírez Heredia, 1974: 36). «Una unidad –como apunta el *abbé* André Bathélémy–, a causa de su oposición a la sociedad» (McDowell, 1965: 45), extremo que confirma el pintor gitano Bruno Morelli (URE, 1988:

192). Parafraseando a Ludwig Wittgenstein, en su etapa del *Tractatus logico-philosophicus* (1921), los límites del mundo gitano estarían constituidos por lo que se puede experimentar en familia, tal como reconoce Antonio Carmona: «La cultura gitana se ha mantenido [...] dentro de los estrechos límites familiares» (Carmona, 2002: 2).

El concepto gitano de espacio está vinculado a la familia. No se entiende a un gitano sin ella, porque constituye el contexto vital por excelencia: el «fulcro y palanca de su vida» (Mendiola, 2000). Esta familia puede entenderse tanto en sentido estricto como amplio: el clan (grupo de familias vinculadas a alguien de edad avanzada, de la que descienden) y el linaje (grupo de familias relacionadas por la supuesta o real atribución de una ascendencia común). Esta comunidad es siempre pequeña «porque está proporcionada a la capacidad personal de relación» (Botey, 1970: 58), pero forma parte de un horizonte más amplio: la comunidad gitana. En una boda, por ejemplo, Liégeois constata que «es la comunidad la que une dos familias al permitir la unión de dos de sus miembros (Liégeois, 1987: 66).

La familia lo es todo: por ella se hará todo y se perdonará todo. Los lazos familiares, biológicos o no, se fortalecen en el día a día. «Con la familia se comparten alegrías y penas; a la familia se la ayuda, se la acompaña, se la vela... y se reza con, por y para ella. Una ofensa contra un miembro ofende a toda la familia» (Rodríguez López-Ros, 2007: 55). Por ella se cambiará de barrio, se renunciará a un trabajo, se dejará de tener dinero y se dará, incluso, la vida. La existencia gitana, en cualquiera de sus etapas, se vive siempre en clave familiar. Y esa convivencia actúa a la manera de psicoterapia, ayudando a mantener el equilibrio mental, porque «durante la comunicación diaria se van aclarando y refinando valores, se van apaciguando miedos y preocupaciones»

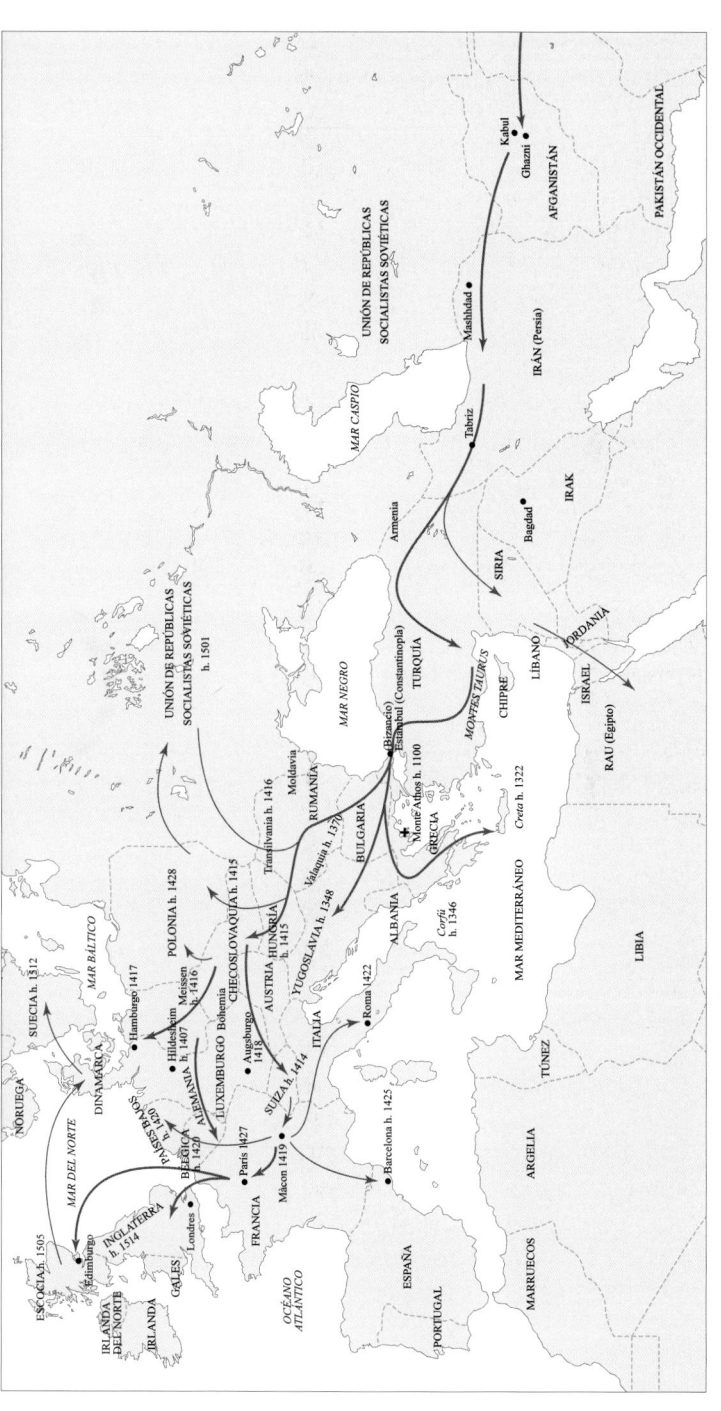

Los gitanos tuvieron que abandonar su territorio hacia el siglo x, a causa de la invasión musulmana del norte de la India (Punjab) y Pakistán (Sindh) desde el actual Afganistán. No es fácil comprender lo que podía significar pasar de Oriente a Occidente en poco más de dos siglos y contrastarse con culturas totalmente diferentes.

A los primeros flujos migratorios se añadieron otros, a causa de la invasión mongol hacia el siglo XIII. Los gitanos viajaban en caravanas, agrupadas por clanes y familias. [Una caravana gitana en los Balcanes, durante el Imperio Otomano (Richard Caton Woodville, 1885)]

Las 459 leyes promulgadas entre 1499 y 1812 contra los gitanos españoles llevaron a George Borrow a afirmar: «Dudo que haya un país donde se hayan promulgado más medidas para suprimir el nombre, la raza y la forma de vivir de los gitanos». [Real Pragmática de Carlos II, del 12/06/1695 (AHN, Consejo de Castilla, 1695, f. 211)]

Primeros acordes del *Djelem, djelem*, el himno gitano compuesto por Jarko Jovanović en 1971 sobre la melodía de una canción anterior que relataba las persecuciones durante la II Guerra Mundial.

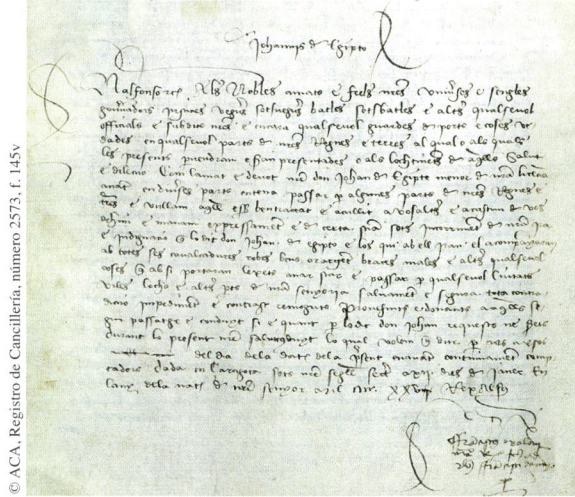

Un grupo de 3.000 gitanos llegó en 1425 a la Corona de Aragón, donde el conde-rey Alfonso V expidió un salvoconducto al «conde Juan de Egipto Menor y su séquito» como peregrinos a Santiago de Compostela.

El proceso migratorio sembró de comunidades gitanas el próximo y medio Oriente, como la de Jerusalén, cuyo barrio romaní de Bab el-Huta es conocido en árabe como *Nawar* (el de los herreros).

© Fernando Rodríguez

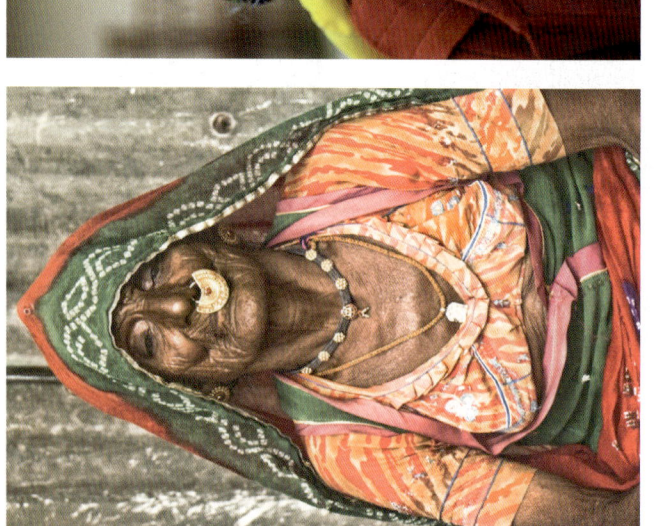
© George Kurian

Dos mujeres, una india y otra rumana, separadas por miles de kilómetros pero unidas por una forma similar de vestir, marcada por una profusión de colores naturales, aumentados tonalmente y bruscamente contrastados, con detalles frecuentemente excéntricos.

© Festival Carmen Amaya © Avinash Pasricha

El braceo flamenco y la *mudra* india constituyen un mismo recurso para mostrar metafóricamente los cambios en el espacio, a la manera de los múltiples brazos de Shiva.

La rueda india de los *chakras*, como la del templo de Kornak (Odisha, la India) o de la bandera india, es el símbolo omnipresente en la cultura gitana, desde un simple instrumento musical hasta la bandera gitana. Es la rueda de la vida, cuyo centro permanece siempre igual, aunque el exterior se mueva, como metafórica representación de la propia cultura gitana. También plasma análogamente la relación entre individuo y comunidad, entre persona y naturaleza y entre Atman y Brahman.

La *santa* Sara gitana, que se venera en el santuario de Saintes-Maries-de-la-Mer (Francia), sería el equivalente homeomórfico de la diosa india Sakti, al igual que la palabra romaní *trixul* (cruz) substituyó funcionalmente a la sánscrita *trishul* (tridente) porque el tridente de Shiva tenía en el hinduismo la misma función salvífica que en el cristianismo la cruz de Jesucristo.

El carácter relativo e instrumental de la propiedad subyace bajo la práctica gitana de la *phabaripe* (izquierda) de quemar las posesiones del difunto, que substituyó en Europa a la costumbre india de incinerar al difunto en una pira (derecha).

Tal es el canon gitano, que valora la imitación de la realidad natural y, sobre todo, la descripción de los estados de ánimo interiores, mediante formas expresivas y vistosas, a partir de líneas circulares o rotas, con colores naturales, como las obras del pintor italiano Bruno Morelli (izquierda) o del español Manuel Gómez Romero (derecha).

El canon estético gitano pervive incluso en las portadas de discos musicales –como el último (2010) del grupo francés Traio Romano– y en los dibujos infantiles –como el búlgaro premiado (2008) en el Concurso Internacional de Pintura Gitana–.

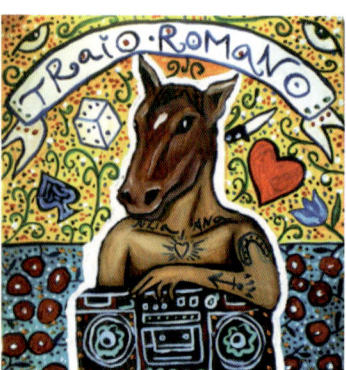 

(Mendiola, 2000). Romper la familia gitana sería desintegrar al pueblo gitano.

Resultan muy iluminadoras las manifestaciones que hacen los propios gitanos a este respecto: «La familia es el único eje alrededor del cual los gitanos giramos a lo largo del día» (Ramírez Heredia, 1974: 33); para Manuel Heredia, líder asociativo de Sabadell, «el gitano es sólo de su familia: de nada ni de nadie más» (Heredia Jiménez: 2003); según María Amaya, funcionaria municipal en L'Hospitalet de Llobregat, «se deja de lado la visión individual para valorar aquello que la familia piensa por el bien de todos» (Amaya: 2005); para el educador social Roberto Urrutia, «el valor que se tiene de la familia es particular. Aquí está la clave de todo» (Urrutia: 2006); según la médico Gracia Jiménez, «valorar la familia, aunque en algún momento de la vida puedas renegar» (Jiménez Lérida: 2003); y, para el maestro Antonio Carmona, «la identidad es un proceso abierto […] por el que un *grupo* se reconoce como un *nosotros*» (Carmona: 2001). En este mismo sentido se han manifestado muchos no gitanos: «La piedra angular en la comprensión del pueblo gitano es la relación personal entre los gitanos, que apunta a comunión» (Botey, 1970: 64); «Ser gitano significa ser […] consciente de pertenecer a un grupo humano concreto, con cierta desconfianza hacia los que no son de la misma etnia» (Andrade: 2008); y «Los gitanos tienen conciencia de ser una nación dentro de diversos estados» (Molina, 1967: 148).

Resulta curioso ver cómo la afirmación de Carmona es también compartida por Botey, para quien en el modelo gitano de persona «el *nosotros* participa de la necesidad de fortalecer la propia inseguridad individual» (Botey, 1970: 54). Es la «conciencia social de grupo» (Nedich, 2007: en internet). Estudiosos de las culturas orientales, como Nakamura, contraponen las cosmovisiones occidentales, donde «el *yo* es una entidad *a priori*, que transciende todas las circunstancias: todo empieza por *yo*», a las orientales, en las que «la primera persona, es decir el sujeto de la existencia, no existe en sí mismo sino como elemento de relación» (Nakagawa, 2006: 25). De aquí que, en las presentaciones personales entre los gitanos, algunos autores constaten que, más que presentarse a uno mismo, lo que hace es presentar su red relacional, sobre todo su ascendencia familiar (Molina, 1967: 154; Sándor: en internet). Codina nos ilustra este modelo de relaciones al recordar cómo se otorgaron las viviendas del barrio nuevo de Can Tunis (Premio FAD de 1979), distribuyéndolas según filias o fobias entre las familias gitanas.

De este sistema de relaciones humanas, basado en la *posición* de los objetos cognitivos, se deriva otro de *movimiento*. Es lo que describe Mendiola con la metáfora de la rueda: un gitano siente que está en el *axis mundi* o en sintonía con la resonancia universal, plenamente realizado como persona, cuando se encuentra rodeado de personas que comparten su cultura. El lugar importa poco mientras se viva en compañía de otros gitanos, cosa que ha llevado a muchos a acuñar el aforismo «El mundo es mi casa» (Kenrick: 1990), que en francés (*Le monde est ma maison*) luce en su carromato un conocido gitano de Saintes-Maries-de-la-mer. Recordemos, sin ir más lejos, la observación de Fonseca sobre la conciencia gitana de lugar (Fonseca, 1997: 150). Al analizar la pulsión moderna de los no gitanos a viajar, Urrutia constata que «esta necesidad de hacer kilómetros para conocer un lugar no impulsa al gitano, pero sí la de hacerlos para pasar una temporada en casa de unos familiares» (Urrutia: 2006). Como en una rueda, uno está en la parte externa siempre que uno de los radios permita ir al centro; el espacio es siempre cercano cuando hay un gitano cerca y es lejano cuando sucede al revés.

De ahí que todos los gitanos del mundo se denominen *phral/phenā* ("hermano/hermana") entre ellos, términos adaptados por los gitanos *kalē* como "primo/prima". De hecho, hasta hace bien poco uno de los rasgos que definían la entrada en la madurez era la formación de una familia. La sociología define este modelo de organización social como biológico, «como un ser vivo [...] en el que el todo tiene prioridad sobre las partes» (Corazón, 2002: 277). Esto es muy habitual en las culturas orientales, donde «cada parte responde a los estímulos exteriores y, en nombre de la organización total, vela celosamente por conservar la igualdad de todas sus partes» (Nakagawa, 2006: 17). Tal es el concepto indio de *unidad en la multiplicidad* (Thuruthiyil, 2007: 99), propio de la visión no dualista de la realidad que analizábamos en la parte III. Baste como ejemplo la constatación que hace la abogada gitana Carmen Santiago de que «antes piensas en la familia que en la mujer como individuo» (Santiago: 2003), porque «la comunidad es más importante que el individuo» (Mendiola, 2000). De ahí que, en la ley gitana (que analizaremos en la parte V) la expulsión de la comunidad se convierta en el máximo castigo, porque supone *de facto* una «muerte en vida»: dejar de vivir en comunidad representa dejar de ser gitano y, de hecho, dejar de ser persona. Como dice Botey, «el clan absorbe de tal forma la vida individual [...] que aquel en quien el grupo no *vive* se convierte rápidamente en un extraño» (Botey, 1970: 171, 54).

Hay que hacer una crítica a este modelo de concepción del espacio, que en buena medida hemos avanzado al hablar de la persona: el riesgo de menospreciar a quienes no pertenecen a la propia comunidad (Botey, 1970: 180). Efectivamente, la jerarquización ontológica desplegada en la cosmovisión gitana lleva a considerar como *no comunidad* la formada por no gitanos, lo que mueve a algunos gitanos a menospreciar las normas de convivencia de la sociedad mayoritaria y las instituciones que las inculcan (escuela) o aplican (juzgados). Igualmente, pese a que desarrollan parte de su vida entre no gitanos, son muchos los romaníes que tienen una poca capacidad crítica hacia su propia cultura. Esta idea aparece avalada por gitanos como la funcionaria alicantina Antonia Aguilera, para quien «hay cosas que las tienes tan claras que ni te las cuestionas» (VV.AA., 2003: 77); o el psicopedagogo extremeño Domingo Jiménez, quien sostiene que «no conoce gitanos que pongan en duda puntos vitales, esencialmente identificativos, de la cultura gitana» (Garrido, 1999: 41). Es el fenómeno que Choza denomina *realismo ingenuo*, caracterizado por la falta de empatía y de crítica (Choza, 1990: 232). La realidad exterior (conflictos bélicos, desastres naturales, crisis económicas, epidemias y hambrunas...) se valora por su incidencia en la comunidad (Botey, 1970: 182), lo que genera frecuentemente una insolidaridad hacia los no gitanos:

> Cuando una cultura como la gitana gira tanto alrededor de valores afectivos, centrados en la familia, [llega un punto en que] cultura y raza llegan a identificarse [Botey, 1970: 40].

Esto es coherente con la concepción oriental del espacio, basada en una circularidad donde el centro es siempre ubicuo: la de un universo biocéntrico (Argullol/Mishra, 2004: 44), idea que va más allá de las tradicionales teorías sociales –tanto individualistas (Rousseau/Hobbes) como colectivistas (Hegel/Marx)– para situarse en la tradicional concepción de Aristóteles de «vivir bien»: una existencia conseguida, verdaderamente humana. En las culturas orientales, «el espacio no es sino la red social sutilmente jerarquizada de todas las personas» (Nakagawa, 2006: 22). Volveremos sobre esta idea en la parte VII, donde veremos cómo la entrega a la comunidad lleva a la plenitud personal, constituyendo incluso una vía de salvación, mientras que el tiempo que se pasa fuera de ella se convierte en fuente de impureza. La comunidad se configura como modelo casi perfecto de organización social: la *civitas Dei* de san Agustín de Hipona.

20. EL CONDICIONANTE DE LA HISTORIA

Pese a la importancia del eje espacial, que acabamos de analizar, la existencia humana se encuadra en otro eje igualmente importante, avanzado ya en parte: el tiempo. En efecto, al hablar del problema humano, en relación a su origen y su finitud, hemos visto que la existencia se configura como tal precisamente porque está delimitada por dos hechos: el nacimiento y la muerte. Aunque en la parte VII interpretaremos el significado que ambos hechos tienen en la cultura gitana y las consecuencias que se derivan en el plano metafísico, analizaremos ahora cómo perciben los gitanos la dimensión temporal y qué importancia tiene en su cosmovisión.

La noción de tiempo es otra de las constantes de la condición humana. La persona se configura como tal, precisamente, cuando tiene conciencia del tiempo que pasa. Los niños, hasta la adolescencia, no son conscientes de que el tiempo no sólo transcurre en un lugar cuando están presentes, sino también cuando ellos no lo están. De igual forma, conforme la persona llega a su senectud, la conciencia del tiempo que resta hasta el óbito y la rapidez con que transcurre pueden convertirse en una angustia. Esta es la doble tensión: el pasado es irrecuperable y el futuro, incierto.

De ahí que el tiempo, aún más que el espacio, haya sido uno de los temas centrales de la reflexión humana (Gevaert, 1973/1993: 231). En las culturas primigenias, la existencia giraba en torno a la sucesión natural de las horas (día/noche) y las estaciones (primavera, verano, otoño e invierno). Sin embargo, una de las obsesiones de las culturas humanas ha sido la codificación del tiempo, primero con calendarios (solares, lunares...) y luego con relojes (solares, mecánicos, atómicos...), con la clara intención de aprovecharlo y regular la organización socio-cultural. La preocupación por esa codificación también ha sido importante en la producción cultural, y resulta una de las constantes de la literatura, desde la epopeya índica del *Ramāyana* (anónima, siglo XI a. de C.) hasta la novela o poesía europea de Proust, Machado y García Márquez. Algo parecido sucede con la codificación visual del espacio, tanto en la pintura (desde Píndaro a Matisse, pasando por la perspectiva renacentista) como en la escultura (desde Fidias a Gargallo, pasando por la volumétrica medieval).

Esta centralidad de la noción primaria del tiempo, basada en los conceptos de *cambio* y de *movimiento*, ha tenido un evidente paralelismo en la historia de la filosofía. Las interpretaciones filosóficas del tiempo arrancan de la época presocrática, oscilando entre las posturas de Heráclito («todo pasa») y la de Parménides («todo queda»). Platón lo concibió como imagen móvil de la eternidad y, más tarde, Aristóteles lo definió como duración del movimiento. La reflexión sobre el tiempo seguirá un proceso similar al del espacio: Newton lo absolutizará (el tiempo es uniforme, independientemente del observador) y Einstein lo relativizará (el tiempo depende de la percepción del observador). San Agustín de Hipona lo entendió como una gran paradoja, en términos de devenir. En la filosofía medieval, el problema quedó relegado ante el del ser. Kant, con una gran prudencia, lo intuyó como estructura *a priori* y Nietzsche, en consonancia con el pensamiento oriental, lo postuló como cíclico. Muy interesante y significativa, en el caso que nos ocupa, parece la posición de Bergson, para quien el tiempo depende de la percepción sobre la intensidad de su duración. Es importante destacar la filosofía de Heidegger, para quien la existencia personal se debe interpretar en función de su despliegue en la temporalidad. En el plano religioso, las interpretaciones teológicas del tiempo oscilan entre la linealidad (judaísmo, cristianismo e islam) y la circularidad (hinduismo y budismo).

Al interpretar la importancia del tiempo entre los gitanos no podemos perder de vista el valor que el presente tiene dentro de la existencia gitana, tal como constatábamos en la parte III. Mendiola reconoce el carácter presentista de su cultura, al afirmar que «el gitano olvida pronto el pasado, si es triste; y raramente piensa en el futuro, a menos que sea muy inmediato. Eso sí: vive intensamente el presente, siempre dispuesto a sacar de él el mejor provecho posible» (Mendiola, 1997: 17). Es lo que refiere el dirigente asociativo José Ramón Jiménez, al decir: «Mañana Dios dirá. La vida hay que vivirla» (Jiménez: 2006). Nedich es todavía más explícito: «El presente contiene todo lo que necesita la persona» (Nedich, 2006: en internet). Reafirmando esta idea, Albaicín contrapone el presentismo de su pueblo a «la obsesión moderna del no gitano, para evitar cualquier vínculo con el pasado y quemar cada segundo cuanto antes» (Albaicín, 1997: 16). Valida esta idea la constatación de que la lengua gitana no ha dispuesto tradicionalmente de términos como *pasado/historia* y *futuro* (Nedich, 2008: en internet); es más, hasta fecha muy reciente, no disponía del tiempo verbal de futuro.

Esta idea ha sido constatada por numerosos autores. Sostiene Albert Garrido: «El romanó nos pone al corriente de un valor esencial de los gitanos: su predisposición a vivir al día» (Garrido, 1999: 54). Es la «reminiscencia constante del presente» que apunta Liégeois (Liégeois, 1987: 76) o la «capacidad de conmoverse con la cotidianidad» que sugiere Clébert (Clébert, 1965: 190-191). Se trata de «la existencia ahistórica» (Botey, 1970: 136) que se basa en la «falta de perspectiva respecto a la vida de los antepasados y la falta de prospectiva respecto al futuro» (Botey, 1970: 35). Fonseca asimila la idea de destino, entre los gitanos, al presente y futuro inmediato (Fonseca, 1997: 314), mientras que Andrade asimila, incluso, ser gitano a «vivir el presente» (Andrade: 2008).

Hay que buscar las razones de este presentismo en los procesos epistemológicos de los gitanos que analizábamos en la parte III. Fruto de su apertura sistemática a la realidad (de su origen indio) y de la necesidad de privilegiar la eficacia en los procesos cognitivos (fruto de la compleja historia gitana), los gitanos habían optado por abrirse a la realidad inmediata y vivir con intensidad el tiempo presente, hasta el extremo de reflejarlo en el uso del lenguaje. De hecho, el presente es el escenario de la actividad humana más básica (hablar sobre lo que vivimos), idea omnisciente en la filosofía oriental: «Sólo existe el presente, porque cae de pleno en la esfera de nuestra percepción directa» (Argullol/Mishra, 2004: 53). En términos heideggerianos es el predominio de la historia viviente (*Geschichte*) por encima de la historia pasada (*Historie*), porque el pasado es sólo importante en la medida en que configura el presente. De nuevo debemos decir que la capacidad anticipatoria no es tan importante para indios y gitanos porque la realidad es permanente: hay una única sustancia que, pese a presentarse de formas diversas, permanece siempre igual en su carácter esencial.

¿Significa este presentismo gitano que el pasado o el futuro no existen o son irrelevantes en su cultura? Nada más lejos, pese a lo que podría parecer. Nedich nos aporta una pista: «La cosmovisión de nuestro pueblo se caracteriza por […] [una] conciencia histórica [fundada sobre la] conciencia del eterno presente [...] [la] dinámica del aquí y del ahora» (Nedich, 2006: en internet). Efectivamente, hemos constatado la importancia de los familiares difuntos y del trasfondo indio; en la parte VII haremos lo mismo con los mitos fundacionales, constitutivos y conclusivos de la cultura gitana. Es verdad que los mitos son ahistóricos (Campbell, 1990/2002: 30) y que la genealogía no constituye una prioridad entre los gitanos, pero eso no significa que la suya sea una cultura ahistórica, porque la conciencia de tiempo pasado está muy presente. Para el gitano alemán Marko Knudsen, fundador de la agencia Romnews, «lo más importante en la identidad gitana son las *raíces* indias» (Knudsen: 2007). Según el gitano argentino Jorge Bernal, «ser gitano es seguir con las tradiciones [...] a través de los *siglos*» (Bernal: 2007). Para el gitano estadounidense Ian F. Hancock, profesor de la Universidad de Texas, «quien quiera mantener un pueblo arrodillado no le dirá la verdad sobre su *historia*» (Hankock: en internet). El papel de la persona es hacer de cadena transmisora entre una y otra generación, procurando que permanezca la identidad gitana: es el papel de *medium* que el *cantaor* gitano Tomás de Perrate atribuye al artista (*El País*, 01/10/2006).

Vemos así que la conciencia histórica es un elemento clave en la cultura gitana, que convierte en realidad aquel concepto genérico de cultura que define Melloni: «Las culturas son a las sociedades lo que el psiquismo a cada ser humano: el soporte y tejido nocional-afectivo donde toda experiencia [...] toma forma» (Melloni, 2003: 36). Esta idea está muy presente en las culturas orientales, donde ningún acontecimiento histórico «se explica como producto de voluntades individuales» (Nakagawa, 2006: 28). Ante la falta de pasado escrito, la noción gitana de pasado se refiere a un tiempo mítico que el recuerdo de los antepasados actualiza constantemente, hasta el punto de otorgar «a la dimensión histórica

[...], otra que podría denominarse escatológica» (Botey, 1970: 35). De ahí la importancia, como constata Molina, de conocer al detalle «los ascendientes, sus relaciones de parentesco, sus localidades de procedencia, sus descendientes actuales y su ubicación geográfica» (Molina, 1967: 154). Si dejamos al margen los nuevos descubrimientos sobre el origen indio de la cultura gitana, que todavía no han sido asumidos por el conjunto de los gitanos, la conciencia histórica, como apunta Fonseca, está formada por las «experiencias y antepasados que recuerde la persona más anciana» (Fonseca, 1997: 314).

¿Cómo interactúan el carácter presentista y la conciencia histórica en la cultura gitana? Nos encontramos ante un doble y paradójico fenómeno, aparentemente contradictorio, de adaptación del tiempo presente a las necesidades históricas y de adaptación del tiempo pasado a las necesidades actuales. El primero se concreta en la relatividad del tiempo, de forma coherente con la relatividad del espacio que analizábamos antes. Efectivamente, como hemos visto, las cosas son percibidas como más o menos próximas según la intensidad afectiva de la experiencia vivida. Es más importante saber con quién se vive una situación que el contenido de la situación en sí misma. Es lo que constató Guillamet, para quien el «*toda la vida* [para un gitano] puede ser muy relativo» (Guillamet, 1970: 16). He podido constatar lo difícil que puede ser concluir una tarde de animada conversación con unos gitanos, si estos disfrutan del encuentro; pese a recordarles la necesidad de hacerlo, y ser conscientes de la importancia de hacerlo, será necesario un recordatorio constante –casi impertinente, al final– para conseguirlo. El tiempo no transcurre, o es próximo, cuando se está dentro de un contexto gitano, y sucede lo contrario cuando se está fuera de él.

He aquí el origen de la aceptación gitana del tiempo presente, que es siempre el mejor posible cuando se está acompañado de otros gitanos; además, a causa del providencialismo que veremos en la parte VII, lo que hoy es malo mañana puede no serlo. Este sentimiento es constitutivo, para Nakamura, del *pathos* oriental (Nakamura, 1991: 380). De hecho, el presente (*tiempo*) nunca puede disociarse de la presencia (*espacio*) (Gevaert, 1974/1993: 239). En un plano profundo, esta circularidad del tiempo tal vez sea una reminiscencia de la creencia oriental en la reencarnación que los gitanos, aunque hay constancia de que la conservaban en el siglo XVIII, han sustituido recurriendo de nuevo a analogías funcionales. Esta idea, que encaja plenamente con la concepción bergsoniana del tiempo, la constata Rafael Argullol en el pensamiento oriental, donde se «introduce una idea de tiempo experiencial [y subjetivo, opuesto al tiempo no conceptual y objetivo de los occidentales]: se utiliza la propia experiencia para medirlo» (Argullol/Mishra, 2004: 54). De nuevo, mucho antes de Einstein, los gitanos comprendieron que el tiempo dependía de la percepción del observador, en este caso colectivo. Codina ilustra esta noción experiencial del tiempo al reproducir una charla con un alumno gitano de Can Tunis (Codina: 2010):

—Todavía no está. Vete y vuelve en un cuarto de hora.
—*¿Y eso cuánto es?*
—Lo que tardas en ir y volver a la fuente.
—*Ah, vale, ahora sí.*

El segundo fenómeno constatado, el de la adaptación del tiempo pasado a las necesidades actuales, consiste en la voluntad de permanecer en el tiempo para ser fieles a la conciencia histórica y a la noción de intemporalidad del ser. Hemos constatado en las partes II y III que la voluntad de ser es lo que ha permitido a los gitanos llegar hasta la actualidad. Como reconoce el gitano estadounidense George Kaslov, «en nosotros existe una voluntad de sobrevivir como pueblo» (Godwin, 2001: 99). Y lo han podido hacer gracias a la cohesión que su cosmovisión les ha conferido como grupo humano. De forma siempre inconsciente, pero guiada por criterios de eficacia, la cultura gitana ha sabido mantener una matriz fija (con lo básico de su cosmovisión, especialmente lo que tiene raíces orientales) y asumir una serie limitada de préstamos (en lo accesible pero también necesario para la existencia cotidiana), aunque adaptándolos a la propia cultura. Como constata Starkie, «no han dado la espalda al progreso, tal como lo entendemos, sino que han elegido cuidadosamente lo que les será útil para mantener una forma de vida esencialmente gitana» (Starkie, 1956: 268). Afirma Marías: «Hay una extraña conservación de ciertas porciones del pasado, que no pasan sino que perviven, [...] siguen viviendo» (Marías, 1993: 176).

Gracias a esta «resistencia hecha de flexibilidad» (Liégeois, 1987: 98), similar al mimbre de los ríos con que han construido tradicionalmente sus cestos, los gitanos han podido dar respuesta a las necesidades de su conciencia histórica en cada período histórico y en cada contexto geográfico, superando así «la tensión histórica» (Gevaert, 1974/1993: 234) que apuntábamos. Han adaptado «sus condiciones cambiantes para quedar siempre iguales» (Acton/Mundy, 1999: 84), haciendo así que su identidad sea «una percepción basada en tiempo y en historia [...] que requiere de la continua interacción entre las personas a través del tiempo» (Acton/Mundy, 1999: 41). La aversión a las ideas lógicas de Carl G. Jung sería la flexibilidad de Zygmunt Bauman, el *«Be water, my friend»* de Bruce Lee o el principio taoísta del Wu Wei. En definitiva, sería la gran capacidad de adaptación que Mendiola refiere como uno de los seis elementos de la *gitanidad*.

PARTE V. ÉTICA GITANA
Comportarse a la manera gitana

21. DEFINICIÓN Y CLASIFICACIONES DE LA ÉTICA

En nuestro particular análisis del edificio gitano hemos visto ya que los procesos epistemológicos constituyen los fundamentos de la identidad, que se va levantando a partir de los muros y pilares de carga que es la cosmovisión antropológica. A la espera de llegar al tejado, que sería la formulación estética (y, aún más allá, trascendiendo al propio edificio), analizaremos en este capítulo cuáles son las ventanas y los pilares de la construcción, que permiten tanto la relación entre los gitanos (pilares que distribuyen las cargas) como su relación con los no gitanos (ventanas que permiten la entrada de luz). Porque, conformada la personalidad, el siguiente paso es trasladar la visión del mundo al propio comportamiento, definiendo la escala de valores que regulará la conducta.

No resulta extraño, así, que el estudio del comportamiento humano sea una constante en la reflexión filosófica a lo largo de su historia, hasta constituir una rama de la propia filosofía: la ética. Su etimología rebela su función, porque la palabra proviene del término griego εθος (*éthos*, es decir, "costumbre"). De ahí que la ética sea el estudio de las costumbres humanas, lo que traducido al latín derivaría en moral (de *mor/es*, "costumbre"). Su objeto de estudio, según Norbert Bilbeny, sería la acción humana en tanto normativa (Bilbeny, 1992: 19). La filosofía de la moral, o ética, tiene por objeto la reflexión sobre la conducta humana, determinando lo que es *bueno* o *malo* y, de esta forma, estableciendo cómo se debe o no se debe actuar. A partir de ahí se podrán formular juicios morales sobre la realidad: si una persona es *buena*, si una acción ha sido *correcta*, si un hábito está *permitido*...

Pero la tarea de la ética va más allá, porque la reflexión filosófica sobre el comportamiento humano interpreta el origen, el desarrollo y la finalidad de las acciones desde el punto de vista normativo. Esto último la diferencia de la reflexión psicológica, que no se centra en la norma objetiva y consciente, sino en los mecanismos subjetivos e inconscientes que llevan a la persona a asumirla. De ahí que sólo la ética se preocupe por el carácter relativo o absoluto de los valores (entre lo *universal* y lo *cultural*), la posibilidad de jerarquizarlos o el estatuto ontológico de las leyes o la justicia (binomio *natural* versus *consensual*). De ahí que Aranguren señalara la diferencia entre la *moral como estructura* (interpretación del comportamiento humano) y la *moral como contenido* (propuesta de normas para regularlo).

Vale la pena introducir la diferencia entre ética y moral, que el lenguaje coloquial confunde a menudo. Para Bilbeny, la moral se refiere «al tipo de conducta reglada por costumbres o por normas internas del sujeto», mientras que la ética es «la disciplina filosófica que estudia las reglas morales y su fundamentación» (Bilbeny, 1992: 15). Igualmente relevante es la diferencia entre comportamiento y conducta, a partir de las aportaciones de la etología, porque sólo el segundo término se refiere a la acción humana normativa.

Hay que señalar que, a diferencia del derecho, la ética no es coactiva: no puede imponer ningún castigo. Su tarea, en los Estados de derecho, es ayudar a la aplicación de las leyes; aún más, actúa de forma preventiva porque intenta que la ciudadanía se comporte según unas normas que hagan innecesaria la intervención de la justicia. Con ello se evita el fenómeno de la «judicialización de la vida cotidiana», es decir, hacer que los tribunales tengan que intervenir para regular la convivencia diaria. La ética procura difundir unas normas que no son leyes. Y, para conseguirlo, utiliza el concepto de responsabilidad. En el fondo, como señaló Kant, se reduce a conjugar la propia libertad con la de los demás: «Actúa de forma que tu libertad pueda coexistir con la de los demás».

No es de extrañar que uno de los principales objetivos del proceso educativo infantil, tanto en casa como en la escuela, sea inculcar progresivamente límites al propio comportamiento. De hecho, cuando uno adquiere conciencia de sí mismo, el siguiente paso es articular su relación con los demás o con "lo demás" mediante unas normas que conjugarán su afirmación como persona con el derecho de los demás a hacer lo mismo, o "lo demás" (naturaleza, animales) a existir. Cuando concluye este proceso, al final de la adolescencia, se considera que la persona ha alcanzado la madurez moral. Esta es una de las principales aportaciones de Jean Piaget, autor de *El criterio moral en el niño* (1934) e impulsor de la epistemología genética, para quien el desarrollo moral es paralelo al intelectual, en un proceso de autonomía personal gracias a la interacción social.

Como deja entrever su etimología, la ética ha estado presente en las diferentes corrientes de la historia de la filosofía. En Grecia, tras el soberbio tratado de ética política que hizo Platón en *La República*, Aristóteles fue uno de los primeros autores en centrar su atención sobre esta materia, especialmente en su *Ética a Nicómaco*. Partiendo de la convicción de que toda persona busca la felicidad, inaugura la corriente de la ética material o *teleológica*, para la que la bondad o maldad de una acción está motivada por causas derivadas de la propia acción; por ejemplo, se actúa correctamente si se respeta a los demás. Más tarde, todavía en el mundo clásico, diversas corrientes propusieron comportamientos morales basados en principios opuestos: la virtud vivida con moderación (estoicismo) y la búsqueda de placer (epicureísmo).

En la Modernidad, la ética clásica fue contestada por Immanuel Kant, quien rechazó toda fundamentación no basada en la razón universal, que él denominó imperativo moral categórico. Inauguró así la corriente de la ética formal o *deontológica*, especialmente en su *Crítica de la razón práctica* (1788), según la cual la bondad o maldad de una acción se deriva de causas situadas en la razón, no en la propia acción; por ejemplo, se actúa correctamente si se respeta una norma. Georg F. Hegel continuó este tipo de moral en *La filosofía del derecho* (1821), donde diferenció entre moralidad subjetiva (voluntad de cumplir el deber) y objetiva (obligación de cumplir la ley).

En el siglo XX, algunos autores han criticado la ética kantiana. Max Scheler, en *El formalismo en la ética y la ética material de los valores* (1954), lo hizo en un intento de volver a posiciones aristotélicas, propugnando una ética basada en contenidos materiales y no en conceptos universales. Jürgen Habermas, en *Historia y crítica de la opinión pública* (1962), reformuló dialógicamente el imperativo categórico de Kant para formular la corriente de la ética *discursiva*, en la que la bondad o maldad de las acciones se basa en lo consensuado como bueno o malo en condiciones de simetría y teniendo en cuenta los intereses comunes. De ahí que también se la haya denominado «ética de responsabilidad solidaria» (Cortina, 1985), porque se encuentra vinculada a la existencia de una democracia participativa, cuyo acierto ha sido «descubrir que la ética es diálogo» (Camps, 1991: 250).

Más recientemente, la ética ha evolucionado en una doble dirección. Por una parte, en su intento de regular determinados sectores de la actividad humana (género, ecología, igualdad, empresa, etcétera), ha generado el concepto de ética *aplicada*. Paralelamente, Richard Rorty ha reflexionado sobre el papel de las emociones en el pensamiento ético; o Alasdair MacIntyre ha propuesto, gracias al análisis histórico-filosófico, una ética basada en hábitos, virtudes y conocimiento para conseguir una vida de plenitud.

A partir de constataciones sobre el comportamiento gitano, tanto de los gitanos entre ellos como con los no gitanos y con el medio natural, analizaremos cómo la cosmovisión gitana impregna la vida cotidiana y configura los conceptos de bien y mal en la cultura gitana. Veremos así cómo voluntad y libertad se combinan en sus acciones, cómo se genera la concepción gitana de *acto libre*, cómo se define un *sistema de valores* gitano, cómo se transmite mediante un proceso de *educación moral* y cómo se regula la convivencia, más allá del plano normativo moral, a través de la *ley gitana*.

22. LA CONCEPCIÓN GITANA DE ACTO LIBRE

Entre las muchas aplicaciones que puede tener el estudio de la identidad gitana hay una que pondremos de relieve en este capítulo: contribuir a la mejora de la convivencia entre gitanos y no gitanos gracias a la incorporación de los primeros a todos los ámbitos sociales. Una incorporación que se anticipa adaptativa, no asimiladora, porque se produce sin perder la identidad. Pero sin mantener su identidad tal cual, sino adaptándola a los tiempos actuales.

Partiremos de dos constataciones. La primera es una constante entre los gitanos: las costumbres se están perdiendo. El paso del mundo rural al urbano, que analizábamos en la parte II, ha cambiado el horizonte existencial de los gitanos. Su vida se desarrolla ahora en un contexto guiado por principios y normas diferentes a las suyas, caracterizadas –entre otras cosas– por el distanciamiento entre las personas y entre ellas y la naturaleza. Ante el dilema entre segregarse y vivir atomizados entre los no gitanos o hacerlo unidos pero segregados, los gitanos han optado mayoritariamente por la segunda opción, viviendo en barrios sin infraestructuras y afrontando problemas asociados a este tipo de barrios. Recordemos una afirmación del dirigente asociativo Manuel Heredia, para quien «la droga ha comportado que, por primera vez en nuestra historia, los jóvenes pierdan el respeto a los mayores» (Heredia: 1997). Estos cambios han sido constatados también por los no gitanos. Chércoles, en una conversación, me explicaba que la televisión ha transformado las costumbres gitanas, «porque se ha introducido, en medio de la familia, una ventana al mundo que muestra modelos de conducta aparentemente verdaderos» (Chércoles: 2006).

La segunda constatación hace referencia a la convivencia entre los gitanos y los no gitanos en los barrios con una importante presencia gitana. Son muchos los maestros que se quejan del absentismo escolar entre niños y jóvenes gitanos y de su mal comportamiento en clase, porque no respetan las normas básicas de convivencia (Roig: 2001). Algo parecido sucede en algunas escaleras de vecinos, cuyos presidentes deben hacer a veces lo imposible para lograr que algunas familias gitanas respeten lo que consideran principios básicos de urbanidad, entre ellos la asunción de responsabilidades en la escalera (Muñoz Cortés: 2000). Ese mismo lamento se percibe entre los dirigentes vecinales, que señalan la poca participación de los gitanos en la vida asociativa y el poco respeto de algunos jóvenes hacia los espacios públicos.

Parece como si los gitanos estuvieran sujetos a una doble presión: comportarse como gitanos y comportarse como ciudadanos. Esta tensión se resuelve, según la ética, mediante la conformación de la autonomía moral, a partir de los conceptos de voluntad, libertad y responsabilidad. Un análisis detallado de los tres nos ayudará a interpretar cómo se conforma la concepción gitana de la acción, entendida como acto concreto de la conducta.

La persona, por su naturaleza, tiende a actuar de forma consciente (según su *voluntad*, vinculada al intelecto) e inconsciente (según su *deseo*, vinculado a la fisiología). Por ejemplo, cuando tenemos hambre *deseamos* comer, pero sólo cuando lo hacemos estamos *queriendo* comer. «Todo me es lícito pero no todo me conviene», afirma san Pablo de Tarso en una de sus cartas (1Cor, 10-23), ejemplificando la tensión entre el deseo y la voluntad, que Puig Rovira establece como «dominio de la voluntad sobre los deseos» (Puig, 1996: 60). Como sostiene Choza, «la libertad humana excede con mucho en sus *posibilidades* a las *necesidades* impuestas por la naturaleza biológica de la persona» (Choza, 1988: 504). Esta llamada interior a hacer, en el caso de los gitanos, es todavía más grande, dada su necesidad de captar el presente para sobrevivir.

Hay casos en los que ambas se unifican intencionalmente en un objeto, pero hay otros en las que se oponen. Por ejemplo, quiero estar sano y, por eso, me privo de comer todo lo que deseo. Ante ese deseo de comer puede tomar una decisión: «ahora no toca». Es lo que denominamos *elección*. Esta acción de la voluntad puede ser perfecta, cuando lo que se persigue es una finalidad (adelgazar), o imperfecta, cuando lo que se pretende es un medio (comer poco). La conciencia aparece de nuevo como elemento fundamental, porque cuando somos conscientes de que queremos hacer algo estamos actuando según nuestra voluntad, al ser necesario un primer juicio para establecerlo; sucede lo contrario cuando estamos actuando de forma involuntaria, haciendo una acción sin ser conscientes de ella. En este sentido, hay que distinguir los actos involuntarios (latir el corazón) de los inconscientes (golpear sin querer). La autonomía moral aparece cuando se es capaz de diferenciar entre lo que se desea y lo que se quiere.

El concepto de libertad está estrechamente vinculado al de voluntad. Como hemos visto, la conciencia sobre la propia libertad es uno de los elementos que configuran la personalidad, hasta el punto de que determina su madurez. La tensión ya no viene por lo que conviene en relación a uno mismo, sino por lo que conviene en relación a los demás. La voluntad puede tener como objeto de deseo algo que también lo sea para otra persona (comer un animal que tenemos delante). Pero la voluntad también puede elegir como medio algo que vaya en contra de otra persona (matarla con el fin de conseguir aquel animal para comer). Kant ayuda a dilucidar este dilema al aconsejar actuar «de forma que tu libertad pueda coexistir con la de los demás». De lo que se trata es de conjugar el ejercicio de la propia libertad con la ajena, para que al ejercer nuestra voluntad respetemos también la de los demás.

Finalmente, en la configuración de la acción la persona debe sopesar también las consecuencias de su decisión. Si bien, al ejercer su voluntad, tiene en cuenta los principios (tener hambre) y las consecuencias primarias (engordar), al intervenir la libertad –y, por tanto, la relación con los demás– la persona debe valorar tanto el respeto a la libertad ajena como la responsabilidad de sus actos. Es lo que denominamos *deliberación*. Por ejemplo, uno puede ser consciente de que comiendo engordará, pero quizá no es consciente de que eso le responsabilizará de su muerte. Hace falta un segundo juicio moral para establecer, de forma consciente, si verdaderamente se quiere lo que se desea, si en el ejercicio de la libertad es posible hacerlo y si se está dispuesto a asumir las consecuencias. Cuando este proceso deliberativo se ha producido se considera que la persona ha tomado una decisión, cuyo resultado será un *acto libre* o acción humana.

Aplicando esta clave hermenéutica a la comprensión de la conducta gitana, podemos inferir que los gitanos resuelven la doble presión que constatábamos antes mediante un sistema dual: comportarse como gitanos y comportarse como ciudadanos. La lógica dual de nuevo, en esta ocasión para organizar las decisiones: se comportan *sin* libertad pero *con* responsabilidad en el ámbito comunitario y *con* libertad pero *sin* responsabilidad fuera de él. El elemento clave es la coherencia. El testimonio del *tío* Manel Giménez, *gitano de respeto* del barrio de Gràcia, ejemplifica hasta qué punto se percibe ese dualismo normativo, lleno de respeto pero falto de implicación hacia el sistema no gitano: «Tenemos unas leyes que son nuestros *Diez Mandamientos*, que pedimos que respetéis igual que nosotros respetamos las vuestras» (*Presència*, 2005). Sostiene Botey que: «el gitano es escéptico [...] en las nociones morales y sociales» (Botey, 1970: 188). Recordemos que Borrow constataba, en pleno siglo XIX, como los gitanos del Reino Unido tenían dos nombres: uno para vivir en su comunidad y otro para hacerlo fuera de ella (Borrow, 1979: 113). Para Codina, la ausencia de noción de responsabilidad es fruto de vivir sin propiedades personales (Codina: 2010). La *pobreza* comunitaria, en algunas instituciones religiosas, provoca la misma irresponsabilidad.

Efectivamente, al actuar como gitanos están sujetos a la cosmovisión que hemos analizado en la parte IV, donde la libertad se concibe más comunitaria que individualmente y el criterio del interés comunitario prevalece sobre el personal, como se constató en la parte III. Recordemos el ejemplo de que los gitanos eligen libremente en lo concreto y cotidiano (*cómo* ir a trabajar), pero el interés comunitario prima en lo genérico e importante (en *qué* trabajar); también la constatación sobre las obligaciones personales en el seno de la comunidad (Ramírez Heredia, 1974: 33). No en vano, Isabel Fonseca afirma que: «la dura ley de los gitanos [...] prohíbe la emancipación de los individuos en aras de la preservación del grupo» (Fonseca, 1997: 25), mientras que Botey sostiene que: «la libertad del gitano y la crítica se ejercen siempre dentro del ámbito de la ley y la tradición» (Botey, 1970: 132). Algo similar sucede con los miembros de las órdenes y congregaciones católicas o con los accionistas de las grandes empresas, porque el anonimato diluye las responsabilidades dentro de un grupo. Es lo que algunos autores denominan *liberación comunitaria* (Gevaert, 1974/1993: 231), porque vinculan la libertad al compromiso más que a la elección (García, 2003: 151).

Por contra, al actuar como ciudadanos los gitanos pasan a disponer del amplio abanico de derechos que las sociedades occidentales otorgan a sus integrantes, de los que carecen en el seno de su comunidad. A cambio, esas mismas sociedades mayoritarias les piden unos deberes, derivados de la asunción responsable de derechos. Es aquí donde comienza el dilema moral, a causa del dualismo comunitario en que viven muchos gitanos (Molina, 1967: 151; Hancock, 2002: 74-75). Algunos, por las persecuciones que han padecido desconfían sistemáticamente de los no gitanos; otros, por su cosmovisión, consideran que las cosas del mundo de los no gitanos no van con ellos (Botey, 1970: 67 y 172).

Por una u otra razón, el orden moral de la sociedad mayoritaria no es percibido como propio, por lo que el respeto a sus normas es visto como merma de la propia identidad. Este dualismo moral, que permite hacer fuera de la comunidad lo que no está permitido dentro, no es constatable en los gitanos con formación, que saben trascender los propios esquemas para situar el bien común de gitanos y no gitanos por encima de todo. Sin compromiso –concepto que va más allá del de implicación, vinculado sólo a la satisfacción de las necesidades de uno mismo– no es posible determinarse en la sociedad mayoritaria, ni siquiera colectivamente. No en vano, el documento de principios de la Unión Romaní española concluye:

> Queremos tener que compartir responsabilidades con el resto de ciudadanos de este país, porque sólo [...] [así] es posible la solución de nuestros problemas [URE, 1996: 13].

La concepción gitana de la moral se sitúa claramente en las pautas de las éticas discursivas, donde las personas deben poder acordar libre e igualitariamente lo que consideran bueno o malo. El ejemplo de la funcionaria gitana María Amaya es clarificador: «Se deja un poco de lado la visión individual para valorar lo que la familia piensa por el bien de todos» (*Presència*, 2005). Entre los gitanos, el criterio del interés colectivo es siempre el de validación sobre la corrección moral de una acción, en la formulación de un juicio moral, al igual que sucedía con el criterio del consenso social sobre la verdad en el campo de la epistemología. Por tanto, a la pregunta «¿Esto me conviene?», responderán siempre a partir del condicionante «depende de si le conviene a los míos». El criterio del interés colectivo aparece así como principio moral. Como sucedía en la epistemología gitana, sobre el concepto de verdad, en la medida en que la mayoría de una colectividad asienta subjetivamente a un hecho que alguno de ellos proponga como bueno, en virtud de una solidaridad grupal previa, el asentimiento personal se convertirá en colectivo, objetivándose y convirtiendo lo que es bueno para uno en bueno para todos.

La voluntad y la libertad prevalecen así por encima de la razón, porque una elección o un acuerdo pueden ser libres pero no razonables. El problema, en el caso de la cultura gitana, es que el acuerdo no se produce nunca de forma explícita, sino que es asumido por el peso del inconsciente colectivo. En los capítulos anteriores hemos constatado la importancia que la *voluntad* tiene en la cultura gitana, si bien se trata de una voluntad entendida como voluntad de ser colectiva, sin la cual habrían desaparecido hace siglos. Igualmente, por lo que respecta a la importancia de la *libertad*, la cultura gitana tiende a concebirla de forma colectiva, para garantizar la independencia del grupo en la sociedad mayoritaria, no la de la persona en el seno del grupo. El peso de la comunidad sobredimensiona así el concepto de responsabilidad, lo que provoca el efecto inverso en relación a la sociedad mayoritaria.

De nuevo constatamos una tensión entre la voluntad y la responsabilidad, como vimos en la parte IV. Recordemos el ejemplo de la verificación de la virginidad de la novia antes de la boda. Es evidente que ha pasado de elegirla la familia a hacerlo la novia. Pero, desde una perspectiva occidental no gitana, ¿puede haber libre elección cuando la familia está pendiente de esta decisión? A medida que los gitanos se atomicen en las grandes ciudades y sean permeables a los valores de la cultura no gitana, especialmente los que difunden los grandes medios de comunicación, podrán pasar del concepto de responsabilidad colectiva (el futuro de la comunidad depende de cada uno) al de responsabilidad individual (el futuro de cada uno depende de uno mismo), lo que probablemente hará entrar en crisis del modelo de acto libre en la cultura gitana.

Una alternativa sería hacer una lúcida diferenciación entre costumbres y valores (Garrido, 1999: 48), gracias a una reflexión sistemática sobre hasta qué punto ciertas costumbres responden a la cosmovisión gitana. Siguiendo con el ejemplo de la boda gitana, si bien la pureza puede ser entendida como una muestra de fidelidad al grupo, esta puede pasar a ser percibida como algo moral, en lugar de físico. Estaremos así en disposición de actualizar las costumbres gitanas sin perder sus valores. Una alternativa, aún más ambiciosa, sería adaptar esta costumbre al principio de igualdad que rige la moral de la sociedad mayoritaria en Europa, haciendo que la prueba sea también para los hombres.

No olvidemos que, para bien o para mal, la moral no hace sino adaptar la conducta a unas necesidades que están en función del contexto espacio-temporal. Este tema, gracias a la formación y la vida en ambientes no gitanos, lo anticipa ya la maestra gitana Adelina Jiménez, galardonada en 2008 con la Medalla de Oro al Trabajo por sus 40 años de profesión en la provincia de Huesca:

> No estoy en contra de las leyes gitanas, porque forman nuestra propia cultura, pero no se puede vivir con unas ideas de hace 200 años. Tengo un comportamiento correcto y un sentido de la ética. Pero hay aspectos que me causan mucho sufrimiento. Hay que ser versátiles y tener más en cuenta los sentimientos de la persona [VV.AA., 2003: 41].

23. VALORES Y CONTRAVALORES GITANOS

Según Fernando Savater, la ética se define «como el arte de saber vivir» (Savater, 1992: 34). Hemos visto hasta ahora que los gitanos no sólo tienen una voluntad de vivir sino de vivir bien, pese a las carencias materiales, hasta el punto de llegar a hacer de la supervivencia una obra de arte. Veremos en la parte VII que la dimensión poética de su vida y la importancia de lo simbólico les convierte en personas culturalmente abiertas a la trascendencia. Pero en este epígrafe, aún plenamente inmanente, lo que nos interesa es sobre todo la relación entre persona/gitano y existencia/costumbres.

En efecto, hemos interpretado en la parte IV que ser persona es ser gitano, en la medida en que supone vivir de acuerdo a una cosmovisión. Pero una visión del mundo no vive de forma abstracta sino implícita en las propias acciones. Cuando este proceso es consciente hablamos de *valores*, pero cuando no es así nos referimos a *costumbres*. No a costumbres comunes, como comprar el diario o pasear al perro, sino costumbres que implican una jerarquía de acciones que regulan la propia conducta hasta convertirse en los valores y contravalores de la moral gitana.

De hecho, al intentar definir su identidad, la mayoría de gitanos la asocian alternativa o simultáneamente a dos factores: el *sentimiento* –lo vimos en la parte III– o la *costumbre*. La Unión Romaní española, en su documento de principios, establece que «ser gitano es [...] ser partícipe de un sistema de valores [...]. Las costumbres [...] hacen que los gitanos nos sintamos gitanos y se nos perciba como tales» (URE, 1996: 13 y 19). Para el gitano navarro Roberto Urrutia, educador social, ser gitano es «comportarse de una manera concreta» (*Consumer*, 2006). Otros, como la funcionaria alicantina Antonia Aguilera, sostienen que la *gitanidad* se basa «en el valor que se da a ciertas cuestiones» (VV.AA., 2003: 77). En esta línea se muestran la abogada cordobesa Carmen Santiago, para quien se fundamenta «en una escala de valores diferente» (VV.AA., 2003: 12), o la bailarina aurgitano-catalana Ana Santiago, que lo vincula a «sentir [...] mis costumbres» (VV.AA., 2003: 27).

En una línea similar se manifiesta el gitano catalán Pere García, dirigente asociativo del barrio de Hostafrancs y presidente de la Agrupación de Jóvenes Gitanos de Cataluña: «La visión de gitano me ha enseñado valores morales» (*Presència*, 2005). Como reconoce el político gitano Manuel Fernández Cortés, antiguo concejal de Sant Adrià de Besòs, «valores es lo que se aprende de los gitanos» (Fernández: 2003). Mendiola sitúa el «sentido de lo que es o no es importante», *ergo* el criterio moral, como uno de los seis pilares de la *gitanidad*, mientras que el no gitano «no sabe discriminar: todo es igual de importante» (Mendiola, 2000). Según la antropóloga gitana Anna Giménez, profesora de la Universitat Jaume I de Castellón, la identidad se construye según «se aprende lo que hay que hacer y lo que no» (VV. AA., 2003: 33). Para el maestro gitano Antonio Carmona, la cultura gitana se configura como tal gracias «a algunas normas morales y de conducta heredadas» (Carmona: 2001). No en vano, como hemos señalado antes, los gitanos lamentan hoy la erosión de las costumbres entre los más jóvenes de su cultura.

Esta vinculación entre identidad y valores no ha pasado desapercibida para las personas que conviven con los gitanos. Así, Andrade asegura que ser gitano «significa ser diferente, con valores propios» (Andrade: 2008). Un poco más allá va Botey, quien afirma: «la cultura gitana tiene su propio [...] sistema de valores y sus modelos de conducta, íntimamente ligados a sus creencias elementales y a su sentido del destino» (Botey, 1970: 12).

Ser gitano aparece así como comportarse a la manera gitana, es decir, de acuerdo con un sistema de valores. La expresión no es casual. Son *valores* porque ordenan la conducta hacia finalidades concretas. Pero es un *sistema* porque los valores aparecen jerarquizados y relacionados, formando un conjunto coherente. Aristóteles situaba esta finalidad en la felicidad; MacIntyre la asimilaría al simple hecho de llevar una vida virtuosa, llena de valores, sin una finalidad concreta. Nosotros la situaríamos sólo en la realización personal; como ser persona es ser gitano, la finalidad del sistema de valores gitano sería ser fiel a la cosmovisión gitana que hemos analizado en la parte IV. Los valores serían el medio para conseguir esa finalidad, es decir, los elementos que permiten ordenar la conducta gitana para llevar una existencia virtuosa, entendida en el sentido aristotélico de modelo de conducta. No en vano, virtud procede de la palabra latina *virtus* (lit. *valor*; fig. *fuerza*), que en último término proviene de *vir* (lit. *hombre*): las virtudes, pues, ayudan a ser persona en plenitud.

Hemos descifrado ya el principio que rige la moral gitana. Pero, para comprenderla plenamente, necesitamos saber cómo se articula a través de los valores que orientan la voluntad gitana hacia la configuración del tipo de persona que establece su cultura. Para intentar constatarlo sistematicé todas las referencias a valores que aparecían en las fuentes (orales y escritas) y las entrevistas realizadas. En un primer paso relacioné y cuantifiqué los valores que los gitanos percibían en su cultura y los que los no gitanos les atribuían. En un segundo momento eliminé lo particular o lo accidental que había en cada uno de los valores (por ejemplo, respeto a la naturaleza), para intentar diferenciar las actitudes de fondo, agrupándolas y dejando sólo el valor (por ejemplo, respeto). En un tercer paso relacioné esos valores ya agrupados, que en cuarta y última instancia conceptualicé (por ejemplo, solidaridad, amor, generosidad y amistad son iguales a fraternidad) y cuantifiqué.[1] Los datos finales aparecen en las dos tablas siguientes:

Valores gitanos, según los gitanos

Valores	Frecuencia
Respeto	20
Fraternidad	13
Coherencia	7
Libertad	6
Eficacia	3

Valores gitanos, según los no gitanos

Valores	Frecuencia
Coherencia	6
Fraternidad	5
Libertad	2
Eficacia	2
Respeto	1

Según constaté, el respeto aparece como el valor más importante entre los gitanos, seguido de la fraternidad, la coherencia, la libertad y la eficacia. Curiosamente, el orden casi se invierte cuando la percepción corresponde a los no gita-

---

1. En la parte X, como anexo, se adjuntan las tablas que permiten seguir con detalle este proceso.

nos, para quienes el respeto es el menos importante; en cambio, valoran por encima de todo la coherencia. ¿Por qué? Es bien sabido que la visión del mundo nunca es objetiva, sino que depende del bagaje cultural del sujeto que la ve. Igualmente, como también es sabido en psicología, sobre todo en psicoanálisis, cuando uno habla de otro no hace más que proyectar en esa otra persona todo lo que él quisiera ser pero no se atreve. En el caso de los no gitanos, sobrevaloran especialmente lo que ellos no tienen (coherencia) e infravaloran aquello de lo que sí disponen (respeto). Vivir en sociedad, y en múltiples ambientes, obliga a menudo a desdoblar la personalidad, a dejar de ser coherente, mientras que el respeto es lo que garantiza la ley en las sociedades occidentales contemporáneas. Baste, como ejemplo, la frase del jesuita José Antonio Ferrer Benimeli:

> Si hemos de ser sinceros, deberemos reconocer que el mundo de los gitanos y el de los no gitanos está llenos de cosas parecidas. Lo que los diferencia es que los gitanos todavía no han aprendido a disimular y hacer de la hipocresía una agudeza [Ferrer Benimeli, 1965: 40].

A partir de los valores anteriores, fruto –recordemos– del vaciado de casi 500 obras y fuentes, estamos ya en disposición de interpretar el sistema moral gitano, que no sólo establece los límites de la conducta sino que orienta la voluntad hacia la plenitud de su existencia. Un sistema de valores que resulta totalmente coherente con mis observaciones durante estos 15 años entre gitanos.

— *Respeto*. Aparece como el valor principal de la cultura gitana. Un respeto hacia las tradiciones, quienes las guardan (mayores), quienes las guardarán (niños), quienes les dan vida (los demás) y lo que permite que todos vivan (la naturaleza). Va mucho más allá de la obediencia a las tradiciones o la no violencia. En último término se basa en un respeto a la vida, entendida en sentido amplio, de forma coherente con la primacía que tiene en la cosmovisión gitana, como hemos analizado en la parte IV.

— *Fraternidad*. Es el segundo valor en importancia dentro de la moral gitana. Se trata de entregarse radicalmente a los demás, compartir con ellos alegrías y tristezas, ayudarles en todo lo que necesiten y darles la amistad e, incluso, el amor. La fraternidad va más allá de la simple solidaridad y, en un plano profundo, aparece como la mejor forma de garantizar una vida digna, para uno mismo, la propia familia y la comunidad entera.

— *Coherencia*. El respeto, aplicado a uno mismo, comporta pureza de corazón, honestidad en las relaciones y la fidelidad a los principios. También supone respeto al carácter permanente de las acciones hechas con recta intención (la palabra dada, la amistad, etcétera). La coherencia va más allá de la fidelidad a uno mismo, porque significa tanto autenticidad personal como coherencia grupal. No se trata tanto de ser fiel a la divinidad como de vivir en comunión con ella. Ser coherente aparece así como una forma de respeto hacia uno mismo y hacia los demás, porque quien se muestra tal como es vive con sinceridad. La coherencia aparece, por tanto, como la gran meta personal.[2]

---

2. Baste, como ejemplo, la negativa de Juan Reyes a actuar como actor en la película *Lola vende cá* (Llorenç Soler, 2002) porque no estaba de acuerdo con algunas de las ideas de su personaje como gitano.

- *Libertad.* La libertad aparece como el marco necesario para llevar una existencia con respeto y coherencia. Sólo se puede ser respetuoso y coherente si se dispone de la libertad para hacerlo. Pero esta libertad no es tanto personal como colectiva, porque se trata de garantizar la independencia de la propia comunidad en un sistema normativo como el no gitano, que se percibe como hostil. Este cuarto puesto que se le otorga en el sistema gitano de valores es coherente con la importancia que se da a la libertad en la cosmovisión gitana, como analizábamos en la parte IV.
- *Eficacia.* La eficacia ha permitido a los gitanos sobrevivir a lo largo de su historia. Sin ella no habrían conservado su identidad a través de los procesos migratorios y las dinámicas de persecución y exclusión. Mendiola acierta de pleno al situarla como valor que resume muchas actitudes. Es la *jagara sthana* india. Sólo si se es flexible puede haber adaptación al contexto; sólo si se es prudente se pueden evitar riesgos innecesarios; sólo si hay atención se puede captar el presente; sólo si existe sensibilidad es posible agotar lo que la realidad da de sí; sólo si hay alegría se puede vivir con felicidad; sólo si se vive con coraje se pueden superar las adversidades; y sólo si la persona se abre a la trascendencia puede esperar ir más allá de ella misma.

Hay que remarcar que estos valores conforman un sistema, en la medida que se relacionan unos con otros, pero también una escala, porque aparecen jerarquizados de forma coherente con la cosmovisión gitana. Así, la importancia de la vida se hace patente en el primer y en el segundo valor, el papel de la comunidad está presente en el tercero y el cuarto y, finalmente, el quinto valor aparece como elemento armonizador de los demás, es decir, lo que permite que los demás puedan ser posibles. En el fondo, se trata de una cuestión de eficacia, porque si uno respeta la naturaleza, está favoreciendo la vida, y si la respeta, estará haciendo lo mismo con las tradiciones. Curiosamente, la palabra "respeto" viene de *respicere* (lit. "mirar dos veces"), por lo que, como afirma Josep M. Esquirol, «si alguien mira con atención lo que le rodea, acaba por respetarlo, precisamente porque descubre unos aspectos que son merecedores de ser respetados» (Esquirol, 2006: 45). Esto resulta coherente con la epistemología gitana, donde el factor visual es fundamental, como hemos visto en la parte III.

Es lo que Bilbeny considera «la disposición a vivir de acuerdo con uno mismo, que consiste en buscar la consecuencia entre lo que se piensa de acuerdo con unos principios y lo que se hace de acuerdo con lo que se piensa» (Bilbeny, 1992: 20), reformulando el aforismo aristotélico de que el sabio es el que piensa lo que dice. No nos debe extrañar que el escritor gitano Joaquín Albaicín considere como medular «vivir con verdad el momento» (Albaicín, 1993: 365). Sólo que, en el caso de la cultura gitana, esté *de acuerdo con uno mismo* pasaría a ser *de acuerdo con la propia comunidad*, como bien constata Botey: «La fidelidad a las motivaciones profundas del grupo y de la tradición» (Botey, 1970: 180). De ahí la importancia de la moral, en el sentido más genuino del término: tener fuerza y no desfallecer.

El hecho de que la sociedad mayoritaria se rija por unos valores tan diferentes de los de la moral gitana es lo que hace percibir a los gitanos una dualidad de sistemas morales, ante la que reaccionan adoptando una dualidad de conductas. La moral no gitana es percibida como llena de contravalores, por lo que la implicación en ella es tradicionalmente percibida como fuente de impureza. Sin duda, el espacio donde se alcanza la realización es la propia comunidad. Sólo la progresiva formación de los niños y jóvenes gitanos, desde pautas también no gitanas, les hará desarrollar la empatía necesaria para poder asumir algunos de los valores no gitanos en parte de su existencia sin que ello sea vivido de forma esquizofrénica, como constatábamos antes. Los valores que hemos relacionado son suficientemente abiertos como para adaptarlos sin perder su esencia. Baste como ejemplo la afirmación del psicopedagogo gitano Domingo Jiménez, presidente de la Fundación Pere Closa de Badalona:

> Considero que nuestro pueblo tiene una enorme riqueza moral. Nuestra cohesión, vertebrada sobre todo a través de la familia, ha hecho que se mantenga una conciencia grupal y, como consecuencia, una unidad en ciertos valores fundamentales [...] que habría que exportar a la sociedad mayoritaria [*Educació Social*, 2003].

No resulta extraño que la falta de respeto o de coherencia aparezca como la principal crítica al sistema de valores no gitano. Los gitanos lamentan la falta de respeto a las tradiciones, a las personas mayores, a los niños o a la vida misma. He constatado en más de una ocasión la frase «los gitanos no hemos iniciado nunca ninguna guerra», lo que es sólo producto de la falta de implicación –querida o forzada– en la sociedad mayoritaria. Pero la explicación no es esa. Nos la hace ver Esquirol, al decir: «Hoy en día, precisamente, nos falta esta actitud de mirar atentamente aquello que nos rodea. Uno de los motivos es la aceleración de nuestra sociedad, que [...] hace que tengas una mirada superficial» (Esquirol, 2006: 53). Esto provoca a menudo que los gitanos perciban la sociedad no gitana como «una cultura en decadencia» (Porras: 1996).

Como afirma el escritor gitano Ronald Lee, «el gitano, por el hecho de serlo, supone una negación de todos los valores hipócritas que la sociedad aprecia tanto» (Lee, 1989: 152). En este sentido, aunque de forma más profunda, se manifiesta Ian F. Hancock, profesor de la Universidad de Austin: «[Ser gitano] es estar seguro de cuán egoísta, loca e hipócrita puede ser la gente [no gitana]» (Hancock: 2007). De ahí la dualidad de conductas que los gitanos adoptan. Lo han constatado Botey y Ramírez Heredia (Ramírez Heredia, 1973: 13):

> Pascual, un destacado gitano de Zaragoza, decía en una ocasión: «A los gitanos Dios nos ha dado una clarividencia especial para conocer las intenciones de la gente. Cuando nos vienen de corazón, abrimos totalmente las puertas y brindamos nuestra amistad; pero, si no es así, estas puertas no se abren» [Botey, 1970: 184].

Recordemos que Botey asimila todos estos rasgos a lo que Karl G. Jung definía como elementos del carácter introvertido, como poníamos de relieve en la página 116 (Botey, 1970: 180). Es casi lo mismo que Mendiola constataba en su cultura, al vincular el *ethos* de su pueblo al *pathos* de la inteligencia emocional: «Para el psicólogo Daniel Goleman, estas cualidades incluyen intuición, observación, empatía (bondad [discrepamos sobre la asimilación de estos dos términos]) y destreza» (Mendiola: 2000).

24. LAS NORMAS MORALES GITANAS

Hemos identificado ya los valores que orientan la conducta gitana, analizando en qué medida subyacen bajo las acciones realizadas por los gitanos. Pero los valores son formulaciones teóricas, que no son asumidos sino implícitamente en las acciones. Para que puedan ser asumidos de forma consciente en la vida cotidiana tienen que ser formulados de forma inteligible, práctica, mediante las normas. Como afirma Bilbeny, «la norma ética siempre será teórica, en tanto la moral o costumbre será su aplicación práctica» (Bilbeny, 1992: 203). Las normas, pues, concretan los valores en actitudes existenciales.

Estas normas aparecen vinculadas a la acción cotidiana, hasta el punto de que son asumidas como morales en el sentido más genuino del término: son costumbres (del término latino *mor*: lit. "costumbre") transmitidas de generación en generación mediante un proceso de educación moral. Como costumbres, no están escritas ni articuladas, pero suponen una aplicación práctica de los valores, indicando lo que es lícito y lo que no en casos concretos. En buena medida los hemos descrito al hacer el primer paso del proceso de depuración que nos ha permitido construir el sistema gitano de valores, al suprimir lo que de particular o accidental había en las manifestaciones constatadas entre los gitanos. Así, el *respeto* aparece aplicado a ciertos elementos o situaciones:

respeto a la vida, *respeto* a las personas, *respeto* a la naturaleza… incluso, hay un segundo nivel de concreción: *respeto* a los niños, *respeto* a los mayores, *respeto* a los animales…

El comportamiento queda así *delimitado* en la medida que hay unos *límites*, es decir, unas conductas que son enaltecibles y otras reprobables. Pero, como no todas las conductas son codificables (la realidad va mucho más allá de lo que el inconsciente colectivo pueda imaginar en cuanto a contextos y situaciones), lo que hacen los sistemas morales –como el gitano– es establecer unos principios a los que atenerse si se quiere vivir como gitano. Como sostiene Bilbeny, «la acción moral es inseparable de la preexistencia de unas reglas, fruto de la cultura» (Bilbeny, 1992: 203). Estos principios concretos, para diferenciarlos del principio general de interés comunitario, son lo que se denominan máximas o *normas*, según su nivel de prescripción. Como bien sostiene Bilbeny, con un ejemplo que recuerda al nuestro del párrafo anterior, «en el conjunto de las reglas morales hay unas que tienen más fuerza prescriptiva que otras, por ser de validez más general. No es lo mismo decir "Respeta a mi abuela" que decir "Respeta a las personas mayores"» (Bilbeny, 1992: 207). En el caso gitano, por la versatilidad adaptativa que comporta, las prescripciones morales son casi siempre abstractas.

Esto plantea un problema. Si la epistemología gitana se basa en la preferencia por la concreción, ¿cómo pueden ser asumidas unas normas que son abstractas? La respuesta nos la da Hancock, para quien «vivir propiamente es ajustarse a un conjunto de comportamientos colectivos denominados *rromanipen*, *rromipe* o *rromannija* […] Tal perspectiva dualista agrupa los universales en parejas: bien y mal, gitanos y no gitanos, niños y adultos, puro e impuro» (Hancock, 2002: 74-75). En esta línea se muestra Mendiola, para quien la *gitanidad* se define como un «conjunto de normas, costumbres y tradiciones» (Mendiola, 2000). Esta forma de razonar es también típicamente oriental, como apuntan algunos autores: «operar de forma discursiva y comparativa, mediante el contraste de categorías opuestas» (AA.VV., 1999: 61), porque «el mundo cotidiano se nos presenta bajo la marca de la dualidad» (AA.VV., 1999: 41). De esta forma, la dualidad permite saber en cada momento si la conducta se ajusta o no a las normas gitanas y, por tanto, si una acción resulta éticamente correcta. La pérdida de matices, aunque simplifica el juicio moral, permite ganar en eficacia, al igual que sucede con la intuición en los juicios epistemológicos, como hemos visto en la parte III.

Por ejemplo, el respeto se presenta siempre bajo la forma de «respeta a los tuyos», la fraternidad aparece como «ayuda a los tuyos», la libertad resulta como «procura la libertad de los tuyos» y la coherencia sería un «seas fiel a [tus] tradiciones». Unas y otras normas conjugan el principio general de interés colectivo con cada uno de los valores del sistema gitano. La libertad personal aparecería en la medida en que sea cada uno quien decida *cómo* dar respuesta a estas normas mediante la propia conducta en la vida cotidiana. Por ejemplo, el trabajo es percibido como un imperativo moral sólo en la medida que supone garantizar las necesidades colectivas. Como constata Borrow, a partir del testimonio del gitano extremeño Antonio López: «Los gitanos no se roban ni matan los unos a los otros; ni son crueles con los animales, porque su ley se lo prohíbe» (Borrow, 2003: 138).

Esto nos remite a la cuestión de la capacidad prescriptiva de la norma. Frecuentemente se piensa que obedecerla depende de la conciencia de su importancia, factor ligado al nivel formativo de la persona. En el caso de los gitanos depende del nivel de consciencia sobre la importancia de la propia cultura; de ahí que se observe un comportamiento poco gitano en aquellos gitanos que ya no les queda más que el factor biológico, como bien sostenía Juan Reyes. Nos lo confirma Bilbeny: «Las cuestiones que primeramente se suscitan ante el concepto de obligatoriedad moral son el conocimiento de lo que pueda ser nuestra obligación y, a la vez, el fundamento en el que radica» (Bilbeny, 1992: 188).

Volvamos a la pregunta original: ¿cómo es que los gitanos obedecen la norma? Las normas se diferencian de las leyes, precisamente, porque sólo prescriben y no obligan; de lo contrario, esta reflexión se situaría en el terreno del derecho. Sin embargo, como el resto de sistemas morales, la cultura gitana utiliza diversos elementos que otorgan eficacia a sus normas, la mayoría de forma inconsciente. El primero es la noción de *responsabilidad*, que aparece siempre sobredimensionada, como si de cada acción concreta dependiese el futuro de toda la comunidad. Preocupados por esa posibilidad, los gitanos actúan siempre según la norma, magnificando también las nociones de mérito o de culpa. Así, ante el incumplimiento de una norma se sentirán terriblemente felices o terriblemente culpables. El segundo elemento se refiere a la vinculación entre persona y gitano, por lo que el incumplimiento de la norma hace gravitar sobre la primera el sentimiento de culpa y la posibilidad de dejar de ser gitano, perdiendo la condición de persona y pasando a ser un "don nadie".

Hay que decir que, por la falta de conciencia sobre su importancia, es todavía una constante la falta de obediencia a las normas percibidas como exógenas, es decir, las de la sociedad mayoritaria. Sin embargo, se constata entre los jóvenes gitanos una conciencia cada vez mayor sobre la necesidad de abandonar la dualidad normativa descrita, vinculándose también a ellas en la medida que quieren asimismo incorporarse a la sociedad mayoritaria como miembros de pleno derecho, es decir, con derechos y deberes. Ahora bien, ante un dilema moral que consiste en aplicar las normas endógenas o las exógenas, la elección por la primera está asegurada, sean cuales sean las circunstancias. La moral gitana aparece como una moral heterónoma, donde el margen de libertad para la libre determinación es muy estrecho (Botey, 1970: 54), con pocas posiciones intermedias, a causa del dualismo ya apuntado. De ahí que Domingo Jiménez afirme que «no hay gitanos que pongan en duda puntos vitales, esencialmente identificativos de la cultura gitana» (Garrido, 1999: 41).

No podemos concluir nuestra reflexión sobre las normas morales gitanas sin imaginar un segundo y definitivo supuesto. ¿Qué sucedería si una persona vulnera las normas, su acción es juzgada como moralmente incorrecta y no quiere asumir la responsabilidad? Este escenario ha sido siempre contemplado por la cultura gitana, que en su milenaria existencia ha tenido que afrontar muchas situaciones. La respuesta viene dada por un sistema de arbitraje colectivo denominado "ley gitana" o *rromāni kris*, que hace gravitar, en último término, el peor de los castigos: la expulsión de la propia comunidad. Más allá de los estereotipos, se trata de un código de derecho consuetudinario basado en el respeto a la vida y el honor familiar, que tiene como objetivo la reparación del daño causado y el mantenimiento de la paz dentro del propio grupo. A pesar de que nos encontremos en un terreno fronterizo entre la ética y el derecho, vale la pena hacer algunas consideraciones.

Aunque su origen hay que buscarlo en el *panchayat* indio (Hancock, 2002: 70-71; Clébert, 1965: 163), su denominación es griega, fruto de la larga estancia de los gitanos en Capadocia. Así, *kris* proviene del término griego κριμα o *krima* (lit. "juicio"), de donde procede también el término *krisis*, entendido como purificación o separación (función última, como he dicho, de este juicio moral). Otros autores, como el gitano judío Avraham Sándor, lo asimilan a los tribunales rabínicos (Sándor, 2007: en internet). Su aplicación corresponde a la mediación de personas mayores de reconocido prestigio grupal (los denominados "gitanos de respeto" o *serē romēngue*, mal denominados "patriarcas" por los no gitanos); recordemos aquí lo que afirmábamos en la parte III, en el sentido de que el arquetipo de persona gitana por excelencia es el *sabio* (quien ha acumulado experiencia) más que el intelectual (quien ha acumulado conocimiento). En relación a su funcionamiento vale la pena citar lo que afirma la Unión Romaní española en su documento de principios:

> Nosotros también tenemos unas normas soberanas, la Ley Gitana, que son consecuencia de nuestra historia. Gracias a esas normas seguimos existiendo como gitanos. [...] En situaciones de controversia sólo será de aplicación la Ley Gitana si ambas partes reclaman su aplicación. [...] Como todos los cuerpos normativos, debe estar en un continuo estado de adaptación a la realidad que debe regular. Nunca debemos luchar por mantener leyes de pasado, si las mismas no son adaptables a la sociedad actual.
>
> Por lo general, la Ley Gitana tiene su base en la idea de culpabilidad objetiva; mientras que la intencionalidad del agente activo, normalmente, no tiene trascendencia. En las ofensas de mayor importancia, la Ley Gitana actúa de forma objetiva, mientras que con las de menor importancia, y a manera de descargo, considera las circunstancias habidas, la reiteración en las mismas y, sobre todo, el prestigio del sujeto agente. En la Ley Gitana, tanto la gravedad como la repercusión del acto delictivo están directamente relacionados. Por lo general, cuanta mayor gravedad, más implicación. Cuantos más miembros del grupo parental corres-

pondiente están implicados, mayor carácter de ofensa se manifiesta [URE, 1996: 23].

Sus sanciones principales remiten a la necesidad de reparar el daño causado y, según la gravedad de la ofensa, la expulsión temporal o definitiva de la comunidad. En una cultura comunitaria, la separación del grupo es la mayor de las condenas: «es peor que la muerte», según el escritor gitano Matéo Maximoff (Clébert, 1965: 159). Pese a sus formas, algunos gitanos la sitúan más en el terreno de la ética que en el del derecho. Como afirma el gitano vasco Roberto Urrutia, educador social: «No es comparable a un juicio. No se trata de aplicar leyes escritas o códigos penales. Se trata de que su sabiduría, respetada y reconocida, sirva para ofrecer consejo o tomar una decisión cuando haya que solucionar problemas» (*Consumer*, 2006). De hecho, la falta de codificación escrita o la uniformidad de criterios entre todas las comunidades gitanas del mundo hacen que no pueda ser considerada como un código. Autores como Clébert son partidarios de esta idea, al reconocer que «la Ley Gitana es, en realidad, un conjunto de costumbres [...] que a través de las generaciones ordenaba [...] la vida práctica» (Clébert, 1965: 167).

Lo que sí es cierto es que la *ley gitana* tiene aún una gran importancia en la resolución de conflictos en el seno de la propia comunidad, cuando hay duda objetiva sobre la moralidad de una acción y alguien se ha sentido perjudicado por esa conducta. Hay que destacar también el carácter excepcional de sus intervenciones y el hecho de que de lo hayan pedido todas las partes implicadas, por lo que su carácter prescriptivo estaría vinculado a la aceptación voluntaria y previa de sus recomendaciones. Como señala Bilbeny, «es evidente que para expresar la obligatoriedad de determinadas acciones no podemos servirnos de proposiciones descriptivas, sino prescriptivas» (Bilbeny, 1992: 199). Sería así una especie de *juzgado de paz* o *tribunal de arbitraje* destinado a regular problemas internos de convivencia. Baste constatar el hecho de que una institución homóloga, el Tribunal de las Aguas de Valencia, está hoy reconocida como subsidiaria a la justicia ordinaria.

25. LA EDUCACIÓN MORAL ENTRE LOS GITANOS

Dejando al margen esta situación extrema, la conducta gitana se desarrolla habitualmente de acuerdo con la moral gitana. Sucede gracias a la asunción de la importancia de sus normas, consciente o inconsciente, para garantizar no sólo la convivencia dentro de la propia comunidad sino la pervivencia de la cultura gitana. Para alcanzarlo, los gitanos han tenido que pasar por un proceso educativo en el que han interiorizado la idea de que ser gitano es comportarse según un determinado sistema de valores. Es lo que se denomina educación moral, que Puig Rovira describe como «un proceso mediante el que los sujetos reciben de la sociedad el sistema vigente de valores y normas» (Puig, 1996: 20).

Efectivamente, la asunción de la conciencia moral mediante un proceso educativo es un hecho que constatan los gitanos cuando se les pregunta las por razones de su conducta. La antropóloga gitana Anna Giménez, profesora de la Universidad Jaume I de Castellón, reconoce que «uno nace y se socializa en un entorno, aprende lo que es ser gitano; lo que se puede y no se puede hacer» (VV.AA., 2003: 33). Es el proceso de «socialización de la conciencia» que sostiene el gitano argentino Jorge E. Nedich, catedrático de la Universidad Tres de Febrero de Buenos Aires (Nedich: 2007). Se trata de un proceso de educación de la voluntad, de «moralización» (Bilbeny, 1992: 22), en el que se reciben y se adoptan unas normas morales que «se definen como una obra colectiva» (Puig, 1996: 20), porque su origen resulta «inexplicable sin recurrir a su origen cultural en último término, como costumbres, convenciones o normas que pertenecen a la vida social» (Bilbeny, 1992: 203). La tradición, pues, «proporciona un marco de referencia para juzgar y actuar» (Puig, 1996: 61).

Como no podía ser de otra forma, en coherencia con la antropología gitana este proceso pasa necesariamente por la familia, como horizonte cognitivo y afectivo en el que se desarrolla buena parte de la existencia gitana. El gitano navarro José Ramón Jiménez, dirigente asociativo, destaca la imposibilidad de educar a los niños sin pasar por la familia (*Nevipens Romaní*, 01-15/09/2004). Antonio Carmona reconoce que los gitanos heredan de las personas mayores sus «normas morales y de conducta» (Carmona: 2001), de forma coherente con el documento de principios de la Unión Romaní española:

> Los viejos gitanos son uno de los pilares básicos de la comunidad gitana. Son quienes han sabido conservar esta ley en el devenir de la Historia. Nuestro pueblo siempre ha manifestado un profundo respeto hacia nuestros mayores, que han mantenido inalterable el profundo sentimiento de ser gitanos. Los viejos gitanos, que han luchado por sobrevivir entre marginaciones y abusos sistemáticos, deben aconsejar a nuevas generaciones. Saber escucharles debe ser un gran orgullo para los gitanos. No obstante […] Nunca deberá ser confundido el respeto con la sumisión [URE, 1996: 23].

Debemos recordar que, tal como hemos analizado en la parte III, la epistemología gitana privilegia especialmente lo que constatan los sentidos, caracterizándose por su realismo y su pragmatismo. Pero que, para lo que no es directamente constatable (es decir, de forma indirecta o mediada), los gitanos recurren al *conocimiento por confianza* o *conocimiento testimonial*, basado en el otorgamiento de autenticidad al testimonio de otra persona que les merece confianza. Esta idea no es extraña a los procesos de educación moral, como muestra Puig Rovira, porque «es una tarea compleja que llevan a término los seres humanos, con la ayuda de sus compañeros y de los adultos, para elaborar las estructuras de su personalidad que les han de permitir integrarse críticamente en su medio socio-cultural» (Puig, 1996: 156). Dado que el proceso educativo se desarrolla en la infancia, debido en buena medida a la falta –hasta ahora– de una etapa asimilable a la juventud, los padres aparecen como los artífices de este proceso. Como reconoce la religiosa gitana Elvira Jiménez, misionera en Guinea Ecuatorial de las Hermanas del Ángel de la Guarda, «mi madre me inculcó el respeto por las personas mayores, el ser educada, no decir palabrotas, comportarme en una mesa» (VV.AA., 2003: 19). Botey confirma esta afirmación, al decir que el gitano es producto «de la educación que ha recibido» (Botey, 1970: 174).

En efecto, más que con una educación explícita, el proceso educativo se asume implícitamente en las acciones de los padres, que adoptan el papel de modelos de conducta con el testimonio de su vida. Son pocos los gitanos, según he podido comprobar, que dedican su tiempo a enseñar explícitamente a sus hijos la lengua o las tradiciones. De hecho, la palabra "testimonio" proviene de su raíz latina *monire* (lit. "enseñar"), con lo que testimoniar sería educar a través del ejemplo. Eso resulta coherente con el carácter no abstracto de la epistemología gitana, como analizamos en la parte III. Y es curioso, Puig Rovira constata que, en las formas de educación moral en las que se concede «mayor énfasis a la cultura y a las tradiciones de la comunidad», «una persona no es moral si únicamente conoce intelectualmente el bien», sino con «la formación de hábitos y la configuración del carácter» (Puig, 1996: 57-58). Como bien señala Molina, «desde la niñez el gitano participa como testimonio en todas las situaciones y peripecias de la vida familiar» (Molina, 1967: 157).

Aun así, el proceso educativo también tiene momentos explícitos. Son los que proporcionan la narración de cuentos y leyendas, así como los espacios de tipo artístico, que se desarrollan siempre en un contexto comunitario. Como constata la folclorista Diane Tong, «mujeres y hombres, niños y adultos, cuentan historias de todo tipo en reuniones, sean estas casuales o importantes» (Tong, 1997: 15), en las que –como apunta Fonseca– «el cuento nunca es tan importante como la forma de explicarlo» (Fonseca, 1997: 81). Puig Rovira constata la importancia de la emotividad en el proceso de educación moral (Puig, 1996: 124). Su eficacia educativa queda garantizada en la medida en que la estructura narrativa, retórica y metafórica genere las imágenes visuales necesarias para aprovechar los mecanismos epistemológicos de los gitanos, descritos en la parte III (que privilegian el conocimiento sensible porque garantiza captar con rapidez y autenticidad la amplia densidad semántica de la realidad). Ya hemos visto que el cuerpo, en la cultura gitana, puede ser un magnífico instrumento complementario al discurso verbal, adquiriendo la condición de elemento lingüístico. De ahí que Domingo Manfredi afirme que los gitanos «no conservan sino leyendas que han sido transmitidas de viva voz. Mejor sería decir cantadas, porque todo lo que hay en ellas de recuerdo lejano de sucesos, personas o circunstancias lo tienen las coplas de sus cantos» (Manfredi, 1957: 19). De nuevo se constata que la teoría, con una referencia práctica, es más fácilmente inteligible y memorizable.

Los gitanos son conscientes de la importancia de este marco estrictamente comunitario en la educación moral. Hemos constatado en la parte II que la ausencia de la cultura gitana en los currículos escolares es una de las causas que explican el absentismo escolar entre los niños y jóvenes gitanos. Pero la escuela no es sólo aula sino –sobre todo– actividades extraescolares: patio, salidas, pasillos... Son formas de educación no reglada en las que los gitanos ven otros modelos de conducta que, sancionados o no por la institución escolar, son percibidos como alternativos al suyo. Es el «caos en el que se encuentran muchos escolares en relación a los valores y al sentido que tienen en sus vidas» (Puig, 1996: 34). De ahí que los padres decidan no llevarlos al colegio en la medida que lo perciben como un instrumento de aculturación. Creen que, para garantizar su eficacia, la educación moral debe llevarse a cabo en los estrictos límites de la comunidad.

   Sin capacidad crítica, y con un reducido margen de libertad, la educación moral en la cultura gitana se sitúa de pleno en el cuarto de los estadios morales que definió Lawrence Kohlberg en *Las etapas del desarrollo moral* (1958). El autor comparte con Piaget la idea de que la formación de la personalidad moral pasa por una serie de etapas, en función de la libertad de criterio propio en torno a la norma. Esta cuarta etapa, que prolonga durante toda la vida lo alcanzado en la adolescencia, se caracteriza por vincular la moral al mantenimiento del orden social, por lo que la conducta correcta consiste en cumplir el deber, que no es otro que salvaguardar la institución en su conjunto. Se trata de un nivel convencional, en que el pensamiento no se rige tanto por principios como por normas sociales. La idea de justicia, incluso, se define en función de la comunidad, que otorga la autoridad a los ascendientes. La educación moral se configura así como «la adquisición de hábitos virtuosos, dejando en segundo plano el desarrollo del razonamiento moral y la construcción heterónoma de la personalidad» (Puig, 1996: 63). ¿No encaja esto en el proceso que estamos interpretando? La diferencia estaría en que la cultura gitana otorga a ciertos valores un trasfondo religioso, una fundamentación transcendente, porque su cumplimiento va más allá de lo estrictamente moral para convertirse en una vía de religación y salvación, como veremos en la parte VII.

En el plano positivo, este proceso de construcción de la personalidad moral abre una nueva dimensión, en parte ya apuntada en anteriores capítulos. En la medida en que alguien se comporte según el principio, el sistema de valores y las normas de la cultura gitana puede ser aceptado como gitano, aunque no lo sea biológicamente ni haya sido educado en el seno de una familia gitana. Vamos, que «sepa estar», como diría Manuel Reyes (2001). Hemos constatado esta circunstancia en muchas ocasiones, fruto de matrimonios con personas no gitanas, la adopción de niños no gitanos o en personas que han consagrado su vida a los gitanos. «No tienen sangre gitana pero lo han vivido desde pequeños», he oído en alguna ocasión (Reyes, Manuel: 2001). Esto superar el paradigma biológico en la construcción de la identidad gitana, tan difundido entre los propios gitanos como entre los etnólogos.

La educación moral se configura así, dentro de la cultura gitana, como un proceso de *socialización* más que de clarificación de valores. No sólo es una propuesta ética de máximos, que aspira a codificar todos los aspectos de la existencia, sino que se presenta como una moral convencional, basada en el cumplimiento de la norma. No existe un discernimiento crítico sobre el *corpus* de valores sino únicamente sobre su aplicación, por lo que falta un proceso de clarificación de valores, entendido como algo que requiere «más que una simple elección» (Puig, 1996: 35). Pero la persona, en su libertad, debe ser capaz de trascender la cultura en la que ha nacido (García Cuadrado, 2003: 195), porque la conciencia bien formada también interviene en el juicio moral. Como afirma Puig Rovira, «dilucidar moralmente una cuestión requiere la participación de un sujeto libre y consciente» (Puig, 1996: 17). Tal es el dilema en el que se encuentra la cultura gitana, como reconoce Roberto Urrutia: «son conductas aprendidas, que debemos conciliar con las normas no escritas» (*Consumer*, 2006). Sólo ello permitirá a los gitanos superar el dualismo moral en el que se encuentran, mejorando su capacidad de convivencia en ámbitos no gitanos, asumiendo derechos y deberes, e implicándose a la vez en la construcción de la sociedad mayoritaria más allá del propio interés comunitario.

PARTE VI. ESTÉTICA GITANA
Sentir a la manera gitana

26. DEFINICIÓN Y CLASIFICACIONES DE LA ESTÉTICA

Hasta ahora nuestra obra ha girado en torno a la interpretación de la dimensión significativa de la cultura gitana, entendida como capacidad de los gitanos de significarse a través sistemas de signos como el lenguaje o el comportamiento. Pero en este capítulo inauguramos nuestra incursión en el análisis de la dimensión simbólica de esa misma cultura, entendida como capacidad de significarse no ya a través de soportes materiales sino mediante soportes sensibles. El símbolo, a diferencia del signo, no tiene parecido físico con aquello a lo que remite. Su materialidad continúa siendo una voz o una mano, pero su función no es ya dar una orden o transformar la naturaleza, sino expresar lo que se siente al darla o al transformarla. Se trata de reflejar la realidad, interna o externa, mediante la propia expresión. Es lo que se denomina *arte*.

Efectivamente, el arte constituye una constante en la Historia de la humanidad, desde que los primeros seres humanos dejaron constancia de su visión simbólica de la realidad en las cuevas prehistóricas. La producción artística está formada por las creaciones humanas con las que la persona expresa su visión del mundo, real o imaginaria, así como sus ideas o sus emociones. A diferencia de los *productos*, que son el resultado de la transformación *significativa* del mundo a través de la técnica (con una clara finalidad práctica), las *obras de arte* –visuales o sonoras– son el resultado de la transformación *simbólica* de ese mismo mundo, estando destinadas a expresar percepciones y sensaciones que difícilmente podrían expresarse de otra forma. De hecho, esas primeras manifestaciones prehistóricas tenían una función mágico-religiosa, como veremos en este y el siguiente capítulo.

El término "arte", procedente del latín *ars* (lit. "habilidad para producir belleza"), se aplicaba originariamente al conjunto de la producción humana, con independencia de su carácter significativo o simbólico: pintura, cocina, escultura, jardinería... Las obras *artísticas* se diferenciaban, así, de las obras *naturales* (Corazón, 2002: 230). Pero, con el tiempo, el término se reservó a las obras creadas para producir emociones, para *hacer sentir*; sólo posteriormente incorporaría la necesidad de producir reflexiones, de *hacer pensar*, función inicialmente reservada para la técnica (del griego τέχνη o *tecné*, lit. "técnica"). El concepto central de este proceso pasó entonces a ser la belleza, entendida como capacidad de las personas o de los objetos para producir belleza en quienes la contemplan. Su carácter único hizo que, en el Renacimiento, se diferenciara entre el autor de *obras únicas* (o artista) y el autor de *obras múltiples* (o artesano), concepto que Walter Benjamin pondrá en entredicho en el siglo xx.

Como es fácilmente comprensible, por su importancia social y trascendencia cultural, el arte ha formado parte de la reflexión filosófica a lo largo de la historia, hasta constituir una rama específica: la filosofía del arte o *estética*. Procedente del término griego αισθητική o *aishtetike* (lit. "sensación"), su objeto de estudio es la esencia de la belleza, desde la reflexión sobre las causas y las consecuencias de las emociones. Su resultado es una concepción de lo que es bello o feo en cada contexto cultural. El término en sí mismo fue acuñado por Alexander G. Baumgarten, en 1752, para designar la «ciencia del conocimiento sensible», entendida como actividad intelectual y sensitiva a la vez. Otros autores, con los años, han llegado a proponer un término alternativo al de estética llamado *calología*, procedente del griego *kalos* (lit. "bello").[1] En cualquier caso, mientras que el objeto del arte es la belleza, el de la filosofía del arte son las emociones que la belleza produce en la persona.

Pese a no formularse explícitamente hasta la Modernidad, el arte ha estado presente en las principales corrientes filosóficas de todos los tiempos. En Grecia, Homero y Hesíodo atribuyeron la inspiración artística al poder divino, aunque Píndaro añadió a esa inspiración el valor del esfuerzo personal. Platón, en el *Sofista*, estableció una división de las artes según representaran objetos (humanos o divinos) o imágenes (*eidola*), diferenciando en estas las genuinas (*eikon*) o las aparentes (*phantasma*). Más tarde, en *La República*, explicó que las obras de arte participan de la belleza en la medida que reproducen el arquetipo o *forma* de belleza, por lo que estableció diferentes grados de reproducción: participación (*methexis*), similitud (*homoiosis*) y parecido (*paraplesia*). Finalmente, en *El banquete*, elevó el arte a medio de conocimiento, como forma de desligarse del mundo material (Corazón, 2002: 239). En sentido opuesto se manifestó Aristóteles, quien en su *Poética* atribuyó al arte la simple función de reproducir la naturaleza, de forma coherente con el realismo de su *Física*. El placer quedó vinculado a la contemplación de esta imitación, que define como *poiesis*; lleva-

---

1. Resulta curioso el parecido con la palabra gitana *kalē*, que hace referencia al grupo gitano que analizábamos en la segunda parte. ¿Podría ser porque, en lugar de "oscuros" de piel (en lengua gitana), el término podría significar "bonitos" (en lengua griega), fruto de la larga estancia de los gitanos en Grecia? La reflexión, pesa a apuntarla, sobrepasa el ámbito de este libro.

da al extremo, ese goce estético se convertirá en *katharsis* o medio de purificación para la persona que contempla la obra, según la compasión o el miedo que despierte en ella.

En la Edad Media san Agustín de Hipona, en sus *Confesiones*[2] y *De ordine*, estableció algunas condiciones para la belleza, como la unidad, la igualdad y el orden. Más tarde, en *De vera religione* y *De musica*, fue todavía más allá, al atribuir a la contemplación de la perfección de una obra la participación en el concepto de orden ideal; de aquí la objetividad del juicio estético. El arte adquirió así una función pedagógica (Corazón, 2002: 240). Más adelante, santo Tomás de Aquino, en su *Summa Theologica*, atribuyó a la realidad unas propiedades que calificó de «transcendentales» (la verdad, el bien y la belleza), al situarlas más allá de cualquier clasificación: una cosa es bella porque su conocimiento agrada. La belleza, como los otros dos transcendentales, constituye una perfección del ser. Para que una obra sea bella apunta tres condiciones: proporción (o armonía), integridad (o perfección) y claridad (o esplendor). La persona inteligente sabe reconocerlas en las obras, mediante su sensibilidad, porque sólo la inteligencia puede conocer al ser (Corazón, 2002: 235).

Ya en la Modernidad, Descartes replanteó el dilema de si crear belleza era imitar a la naturaleza (Platón) o seguir a la razón (Aristóteles). La formación del criterio apareció de nuevo con fuerza en el panorama filosófico, al que *lord* Anthony Shaftesbury atribuyó incluso cualidades morales en su *Ensayo sobre el mérito y la virtud* (1699). Hume, en su *Ensayo sobre los principios de la moral* (1751), afirmó que no conocemos las cosas mismas, sino la impresión que nos

---

2. Haciendo referencia a su obra perdida *De pulchro et apto*.

producen, por lo que la belleza es un dato subjetivo. Es así como se fortaleció la necesidad de formar en el gusto, a partir de la búsqueda de un patrón. Pero fue Kant quien revolucionó las bases clásicas de la estética en su *Crítica del juicio* (1790). Al plantearse cómo conferir alcance universal a la experiencia individual situó el juicio estético como armonía entre la imaginación (vertiente sensorial) y el entendimiento (vertiente racional), articulándose desde cuatro categorías: relación, cantidad, calidad y modalidad. Toda persona tiene capacidad de sentir, en adecuadas condiciones perceptivas, esta armonía de facultades cognitivas. Sin embargo, no es posible afirmar nada sobre el objeto, sino sobre el efecto que produce su conocimiento.

En la época contemporánea la reflexión ha cambiado de rumbo. Autores como Schelling o Herder han analizado el lenguaje artístico mediante el simbolismo y la alegoría. Otros autores han reflexionado sobre el grado de vinculación del arte al contexto personal (expresionismo, impresionismo) o social (parnasianismo, realismo, compromiso). Nietzsche enfatizó el carácter subjetivo de la belleza, vinculándola incluso a la capacidad de crearla con la propia existencia. Posteriormente, fenomenólogos como Husserl y Merleau-Ponty han puesto el énfasis en el análisis de la experiencia estética, mientras que existencialistas como Heidegger han concebido el arte como el despertar originario del ser. Más recientemente, la filosofía analítica y la semiología, en especial la de Cassirer, han puesto el acento en la conformación de los lenguajes artísticos (forma, color o motivo).

En este capítulo, a partir de constataciones sobre el arte y la literatura gitanas, hechas sobre todo desde las manifestaciones que hacen tanto gitanos como no gitanos, interpretaremos cómo la cosmovisión gitana impregna su producción simbólica y configura los conceptos de belleza y fealdad dentro de la cultura gitana. Analizaremos en qué medida la expresión gitana es coherente con el pensamiento gitano, discerniendo cuáles son las actitudes y los criterios estéticos entre los gitanos o los conceptos y medios que utilizan dentro del arte y la literatura, así como el valor que otorgan a las obras estéticas. En definitiva, abordaremos la cuestión de cómo sienten y expresan los gitanos, a partir de su producción literaria y artística (música, pintura, escultura y forja, poesía, teatro, novela, ensayo, cine, toreo, cocina, decoración e indumentaria).

Y lo haremos a la manera de Eugeni d'Ors en *Lo barroco* (1944), obra en la que aplica el método fenomenológico a la cultura del barroco, en una especie de sistema analítico «impresionista [...] tendente a la unidad sintética y analógica, pero partiendo siempre de lo más menudo, la anécdota, para elevarla a la categoría» (Ors, 1944/1993: 15).

27. ESTATUTO DEL ARTE ENTRE LOS GITANOS

Actitudes estéticas

Hemos señalado ya que la imagen que la sociedad mayoritaria tiene de los gitanos gira en torno a dos estereotipos, asumidos con tan poca capacidad crítica que han acabado por convertirse en dos prejuicios. Según este parecer, los gitanos son o bien unas personas culturalmente predispuestas para la exclusión (como ladrones o como mendigos), o bien unas personas constitutivamente capacitadas para el arte. «Lo llevan en la sangre», se oye decir a menudo; tanto, que incluso algunos gitanos han acabado por creérselo y aseguran llevar «el ritmo en las venas». Una y otra afirmación son falsas, aunque con un importante matiz: mientras que pedir o robar no forman parte de la cultura gitana, sí lo son el arte y la literatura. Es su cultura, asumida desde la infancia (como hemos visto en el proceso de educación moral), la que les capacita para el arte. No es de extrañar que los integrantes del grupo Los Tarantos afirmen: «Si de verdad quieres saber cómo somos, ven a vernos tocar. Una noche de flamenco te lo dirá todo» (*Clarín*, 24/07/2005).

El arte constituye una actitud estética que impregna la existencia gitana. Cantan y bailan «de forma natural», como reconocía el gitano madrileño Carlos Muñoz en la ponencia que hizo en la Universidad de Verano Ramón Llull (Muñoz, 2007). Los gitanos otorgan siempre una dimensión poética a su vida, que les hace estar siempre abiertos a leerla de una forma simbólica. Esa disposición cultural para el arte –que no predisposición natural– les lleva incluso a convertir la propia existencia en una obra de arte (URE, 1998: 188). Si la ética se define «como el arte de saber vivir» (Savater, 1992: 34), como señalábamos antes, su capacidad para superar con dignidad las carencias materiales no puede sino ser interpretado como capacidad de hacer arte incluso en las condiciones más difíciles. Por ejemplo, el hecho de tener sólo un par de huevos fritos para comer puede ser vivido como una tragedia por una familia no gitana, mientras que una familia gitana puede acabar haciendo un chiste de la situación (Ramírez Heredia: 1997). La cultura gitana contiene una poética de la cotidianidad, que combina el valor de la sinceridad y el uso simbólico del lenguaje. Es una especie de poesía (*poiesis*) vital. En ella la técnica tiene poca importancia, como constatábamos en la parte IV. Es el carácter «naturalmente artificial» del arte (Choza, 1988: 500).

Hay que hacer una curiosa matización a esta disposición gitana para el arte. Cualquier persona que haya asistido a una celebración gitana se habrá dado cuenta de lo distinta que es de una interpretación comercial. Aunque los artistas hayan sido los mismos, la vistosidad del gesto habrá dado paso a la contención, y el aislamiento del artista se habrá convertido en una interpelación con los espectadores; la espontaneidad habrá aumentado, y la expresividad será mucho más profunda. Es sólo entonces cuando el intérprete se *presenta* a sí mismo tal y como es, no *representa* ni *actúa* (es decir, *hace ver que expresa*). Como afirma el escritor gitano Joaquín Albaicín, «al torero gitano no le preocupa la belleza [...]: simplemente la siente. No está ávido de buen estilo, sin duda porque lo lleva dentro» (Albaicín, 1997: 169). El artista lo es porque vive el arte o *en* el arte, no porque viva *con* arte o *del* arte.

Buena parte de la creatividad gitana se basa en partir de experiencias vividas, no conceptos aprendidos. Como dice el mismo Albaicín, «cantaba flamenco porque vivía en el flamenco» (Albaicín, 1993: 372). Jesús Salinas explica que el *cantaor* Manuel Agujetas «decía orgulloso que nunca había ido a la escuela y que los que sabían leer y escribir no podían cantar flamenco» (Salinas, 2002: 6). Esta afirmación es compartida por dos musicólogos, quienes afirman que «El *cantaor* no inventa: recuerda» (Caballero Bonald) y que «El flamenco es una forma de intimidad en el tiempo. La memoria [...] es lo que en el cante agrupa al ser y al tiempo histórico» (Grande, 1999: 82). Esta idea es coherente con la de Ernst Gombrich, según la cual estamos sometidos a un conjunto de recuerdos que, para bien o para mal, influyen sobre nuestros gustos.

En la transformación que señalábamos antes, cuando una interpretación pasa al ámbito comunitario, ya no estaremos ante un *espectáculo* concebido a cambio de dinero para unos *espectadores*, sino ante una *celebración* hecha gratuitamente para *participantes*. Nada más artificial y falso que la música que se vende (URE, 1998: 193), fenómeno con el que tristemente se ha asociado a los gitanos durante siglos. Como constatan algunos autores, «el flamenco sólo se siente a gusto en las reuniones familiares» (Fernández López, 1999-2008: en internet; Molina, 1967: 121), extremo que reconocen ellos mismos al decir que el arte gitano «es diferente cuando se ejecuta por trabajo de cuando se hace en alguna celebración» (Muñoz, 2007), o que los gitanos «diferencian sus exhibiciones para los turistas de las que son sus propias fiestas» (URE, 1998: 193).

Esto es fruto, una vez más, del dualismo gitano (Molina, 1967: 151), que en este caso alcanza una dimensión estética, no ya antropológica o moral. Como resultado de la necesidad de sobrevivir, la cultura gitana ha tenido que ceder una parte de su hermetismo para mostrar temporalmente –a cambio de dinero– algunos de sus elementos más preciados. Es así como la música gitana comenzó a interpretarse públicamente a lo largo del siglo XVI, en celebraciones públicas de tipo eclesiástico o nobiliario. Luego vendrían dos siglos de hermetismo, fruto de las dinámicas de persecución, durante los cuales el flamenco se fraguaría como género musical, a partir de la mezcla de tonalidades y ritmos de origen indio (Rodríguez Maldonado, 2005: 8),[1] melodías de origen musulmán (Molina, 1967: 25) y temas relacionados con los sufrimientos derivados de las dinámicas de asentamiento y de persecución. Como constatan algunos autores, «el flamenco es el grito elemental [...] de un pueblo sumido en la pobreza» (Molina, 1967: 42). Surgido hacia la década de 1780 en la baja Andalucía (Molina, 1967: 19), no abandonó su situación doméstica semiclandestina hasta la década de 1840 (Caballero Bonald, 1995), gracias al fenómeno de los *cafés cantantes*. Algo parecido sucederá más tarde con la poesía y las narraciones gitanas, aunque bajo una misma estrategia cultural: reservar la versión auténtica para el ámbito comunitario y mostrar la versión adulterada para el no comunitario. Un dualismo estético que, en definitiva, es coherente con la libertad como valor dentro de la moral gitana.

Manifestaciones artísticas

Hemos visto que la música, el baile, la poesía y las narraciones son manifestaciones del arte gitano que la sociedad

---

1. No resulta extraño, como afirma el artista Teruo Kabaya, que de él «los japoneses entendamos la parte de Oriente: el baile» (*El Mundo*, 06/07/2003).

mayoritaria ha podido conocer en la medida que los propios gitanos han querido, como un globo que libera peso para poder subir. Más tarde sucedió algo parecido con el teatro o el cine gitanos, aunque ambas especialidades fueron directamente concebidas para un público no gitano. ¿Son estas todas las manifestaciones artísticas de la cultura gitana? Partiendo de mis observaciones, y de la clasificación de Beardsley y Hospers, analizaremos el conjunto de estas manifestaciones:

— *Artes auditivas*. Son las más importantes. La gitana es una cultura fundamentalmente visual y sonora, no a causa de su nomadismo durante siglos, sino de forma coherente con la capacidad simbólica de su lenguaje y con la función socializadora de las obras artísticas, como dimos cuenta en las partes III y V. Los gitanos cantan canciones y narran historias como forma de expresarse y como medio de transmitir su cultura. No resulta extraño, así, que el *cante* y la *música* hayan sido las manifestaciones tradicionales del arte gitano. Su análisis musicológico comparado demuestra su presencia histórica, con una matriz india (reservada para momentos especiales) a la que han añadido elementos de las culturas que han encontrado en su proceso migratorio y de asentamiento.
— *Artes visuales*. La cultura gitana es todavía más visual que sonora. Los gitanos privilegian el conocimiento sensible porque permite captar, con rapidez y autenticidad, la amplia densidad semántica de la realidad. También es «una forma de rechazar categorías ajenas a la propia cultura» (Nedich, 2007: en internet). El *baile* ha sido la modalidad más genuina de arte visual en la cultura gitana, porque no supone tanto la escenificación de una música como el uso del propio cuerpo

para representar objetos estéticos con su movimiento: es pintura o escultura viva. La *forja* ha sido también otra manifestación genuina del arte gitano, hoy casi desaparecida, que ha permitido a los gitanos transformar la naturaleza con la finalidad mixta de crear belleza y utensilios a la vez; pese a su perdurabilidad es, como el baile, un arte efímero, destinado a venderse a no gitanos. Un caso excepcional de arte visual, que se da sólo en España, es el *toreo*, en el que el intérprete lidia públicamente un toro, a medio camino entre la danza y la pintura, recreando la cosmogonía originaria ante un entorno paracomunitario. Más tarde, por influencia exógena (el proceso de asentamiento), la cultura gitana ha asumido la *pintura* y la *escultura*, aunque muchas familias decoraban con pinturas el interior de los carros. Finalmente, si bien no son artes *stricto sensu*, queremos constatar el valor que los gitanos han otorgado a su *indumentaria*, porque refleja una forma de ser más allá de su funcionalidad.

— *Artes literarias*. Como consecuencia de la sonoridad de la cultura gitana, la literatura se ha circunscrito durante siglos a la narración oral de *historias* y *cuentos*, aprovechando los muchos recursos sonoros de la voz. La narración ha desempeñado un papel central en la cultura gitana, sobre todo en el contexto comunitario (un grupo reunido alrededor del fuego), como forma de entretener a los asistentes y transmitir la propia cultura. Junto con las narraciones, de nuevo por influencia exógena, los gitanos han adoptado la *poesía*, que han desarrollado con mucho éxito por su potencial expresivo; de hecho, la formación espontánea de rimas constituye una tradición en el mundo gitano. Muy reciente es el interés por el *ensayo*, fruto de dinámicas

de promoción y reconocimiento que han animado a los gitanos a escribir sobre su propia cultura; y la *novela*, que recoge la larga tradición de narraciones orales, aunque básicamente con la voluntad de ser vendida a no gitanos.
— *Artes mixtas*. La *cocina* ha sido el tradicional arte mixto de la cultura gitana, con el que los gitanos han transformado conscientemente la naturaleza para producir alimentos y sensaciones: el sabor. Más recientemente, a causa de los procesos de asentamiento y de la incipiente producción literaria, el *teatro* se ha desarrollado como arte, aunque de forma vinculada a la música: oratorios, musicales... Igual suerte ha corrido el *cine*, medio muy poco explotado por los gitanos debido a los costes de producción, pese a su carácter simultáneamente visual y sonoro, aunque los gitanos son unos grandes consumidores de cine exógeno, especialmente en el contexto doméstico. Aun así, hay que constatar que las pocas producciones teatrales y cinematográficas gitanas han estado destinadas a un público mayoritariamente no gitano.

La mayoría de obras artísticas gitanas se han transmitido oralmente, empezando a ser transcritas sólo desde mediados del siglo XIX por expertos y estudiosos no gitanos. A causa del carácter expresivo del arte gitano, sujeto siempre a la voluntad del artista, la creación está ligada *pro tempore* al creador y, por tanto, trasladar una creación al papel supondría fijarla, haciendo repetitivo un acto singular. Como sostiene el pintor gitano Bruno Morelli, hay que «aceptar la obra como una porción de vida [...] lejana, en cualquier caso, de la vida real de su autor, quien vive ya otra vida y tiene otro estado de ánimo» (URE, 1998: 190). Igualmente, la transcripción suponía desligar el proceso creativo en dos personajes, el creador y el intérprete, introduciendo así un concepto nuevo en la cultura gitana; intérprete, todo hay que decirlo, al que se limita la creatividad de la recreación, porque la creación fijada en un papel limita la espontaneidad. De ahí las reticencias de los cantantes gitanos a las primeras grabaciones sonoras. Sin embargo, gracias a la influencia de la cultura mayoritaria los gitanos han empezado a trasladar sus obras a un soporte escrito desde mediados del siglo XX, lo que ha permitido conservar algunos de los elementos de la cultura tradicional antes de la irrupción de dos fenómenos que tanto han afectado a la cultura gitana: la vida en barrios marginales y el uso de los medios de comunicación.

28. LA OBRA DE ARTE COMO FENÓMENO ESTÉTICO

Si bien la ética es constatable a partir de la conducta de las personas, la estética lo es mediante los objetos que han sido creados conscientemente con una finalidad artística. Es lo que denominamos *fenómeno estético*. Como no podemos entrar en la psicología del artista, el análisis fenomenológico del acto creativo se debe llevar a cabo mediante la interpretación de los objetos creados (es decir, de las *obras artísticas* o *muestras de arte*) a partir de sus elementos formales, temáticos y sensoriales, entendidos como «diferentes formas de prestar atención a las obras de arte [y] valores que el arte puede ofrecernos» (Beardsley y Hospers, 1993: 123).

ELEMENTOS SENSORIALES DE LAS OBRAS

Los elementos sensoriales son los que dan carácter a una obra, convirtiéndose en el signo con el que se construirá cada frase estética. Hacen referencia a las características puramente sensoriales del objeto fenomenológico, que habitualmente tienen que ver con la textura, el color, el tono, el tacto o el timbre (Beardsley y Hospers, 1993: 123). En este sentido, son el aspecto más opuesto a los elementos temáticos.

El primero de estos elementos es la *espontaneidad*. El arte gitano está fundamentalmente concebido como medio de expresión en el contexto de una celebración comunitaria, casi siempre improvisado, sin más normas que las de la propia sensibilidad del creador. Como sostiene la gitana puertorriqueña Samaris Cassano, «la música sirve para expresar la alegría, la tristeza... ¡Todo!» (EFE, 18/01/2008). Es un tipo de grito elemental (Molina, 1967: 42) de quien comparte su intimidad (Grande: en internet), feliz o triste, con los suyos. Bien saben los psicólogos que expresarse es la mejor forma de somatizar lo que, para bien o para mal, preocupa a una persona. La sabiduría popular ha acuñado en algunas frases lo que constatan, como «pájaro que no canta, algo tiene en la garganta». No en vano, artistas gitanos como el torero Rafael de Paula (*El Mundo*, 16/05/2004) y el histórico *cantaor* Manuel Torre (Starkie, 1956: 95; Fernández López, 1999-2008: en internet) consideran que los intérpretes que no expresan, pese a la perfección de su interpretación, no tienen *duende*. La espontaneidad es más íntima que la improvisación, porque esta última supone una mínima planificación; también es más amplia que la pura búsqueda de novedad (Muñoz, 2007), porque no se pretende nunca olvidar lo que se está sintiendo; supone, más bien, una voluntad de expresar lo que se siente más allá de los planes o las formas, que tanto fascinan a los no gitanos porque «sus vidas están despiadadamente sujetas a un plan» (Starkie, 1956: 131).

La espontaneidad, aplicada a la música, se convierte en creatividad. Como afirmaba Ferenc Listz, «en el arte, como en la vida, los gitanos no reconocen ni dogma ni ley ni regla ni disciplina. [...] No se detienen ante ninguna audacia, siempre que corresponda a su propio instinto audaz y que refleje una verdadera imagen de su ser interior» (Starkie, 1956: 266). De ahí la acogida que el jazz está teniendo en la cultura gitana desde la década de 1930, siendo percibido como «verdadera válvula de escape, porque la improvisación se acepta *a priori*» (URE, 1998: 188). Sin improvisación tampoco puede haber corridas de toros, según Rafael de Paula (*El Mundo*, 16/05/2004). La improvisación, que Charles Baudelaire asociaba al origen de la poesía, no está relacionada con no tener estudios artísticos, sino con la voluntad de expresarse artísticamente. Esto resulta coherente con la importancia de la sinceridad como valor dentro de la moral gitana. Otro recurso para mostrar esta sinceridad sería "el pellizco", con el que el creador muestra de forma desgarradora sus sentimientos (alegría o dolor) a través de gemidos de voz (*quejíos*) o golpes de pie (*zapateo*); Carl G. Jung relacionaba este último con la capacidad expresiva del gesto homónimo que hacen los niños (Molina, 1967: 81). No en vano Morelli, uno de los más importantes pintores gitanos de la historia, afirma: «la estética gitana se nutre del instinto natural, sentido e intuición» (URE, 1998: 188).

El segundo de estos elementos es el *movimiento*. Es bien sabido que, tras expresar lo que se siente, el arte ha tenido históricamente la función de describir lo percibido. Por ejemplo, fueron primero las canciones de amor que los cánticos de guerra. Por lo que respecta a los gitanos, las difíciles condiciones de vida que han tenido que superar constituyen un terreno fértil del que extraer temas para expresar o para describir. Paralelamente, hemos demostrado ya la importancia de captar de manera visual la realidad como medio de supervivencia, lo que para Morelli ha potenciado la capacidad perceptiva de los gitanos (URE, 1998: 188). También hemos demostrado que la lengua gitana supera su concreción terminológica con una enorme capacidad expresiva, sobre todo a través de recursos como la metáfora o la hipérbole. Trasladada al campo estético, esta idea se concretaría en el uso de recursos como el ritmo, el braceo o las aliteraciones. El primero, en sus diferentes intensidades, es una metáfora para mostrar tanto el paso del tiempo como los latidos del corazón, sobre el eje *rápido-lento*, extremo casi intuido por algunos autores (Molina, 1967: 67-68). El braceo, denominado *mudra* en la India, constituye otra metáfora para mostrar los cambios en el espacio, de la misma forma que los múltiples brazos de Shiva son un recurso para mostrar su ubicuidad.[1] Finalmente, las aliteraciones son un mecanismo para reflejar la intensidad o inmensidad de aquello descrito, al repetir fonemas sin sentido, con variantes y matices, como «aiiiiiiiiii» (Starkie, 1956: 90). Este recurso del flamenco, también oriental, se denomina melisma;[2] según el sacerdote y musicólogo Julio Rodríguez, «el artista bucea en su interior y busca, en lo más profundo de su estado de ánimo, el matiz, la prolongación o la inflexión» (Rodríguez Maldonado, 2005: 8). De ahí el nombre de profundo o *jondo* para determinado tipo de cante. Su equivalente instrumental será el fraseo. En sus antípodas se encuentra la congelación del tiempo en la ralentización progresiva de los pases habituales en los toreros gitanos, hasta convertirse en poesía visual. Esto resulta coherente con la importancia del respeto (a uno mismo o a la realidad) como valor en la moral gitana.

---

1. La importancia del baile o el toreo entre los gitanos es coherente con la consideración de la escultura como arte más destacado de la India, que resulta irrealizable sin un conocimiento previo de la danza (Merlo, 2002: 79).
2. Efecto derivado de la introducción de más semitonos, entre las notas, al clásico bemol (Rodríguez Maldonado, 2005: 8; Reyes, Manuel: 2005). Estas variaciones de cada nota, netamente orientales (aunque también presentes en el gregoriano), aumentan el espectro sonoro y la capacidad expresiva de la música. El *cantaor* gitano Manuel Torre los denominaba «sonidos negros». A nuestro entender, es fruto de una visión no dual de la realidad.

Elementos formales de las obras

Los elementos formales, a medio camino entre los elementos sensoriales y temáticos, son el lenguaje con el que se construirá cada frase estética. Su función es, así, interrelacionar globalmente todas las partes de la obra, a partir de conceptos como equilibrio/confusión, unidad/variedad o vistosidad/contención (Beardsley y Hospers, 1993: 124-128), hasta constituir unos códigos de representación estética.

El lenguaje artístico gitano se caracteriza en primer lugar por su *naturalidad*. Recordemos que en la parte III analizábamos cómo los gitanos potencian un uso presentativo del lenguaje verbal. Lo importante es presentar la realidad, más que representarla, conscientes de que ningún concepto puede sustituirla. Recordemos que los gitanos, en su tendencia a la eficacia, han transmitido en su inconsciente colectivo la importancia de privilegiar la vista en el proceso cognitivo, por lo que su lenguaje no ahorra en recursos para construir las imágenes visuales que caracterizan a los relatos y cuentos gitanos. Estos mecanismos fueron ya estudiados por la psicología de la forma (*Gestalttheorie*) y por Benedetto Croce.[3] Trasladado al lenguaje estético, que vendría a ser un lenguaje no verbal, los diferentes elementos sensoriales se relacionan para transmitir al espectador las sensaciones del creador en el momento creativo. Se trata de comunicar una experiencia, de conmover, de que el espectador sienta lo mismo que el creador. El arte gitano presenta emotivamente percepciones personales, de forma coherente con la subjetividad del lenguaje

---

3. Según su *Filosofía del espíritu* (1902), la estética es la ciencia de las imágenes, a diferencia de la lógica, que es el conocimiento de los conceptos, porque clarifica las impresiones que captan nuestros sentidos y las transforma en intuiciones que se pueden expresar (Beardsley/Hospers, 1993: 74).

gitano, constatado también en la parte III. Igualmente, tanto si es expresivo como descriptivo, el arte gitano siempre se caracterizará por no obviar detalles en el relato ni eludir tiempo en la expresión o la descripción. De ahí que los cuadros gitanos sean siempre figurativos, nunca abstractos, pero de una figuración que recuerda al impresionismo. La naturalidad va así más allá del realismo, porque añade emoción a la descripción. El artista no actúa sino que se presenta él mismo como es, tendencia muy oriental (Nakamura, 1991: 373) sostenida en Occidente por Alexander G. Baumgarten en el siglo XVII.[4]

El segundo rasgo que caracteriza el lenguaje artístico gitano es su *vistosidad*. Todo se encuentra al servicio de la libre disposición del artista, que no ahorra en detalles en la descripción para garantizar que el espectador sienta lo mismo que él. Una de sus técnicas narrativas es el *contraste*, que hace que la música, el baile o la pintura gitana sean siempre fáciles de reconocer. Es lo que le aporta vitalidad (URE, 1998: 189), de forma coherente con la importancia de la vida en la cosmovisión gitana. Son muchos los motivos que se yuxtaponen, a nivel formal, en una obra gitana: colores (de diferentes gamas e intensidades), líneas (de diferentes dimensiones y regularidades), ritmos (sobre el eje *lento-rápido*), fraseo (sobre el eje *moderación-virtuosismo*) o gestos (sobre el eje *contención-vistosidad*). El contraste es el recurso que permite percibir fácilmente los matices, aumentando así la eficacia estética de las obras para conmover, factor tan prestigiado en la cultura gitana. Se trata de aumentar la *intensidad* de la percepción y la emoción estéticas; recordemos que la primera es la que garantiza la eficacia comunicativa, como se estudió en la parte III, mientras que la segunda la situará en la geografía o el ca-

---

[4]. Fue el primero en definir la estética como «ciencia que conoce mediante los sentidos» (URE, 1998: 187).

lendario personales, como hemos visto en la parte IV. El objetivo final no es otro que dar *densidad* afectiva a la contemplación estética. Como apuntaba Henri Bergson, en *La evolución creadora* (1907), «la percepción y la imagen mental no difieren en su naturaleza sino en su intensidad» (Gubern, 1992: 28).

De nuevo hemos de constatar el trasfondo oriental de esta técnica, basada en yuxtaponer elementos aparentemente inconexos para que el espectador los sintetice. Como consecuencia de la dificultad para la abstracción, constatada en la parte III, se trata «de operar de forma discursiva y comparativa, mediante el contraste de categorías opuestas» (AA. VV., 1999: 61). Este recurso, empleado con profusión por Sergei M. Eisenstein en el montaje de sus películas, se basa en un recurso habitual en la cultura japonesa, donde la yuxtaposición de un *ojo* y una *gota* representan el término "lágrima". No en vano, Nakagawa afirma que «el arte japonés se caracteriza por la yuxtaposición armoniosa de diferentes elementos heterogéneos» (Nakagawa, 2006: 116). Esto es coherente con la constatación de Morelli:

> La estética romaní vive de fragmentación, de momentos unidos por un mismo impulso. [...] Es como un ojo en viaje que no ve la misma cosa pero que, al estar en movimiento, capta la realidad cambiando. La forma se modifica pero mantiene su contenido: es la vida misma [URE, 1998: 190].

En el pliego central, a modo de ejemplo, adjuntamos la reproducción de algunas obras del propio Morelli y de otros artistas gitanos, así como las obras premiadas en el Concurso Internacional de Pintura organizado en 2008 por el Centro Internacional de Estudios Gitanos, con sede en Chandigarh (la India), con motivo del Día Internacional del Pueblo Gitano.

Elementos temáticos de las obras

Los elementos temáticos son el contenido explícito al que refiere una obra artística, es decir, la materia con la que construirá su mensaje y adquirirá su significado completo, que el artista formulará a través de elementos sensoriales y formales. Habitualmente, entre otros, hacen referencia a temas, personajes, objetos, e, incluso, al papel del propio artista. Constituyen el aspecto más opuesto a los elementos sensoriales, porque no apelan a los sentidos sino al intelecto.

Contrastando nuestras observaciones con la ponencia sobre arte gitano que Carlos Muñoz hizo en 2007 en la Universidad de Verano Ramón Llull, los temas más habituales en las obras gitanas serían la naturaleza, las costumbres y la comunidad, abordados desde la óptica del amor, la nostalgia o la tragedia, que lo constituye el propio *pathos* y muestra su estado interior. En el fondo, se trata de una «manifestación de la conciencia romaní» (Muñoz, 2007) sobre los elementos que conforman su cosmovisión, a partir de la óptica de sus valores. Esto se refleja tanto en temas (Molina, 1967: 115) y lugares (Molina, 1967: 121), como en los personajes (Molina, 1967: 134) que aparecen. Así, por ejemplo, las obras suelen girar en torno al respeto a las costumbres, la desaparición de la vida, la nostalgia de la naturaleza, el amor hacia otra persona, la opresión ante la falta de libertad... Lo gitano suele presentarse como centro de la narración, mientras que lo no gitano suele aparecer como extraño, a menudo amenazante.

Y, una vez más, es un arte que no arranca de la abstracción sino de la concreción, es decir, un arte que parte de la cotidianidad (Liégeois, 1987: 90-91). A causa de la dificultad de los gitanos para la abstracción, las obras gitanas no se refieren a ideas sino a situaciones, es decir, a ideas aplicadas en un contexto concreto y expresadas mediante alegría o tristeza, las dos actitudes básicas de la persona. Como arte expresivo, sitúa al gitano siempre como sujeto de la enunciación, de forma explícita. Sirvan, como ejemplo, los que el propio Muñoz aportó durante el curso.

> **Carácter descriptivo**
>
> Los niños gitanos cantan aunque sufran; aunque tengan hambre, se levantan y bailan como el bosque les enseña (Bronislawa Wajs, «Papusza», polaca).
>
> Tengo el viento, padre de mis cielos, que arrulla mi indomable pensamiento, y los árboles para refrescar mi profundo sueño (Santino Spinelli, italiano).
>
> Tu resplandor me remonta / al pasado de mi raza / y veo rostros morenos / alrededor de tus brasas (Rafael Fernández Santiago, español).
>
> Ceferino, que es más pobre / a la novia regalaba / un canastito de mimbre / y entre las mimbres su alma (José Heredia Maya, español).
>
> Antes de nosotros el viento de la lluvia hablaba, el agua de las fuentes decía y el fuego del sueño palabras creaba (Rajko Djurić, serbio).
>
> Fue la fragua la que me forjó, la que me habló de arte, de compás y de sentimiento, mientras las estrellas de acero bailaban en el tablao del yunque (Rafael Fernández Santiago, español).

> **Carácter expresivo**
>
> Pero mis montañas de piedra, y cerca del agua de las rocas, me son más queridas que las piedras preciosas que hacen bonitos fuegos (Bronislawa Wajs, «Papusza», polaca).
>
> No escuches con pena la voz de la inquietud, no tengas miedo, baja hasta la tierra: la flor abierta te mostrará el camino (Rajko Djurić, serbio).
>
> Legítimo heredero de la Tierra. / Hijo de la Vida. / Padre de la Libertad. / Abuelo soy de los prados y de la raza universal. / Nací allá, por el Lejano Oriente, / cuando el Sol rompió la nada (Rafael Fernández Santiago, español).

▶

> **Carácter expresivo**
>
> ▶ Cuando llega el invierno, los vientos me agotan. Con dolor, con gana, mi corazón se aflige de pena (Jozsef Daroczi, «*Choli*», húngaro).
>
> Cadáveres resucitados del fango, horribles rostros al sol señalan con los dedos hacia quien el silencio ha callado (Santino Spinelli, italiano).
>
> En el corazón sentí fuerte entonces el peso del destino de los gitanos. Por primera vez me enfadé por haber nacido tan infeliz y por haber nacido gitano (Semso Avdić, bosnio).
>
> Las flores con ser las flores / no deben ser lo primero / lo primero en un jardín / el amor del jardinero (Rafael Fernández Santiago, español).

Para apreciar hasta qué punto el arte gitano es coherente con su cosmovisión y sus valores basta con ver el curioso análisis comparativo que Molina hace con el arte de los negros afroamericanos, en el que el canto es más un lamento que una protesta (Molina, 1967: 8), que invita a la aceptación no violenta del tiempo presente:

> Desde el primer momento el negro [...] ha reaccionado con agresividad ante la opresión y el menosprecio, tratando de integrarse en la sociedad norteamericana, luchando por sus derechos con afán [...] En el gitano, en cambio, parece ser su no integración en la sociedad española [mayoritaria]; convivir sí, pero con límites. Ante la desgracia parece plegarse y aceptarla; este hecho aparece en la copla flamenca, donde nunca se habla de rebelión [Herrero, 1991: 117-120].

Pero el contenido no se agota con los significados explícitos y denotados, porque el lenguaje gitano también utiliza recursos implícitos y connotados que ayudan a garantizar la eficacia semántica de la narración. Nos referimos a las formas culturales, básicamente personas y objetos, que aparecen en las obras artísticas como arquetipos,[5] para garantizar que el espectador sienta lo que quiere el autor. Se trata de asimilar determinados colores a ciertos estados de ánimo, y algunos objetos a ideas concretas. Esto es coherente con el lenguaje verbal gitano, que –recordemos– potencia la dimensión simbólica a fin de crear imágenes visuales y superar así su dificultad para lo abstracto. Esta densidad semántica también la constata Morelli:

> El árbol es siempre el sujeto principal de la representación, y está asociado a la idea de genealogía. [...] El rojo es como la sangre y, por tanto, es vida, tierra. El toro sugiere el sentido de espacio: cielo, libertad [...] Y aún otra contraposición: el frío y el calor. Aparecen el fuego y el agua como elementos dualistas [...] según la tradición filosófica zíngara [URE, 1998: 190].

El análisis podría ir todavía más lejos, con la interpretación semiótica de otros de los elementos comunes en las obras artísticas gitanas: los caballos, sinónimo de libertad; las rosas, la pureza; el demonio, la culpa... Estos símbolos los asimila Ernst Cassirer «a la idea de concepto» (Gubern, 1992: 87). La diseñadora Mónica Cebrián, por ejemplo, destaca los motivos inspirados en animales y plantas que las gitanas le

---

5. En la India se considera que los arquetipos son de origen divino, como vendría a suceder con las formas de Platón. Por ese motivo, aún hoy en día, los artistas ortodoxos, antes de empezar a trabajar, meditan sobre la divinidad o la calidad que se quiere representar (Merlo, 2002: 70), para poder entrar «en contacto con la realidad suprasensible simbolizada» (Merlo, 2002: 71). La creación se convierte en una suerte de oración, porque crear es recrear la Creación. También Hegel, en sus *Lecturas sobre estética* (1832), anima a buscar la verdadera belleza, creada por el Espíritu, tras las falsas apariencias de este mundo imperfecto.

piden en sus vestidos de novia (*La Vanguardia*, 31-01-2008). Traspasaría el ámbito de este libro analizar si estas formas que utilizan los creadores gitanos son los *símbolos convencionales* de Erich Fromm, vinculados a una cultura concreta, o los *símbolos universales* de Carl G. Jung, inherentes a la naturaleza humana. Mi opinión apunta más bien a lo segundo, aunque la creatividad gitana estaría en la capacidad de construir un *corpus* de símbolos, mediante elección, que pasarían a ser incorporados al *inconsciente colectivo* de la cultura gitana. Son aclaradoras las palabras del gitano francés Tony Gatlif, director de cine, para quien el arte «no debe ser local, sino presentar sentimientos universales» (Gatlif: 2002).

Hacia una formulación del canon estético gitano

De todo lo expuesto se deriva un claro criterio estético, basado en la predilección por los materiales o soportes naturales, por las formas y los colores que proporcionan estímulos persistentes, por las composiciones naturalmente vistosas y por los contenidos que reflejan aspectos de una existencia vivida con autenticidad y coherencia. Lo que prima en el juicio estético, a diferencia del epistemológico o del moral, no es ya el asentimiento o el interés colectivo, sino el respeto a determinadas formas de interés cultural que impregnan el *inconsciente colectivo*. Es lo que Morelli define como «códigos de representación estética» (URE, 1998: 189), que para Mendiola no son sino «formas de expresar» la *gitanidad* (Mendiola, 2000).

Aplicado a las diferentes manifestaciones artísticas, la música gitana se diferencia de la no gitana por su sencillez total dentro de una complejidad armónica, en que las frases sonoras se contraponen súbita y rápidamente.⁶ La pintura gitana tiende a la profusión de colores naturales, aumentados tonalmente de forma estridente y bruscamente contrastados entre ellos, y de formas expresivas y vistosas, a partir de líneas circulares o rotas; el toreo potencia las combinaciones de pases sencillos ejecutados con naturalidad (el denominado «toreo al natural»);⁷ y la literatura aporta un lenguaje sencillo pero fuertemente simbólico. La cocina gitana tiende a usar elementos naturales pero intensamente condimentados: con hinojo en España y con paprika fuera de ella. En cuanto a la decoración de los hogares gitanos y la indumentaria de los gitanos, este criterio implicaría una simplificación de los códigos pictóricos, con profusión de colores naturales, aumentados tonalmente y bruscamente contrastados, con detalles frecuentemente excéntricos. Este criterio sería coherente, incluso, con el lenguaje no verbal del propio cuerpo, que se caracterizará por la profusión de gestos. Incluso con el criterio de belleza personal, vinculado a los rostros angulosos (Muñoz: 2007), por el contraste de facciones que constituyen sus ángulos.

En todas las manifestaciones, pues, se prima la naturalidad, combinada de manera barroca para dar apariencia de

---

6. La estudiosa sefardita Sofía Noel avala esta tesis, al sostener que la música gitana presenta rasgos típicamente orientales, como combinaciones de ritmos contradictorios y riqueza de figuras ornamentales (María Belén Luaces, en internet).
7. Una vez más resulta curioso constatar el paralelismo entre el arte gitano y el arte oriental, en términos generales, porque el momento de máxima tensión dramática, a diferencia de lo que podría parecer, no se asimila al momento de máximo movimiento sino al de más quietud. Starkie compara la actitud del torero en la plaza con el del actor japonés en el escenario (Starkie, 1956: 180-181), donde el clímax se alcanza en una misma actitud de serenidad y, en el fondo, paz interior. De nuevo, volvemos a la diferencia entre las celebraciones para no gitanos, más vistosas, de aquellas para el ámbito comunitario, más contemplativas. La ralentización del tiempo narrativo, hasta casi detenerlo, con pases cada vez más lentos pero mejor enlazados (ligados), parece conducir a una experiencia extática, cuyo significado literal es precisamente «suspendido en el tiempo».

naturalidad. Tal es el canon gitano, que valora la imitación de la realidad natural y, sobre todo, la descripción de los estados de ánimo interiores. No es tanto lo que se expresa (que también) sino cómo se expresa (Liégeois, 1987: 92). Lo que se valora, más que el realismo de la obra, es la expresión del creador: las cosas son en la medida que significan algo para alguien (Merleau-Ponty, 1985: 11). Este criterio, asimilable al del barroco, es tachado de «mal gusto» por los no gitanos porque se encuentra en las antípodas de su criterio estético.[8] En Occidente, desde el Renacimiento el canon occidental ha tendido a alejarse de la naturaleza, a diferencia del canon oriental. También resulta coherente con la equiparación que en la India se hace entre el lenguaje verbal y el «lenguaje de la forma» (Merlo, 2002: 80). Así, Isabel Fonseca, en su viaje entre los gitanos de Europa, constataba que uno de ellos llevaba «un complejo estampado de flores, de acuerdo con el gusto gitano» (Fonseca, 1997: 44), tendencia también constatada por Clébert (Clébert, 1965: 222-223).

Esta tendencia barroca, de enaltecimiento de los sentidos, la reconoce Ramírez Heredia, al decir: «los gitanos somos portadores de una mentalidad típicamente oriental y, hasta cierto punto, barroca» (Ramírez Heredia, 1973: 175). Este barroquismo lo constata Morelli al describir la emoción del artista gitano: «Los gestos, en realidad, son láminas cortantes, espadas lanzadas más allá de la escena con voces estridentes, con lamentos y gritos» (URE, 1998: 192). Los gitanos, por ejemplo, valoraban el toreo de Rafael Gómez «por su intuición de las formas» (Alameda, 1989: 122). Como reconoce Morelli, «el arte es un mensaje espiritual antes que una elaboración formal» (URE, 1998: 192), extremo que otro

---

8. Así pasó con el propio barroco durante casi dos siglos, como bien denuncia Eugeni d'Ors en *Lo barroco* (1944).

gitano, Nedich, constata como «un especial sentido de la estética» (*Actualidad Étnica*, 11/08/2006). Como reconoce la pintora gitana Judea Heredia, «en más de una ocasión me han comentado que no podría pintar así si no fuese gitana» (VV. AA., 2003: 50). No en vano, como sostiene el torero gitano Rafael de Paula, «ser gitano es entender el arte de otra forma. Toreando me siento gitano» (*El Mundo*, 16/05/2004). Morelli llega incluso a explicar que, en una muestra de arte sacro en Berlín, otro pintor gitano le reconoció como tal porque detectó en sus obras una diferente «gesticulación, los movimientos de las figuras» (URE, 1998: 188-189).

Hay que decir, finalmente, que los gitanos –probablemente sin saberlo– se solidarizarían con las teorías que Walter Benjamin en su tratado *La obra de arte en la era de su reproductibilidad técnica* (1936), según las cuales sólo sería arte *stricto sensu* el producido para un momento y un lugar concretos. Es un arte contextual, que depende de la circunstancia del artista. Es un arte necesariamente original e irrepetible; cuando no es así, porque el artista interpreta la obra de otro, la interpretación alcanza características de recreación. No se limita a representar o transcribir sino a interpretar, en el sentido más genuino de la palabra. Todo está al servicio del artista, que cree poder mejorar el original con su recreación. Los gitanos, por ejemplo, menosprecian la música grabada, como si fueran obras adulteradas o *rebajadas*. En el fondo, parafraseando a Aristóteles, los gitanos perciben el arte en potencia, porque lo actualizan añadiendo a cada obra su propia experiencia, convirtiendo así el acto o hecho artístico en un momento único y singular.

Una obra es bella cuando, al margen de sus elementos estéticos, es auténtica, es decir, «vivir con verdad el momento de la verdad, lo que en el toreo se llama *cargar la suerte* o lo que en el cante o el baile se denomina *rematar*» (Albaicín,

1997: 365). Es lo que el hispanista Justo Fernández, profesor en la Universidad de Innsbruck, recoge diciendo que «el grado de verdad del cante o del baile depende del grado de verdad de quien lo ejecuta» (Fernández López, 1999-2008: en internet; Herrero, 1991: 117-120). No en vano, algunos autores relacionan la belleza con la verdad y la bondad (Corazón, 2002: 235), como mecanismo para alcanzar el ser de las cosas (Corazón, 2002: 238).

29. FUNCIONES ESTÉTICAS DE LA EXPERIENCIA ARTÍSTICA

Hemos visto que la identidad gitana configura unas actitudes en el artista gitano y unos recursos en su lenguaje artístico. Pero su interpretación estética no se agota con el fenómeno estético, sino que continúa con el análisis de su función comunitaria. La comunidad constituye, como se analizó en la parte IV, uno de los elementos fundamentales de la cosmovisión gitana, como columna vertebral de su cultura y, todavía más importante, como *axis mundi* de su interpretación del tiempo y del espacio.

Beardsley y Hospers establecen que, para que una obra de arte pueda ser considerada como tal, debe ser pública (Beardsley y Hospers, 1993: 158), porque sin esta dimensión social no podría cumplir ninguna funcionalidad estética. En otras palabras, una obra artística está pensada para ser compartida. Esta condición, en el caso de la estética gitana, se cumple plenamente, porque el arte verdadero (no aquel ideado como espectáculo, a cambio de dinero) está pensado para ser interpretado y disfrutado en el seno de la comunidad. Efectivamente, se cocina, se baila, se viste o se torea para otras personas, porque todas esas manifestaciones son expresión de alguien que se expresa ante los demás.

De hecho, la primera función del arte gitano es reunir a la familia o a la comunidad, sobre todo en un contexto celebrativo. Sus celebraciones son lo más opuesto a los espectáculos, no sólo por su carácter auténtico sino también por la participación de los asistentes, que son *participantes* y no *espectadores*: no se limitan a mirar la ejecución del intérprete, sino que se sienten interpelados por él y movidos a participar en la interpretación. Es lo que algunos autores denominan contemplación activa o *Einfühlung* (Molina, 1967: 96). Nada más alejado de la estética gitana que la concepción del arte como algo aislado de su contexto: el arte por el arte. Basten algunos ejemplos:

- En la pintura o la poesía, cualquier gitano se verá con ánimos de dar su opinión e, incluso, de completarla o mejorarla («dos gitanos, tres opiniones», dice el refrán gitano).
- En la música, intentará seguir silenciosamente el ritmo, esperando explicitarlo en un momento determinado, bien aplaudiendo o bien taconeando[1] (o bastoneando, los gitanos mayores, validando simbólicamente la interpretación con su vara de autoridad).
- En el toreo, que se desarrolla en compañía de no gitanos, la mirada atenta y sensitiva seguirá siempre los diferentes pases taurinos, esperando aclamar con un *ole* en el momento de máxima emoción estética.

El arte tiene, en la cultura gitana, una función claramente socializadora. Como ya se anticipó en las partes III y V, las canciones y las narraciones son los medios tradicionales que

---

1. Muñoz sostiene la acertada teoría de que en España los pitos sustituyeron a los platillos que los indios se ponían entre los dedos, mientras que los golpes de tacón producen un efecto similar al de los cascabeles en los tobillos (Muñoz: 2007). Nada más lejos, pues, de los acompañantes que tocan las castañuelas en los espectáculos para turistas.

han permitido transmitir la cultura gitana. Las obras artísticas constituyen una forma *amable* de transmitir, de una generación a otra, los rasgos fundamentales de la cultura gitana, básicamente en un entorno familiar y festivo. Como constata el *cantaor* Tomás de Perrate, al referirse al papel del artista, «los gitanos, cuando cantamos flamenco, estamos haciendo algo más que música: trasmitimos de forma oral nuestra cultura. [...] En vez de convertirnos en protagonistas, hacemos que esta sabiduría nos traspase y llegue a los demás» (*El País*, 01/10/2006). La temática y sus elementos, así como el papel del propio intérprete,[2] remiten siempre a la cultura gitana. De ahí que, como afirma el musicólogo Domingo Manfredi, los recuerdos de los gitanos se encuentren en las letras de sus canciones (Manfredi, 1957: 19), porque su función «es expresar sociabilidad más que intercambiar ideas» (Fonseca, 1997: 81). El arte se constituye, así, en una alternativa a la escuela. Hay muchos niños no escolarizados, pero pocos sin alfabetizar artísticamente. De ahí la importancia de la afirmación, ya citada, del *cantaor* Manuel Agujetas, quien se enorgullecía de no haber ido nunca a la escuela y afirmaba que los gitanos alfabetizados no podían cantar flamenco (Salinas, 2002: 6), porque quienes se han socializado a la manera no gitana no pueden ya expresarse como gitanos.[3]

Este carácter socializador supera incluso su función pedagógica para convertirse en un elemento purificador. Si la

---

2. Muñoz también recuerda que, como reflejo de la estructura de género entre los gitanos, los hombres y las mujeres nunca bailan con sus homónimos (Muñoz: 2007).
3. De ahí el éxito de iniciativas como la Fundación Pere Closa, de Badalona, donde se logra convencer a las familias de que la escuela no es un instrumento de aculturación gracias a la inclusión, en los currículos escolares, de elementos de la cultura gitana. Los padres sienten así que sus hijos no van a clase para dejar de ser gitanos, sino para ser los mejores gitanos posibles.

vida en plenitud es la que se vive en el contexto comunitario, hasta el punto que el tiempo que se pasa entre no gitanos es fuente de impureza, el hecho de participar en una actividad artística ayuda a purificarse. Permite reconstruirse como persona a la manera gitana, volviendo a cargar baterías de la fuente de la *gitanidad*. Es una participación netamente catártica, en la que tanto el artista como los participantes sentirán que han salido renovados. De ahí la expresión «la gozamos», entre los gitanos españoles, que significa algo más que «lo hemos pasado bien». Es un goce estético, no una diversión. Pero no cabe duda de que el artista siente esta purificación de una forma más especial, porque el arte le permite compartir sus sentimientos más íntimos con los suyos, para destilar la tristeza o sublimar el sufrimiento, a la manera del dicho que asegura que «quien canta, su mal espanta». La emoción estética, cuando es plena, puede purificar.

En un plano transcendente, que analizaremos en la parte VII, este reencuentro y purificación comunitaria podría tener un trasfondo mágico-religioso, fruto del origen indio de la cultura gitana. Son muchos los autores que constatan la relación entre el baile gitano y las danzas religiosas indias (Clébert, 1965: 149; Molina, 1967: 80 y 100), la escala musical de ciertos palos del flamenco con las músicas sagradas de la India (Starkie, 1956: 74; Clébert, 1965: 290; Hancock, 2002: 70-71; Rodríguez López-Ros, 2007: 51) o la función sacralizadora de algunos de estos palos (Starkie, 1956: 77-78; Molina, 1967: 162; Arrebola, en internet), que asimilan incluso al óbito (Starkie, 1956: 126-127), a los que atribuyen similitudes musicales con el canto sinagogal (Reyes, 2005), bizantino (Falla, 1944: 56) o gregoriano (Arrebola, en internet) por las inflexiones de la voz. Las obras estéticas alcanzarían un estatuto cultual, convirtiéndose en ceremonias pseudorreligiosas, en las que el artista, gracias a un sexto sentido o *anupalabdhi* (Mohanty, 2000: 31), recrearía paralitúrgicamente con su vida la cosmogonía o el apocalipsis, con unos movimientos sacralizadores pautados desde siglos, animando a la vez a los participantes a hacerlo.

Esta teoría, sostenida también por gitanos como Albaicín, encuentra su eco oriental en las tesis del pensador indio Ananda K. Coomaraswamy. El arte sería, para él, una vía de religación (Albaicín, 1997: 254; Merlo, 2002: 63), más que una forma de realización, porque la experiencia estética constituye una forma de alcanzar la experiencia mística (Merlo, 2002: 62).[4] Cuando se tienen pureza interior (sinceridad), recta intención (gratuidad) y actitud meditativa (Merlo, 2002: 67) sobre la luz interior (Merlo, 2002: 64), «la obra de arte se convierte en soporte para la contemplación y en camino de revelación» (Merlo, 2002: 74), como anticipaba el pintor greco-español Doménikos Theotokópoulos, «El Greco».

---

4. Recordemos, por ejemplo, a los derviches.

PARTE VII. METAFÍSICA GITANA
La trascendencia en la vida gitana

30. DEFINICIÓN Y CLASIFICACIONES DE LA FILOSOFÍA DE LA RELIGIÓN

Pese a la muerte de Dios que preconizaba Fiedrich Nietzsche a finales del siglo XIX, la religión continúa estando muy presente en nuestro mundo. Desde las religiones tradicionales hasta las prácticas neo-mágicas, las personas continúan teniendo sed de eternidad y hambre de trascendencia; ante el vacío de lo inmanente, algo que ayude a sobrellevar la materialidad de lo cotidiano. Se busca, en definitiva, una esperanza más allá de la certeza de la muerte.

Más allá de lo estrictamente teológico, también la filosofía ha reflexionado sobre los límites de lo real y la posibilidad de trascenderse. En este contexto, las explicaciones trascendentes continúan siendo el principal elemento explicativo de la realidad en su conjunto. De hecho, el ser humano ha sido denominado «animal de profundidades», porque no se contenta con la simple evidencia de las cosas, sino que busca su explicación integral e última. Las personas buscan y esperan en las religiones la respuesta a los enigmas más profundos de la condición humana. Desde sus orígenes, la religión constituye la forma básica de relacionarse con la realidad misma, a la que dan una explicación que la transciende, así como de ordenar las propias acciones para ajustarse a esta concepción de lo real.

La fe, en definitiva, aporta un sentido último a la existencia humana. No se puede vivir sin fe. Ni que sea en un contexto inmanente, sin confianza en los demás o en lo demás no es posible desplegar la existencia. Volar en avión, por ejemplo, constituye un ejercicio de fe en la preparación del piloto o la resistencia de los materiales, como afirma Salvador Pániker en su *Cuaderno Amarillo*. Más allá de la fe, el fenomenólogo Juan de Dios Martín Velasco define así la religión:

> Un hecho humano específico que tiene su origen en el reconocimiento, por parte de la persona, de una realidad suprema que confiere sentido último a la propia existencia, al conjunto de la realidad y al curso de la Historia [Martín Velasco, 1983: 51].

Pero la religión, pese a contener la fe, va aún más allà. En el mundo hay una gran cantidad de formas de vivir la experiencia religiosa. Todas ellas comparten unos elementos fundamentales: la apertura a lo transcendente, a los demás y a la naturaleza. También tiene una función socializadora, porque lo sagrado no es sólo una religación entre lo personal y lo divino, sino también una regulación de la convivencia mediante un código moral y unas instituciones comunitarias. Igualmente, la vivencia de la fe comporta una concepción del tiempo, una ordenación del espacio y la práctica de unos ritos. Esta religación ha tenido a la vez múltiples formas y expresiones a lo largo de la Historia. En este sentido, la religión constituye uno de los elementos que conforman la identidad de los gitanos, porque pocas culturas de Occidente otorgan a la religión una importancia tan grande como la gitana.

La pregunta por el origen de la existencia

La existencia de la religión, en un plano filosófico, va indefectiblemente unida a la pregunta por el origen de la existencia. Por poco que reflexione la persona, pronto intenta encontrar una respuesta a la pregunta por su origen, por el de la realidad y por el sentido de su existencia. Afirmaba Karl Marx, en un escrito de juventud: «la religión es el llanto de toda criatura oprimida». Tal vez sin ser consciente, su afirmación pone de relieve el carácter de la religión como respuesta completa y articulada al sentimiento de angustia que han sentido la mayoría de personas ante la certeza de su nacimiento y de su muerte.

La pregunta por el sentido aparece formulada, en la cotidianidad, desde preguntas como «¿Quién soy?», «¿De dónde vengo?» o «¿Cuál es el origen de todo?». En el plano filosófico, en cambio, esta pregunta se formula desde la reflexión por la condición de la persona (el problema del ser) y la existencia de la realidad (el problema del conocimiento). Por lo que respecta al problema de la persona, la antropología parte del carácter biológico de su aparición para reflexionar sobre su incardinación en el medio natural/social y su articulación en el tiempo y el espacio. Sin embargo, en cuanto a este origen la filosofía intenta razonar la verdad que las personas encuentran en la respuesta religiosa. Es así como surgen, como ramas de la filosofía, la antropología, la ética y la estética. La condición humana, a diferencia de la vida animal, tiene conciencia propia y, reflexionando sobre ella misma, es capaz de progresar intelectualmente. En cuanto al problema del conocimiento, la filosofía parte de la constatación del carácter no aparente de la realidad para ir descubriendo su naturaleza y el uso que la persona puede hacer del medio natural, transformándolo en función de sus necesidades evolutivas; en cuanto al origen de la realidad, la filosofía ayuda a comprender las respuestas últimas que aporta la religión. Es así como aparecen tres ramas más del saber filosófico: la ontología, la epistemología y la metafísica.

Los dos problemas, por su importancia y centralidad, han sido objeto de reflexión continuada a lo largo de la Historia, provocando la aparición de corrientes con muchos autores. Traspasaría el objeto de este libro hacer un repaso de todos ellos, por breve que fuera. Pero, simplificando mucho, interrogarse denota ya humanidad.

La conciencia de la propia finitud

La existencia de la religión está también estrechamente vinculada a la certeza de la propia muerte. «Nos oprime la muerte: su inevitabilidad y su incerteza [de cuándo]», afirma Eugenio Trías. La finitud aparece así como una categoría atribuible a todos los seres, de la que sólo la persona es consciente:

> Somos humanos porque somos y nos sabemos mortales [...] Quizá sea la muerte lo que nos hace humanos [...] [porque] la muerte despierta nuestra conciencia [...] El tiempo se concibe así como los límites entre nuestro nacimiento y muerte [Trías, 2000: 29-35].

Platón inauguró la tradición reflexiva explícita sobre este tema, en la que plantea el problema de la trascendencia a la propia existencia, sólo superable por la muerte, en *Fedón*, *Fedro* y *La República*. San Agustín de Hipona puso de relieve la tensión entre el ansia de felicidad absoluta y su confinamiento en el placer, hasta afirmar: «inquieto está nuestro corazón hasta que descanse en ti, Señor» (I, 1, 1). En el siglo XVIII, Blaise Pascal, a través de sentimientos de insatisfacción y carencia, acentuó esta tensión al contraponer la pequeñez humana y su anhelo de totalidad (Pascal, 1670/1953: 118). Y en el siglo XIX Søren Kierkegaard, en *El concepto de la angustia* (1844), situó a la persona ante de su propia inadecuación, que la desespera.

Pero es en el siglo XX cuando la conciencia sobre la propia finitud apareció en la reflexión filosófica de forma más acentuada. Miguel de Unamuno, en *Del sentimiento trágico de la vida* (1913), presentó esta tensión entre el ansia de inmortalidad y la certeza de la muerte. El existencialismo acentuó todavía más el concepto de propia finitud. Jean-Paul Sartre definió la finitud de una forma todavía más negativa, como falta o defecto del ser, que se vive como angustia y desesperación en *El ser y la nada* (1943). Su compatriota Gabriel Marcel, en *El misterio ontológico* (1959), atribuyó la finitud a la condición itinerante y misteriosa de la persona, que contrapone al orden superior del amor. Con Karl T. Jaspers, en *La fe filosófica ante la revelación* (1968), la preocupación por lo absoluto adquiere ya una finitud existencial insuperable.

El sentido de la filosofía de la religión

La reflexión filosófica en torno a la religión es uno de los temas fundamentales de la historia de la filosofía, aunque singularizada como disciplina filosófica sólo desde mediados del siglo XVIII. Su objeto de estudio, al igual que la teología, es la religión. Pero, a diferencia de ella, la filosofía de la religión pretende abordar racionalmente la pregunta «¿En qué medida la religión da respuesta a los interrogantes fundamentales de la existencia?». En este sentido constituye una reflexión crítica y aconfesional que, partiendo de consideraciones sobre la naturaleza de la creencia religiosa, transita gradualmente hacia discusiones sobre los sentimientos religiosos, el lenguaje religioso y la dimensión religiosa de la vida social. A través de una descripción aséptica, plenamente fenoménica, quiere interpretar el hecho religioso en sus manifestaciones.

Para Bernhard Welte, la filosofía de la religión es fruto del pensamiento moderno. A partir del proceso de individuación, que fundamenta la distinción de René Descartes entre *sujeto* y *objeto*, ha sido posible elaborar una reflexión filosófica sobre la creencia religiosa, diferenciada de la verdad religiosa. Dicho de otra forma, el centro de la reflexión pasa a ser la religión, no sólo Dios, lo que constituye un giro antropológico. Pese a ello, Adriano Alessi atribuye a Baruch de Spinoza la formulación específica del término *filosofía de la religión*, en *Tratado teológico-político* (1670), aunque Karl Feiereis la retrasa hasta Sigismund von Storchenau, en 1784. Hay quien atribuye a Immanuel Kant, no la definición pero sí la formulación, en *La religión dentro de los límites de la mera razón* (1795). Por su parte, Christian von Wolff y su discípulo Alexander G. Baumgarten impulsaron la «teología natural» como conocimiento de Dios sin ayuda de la fe.

Eso no quita que el estatuto de la *filosofía de la religión* no haya sido fuertemente contestado por algunos autores contemporáneos, especialmente Ludwig Wittgenstein, Karl Popper y Hans Albert. El primero sitúa las afirmaciones sobre la religión «más allá del significado del lenguaje», dado que su carácter contingente poco puede decir del carácter incontingente de Dios; el segundo parte del carácter verdadero sólo de los hechos determinados, por el que el Dios indeterminado quedaría fuera de ellos; y el tercero, aun mostrándose crítico, deja una puerta abierta a la trascendencia al considerar que existe un sentido simbólico en los enunciados que posibilita hablar de Dios. Frente a ellos, haciendo posible la *filosofía de la religión* en el pensamiento contemporáneo, se situarían tres de los integrantes de la Escuela de Fráncfort: Teodor Adorno, Max Horkheimer y Jürgen Habermas. Todos ellos parten del carácter práctico de la reflexión filosófica, en la que puede existir una filosofía destinada a aclarar la función social que la religión tiene en el pensamiento.

Este sería, precisamente, el fundamento de nuestra metodología en esta parte. Partiendo de una distinción crítica entre esencia y existencia de la religión, a la manera del *Dasein* de Martin Heidegger, centraremos nuestra atención en la persona que cree y en las actitudes intelectuales que adopta ante la creencia religiosa. De hecho, pese a su estatuto ontológico como verdad revelada por Dios, la religión «se expresa en un lenguaje humano, con categorías humanas y en posibilidades de pensamiento humano» (Welte, 1982: 25). La existencia humana sería la forma de realización de lo que denominamos religión; y a la inversa: la religión es siempre una forma de existencia humana.

Este será, pues, el objeto de esta parte: explicar en qué medida la fe da respuesta a los interrogantes fundamentales de la existencia en la cultura gitana, como pieza clave en su identidad personal y en su cosmovisión. Nuestra reflexión se aleja, de esta forma, de la antropología teológica, porque no analiza la articulación del sistema de creencias religiosas de los gitanos, sino cómo la fe da un sentido último a su realidad. Así, interpretaremos los procesos racionales que se establecen con la religión, tanto en el estatuto ontológico que se otorga a la verdad revelada como en los procesos epistemológicos con los que esta verdad es creída; también interpretaremos la expresión personal que se hace de la creencia religiosa y su traslación al seno de la comunidad.

Una vez más debemos poner de relieve la novedad que supone aplicar la filosofía al estudio sobre la dimensión religiosa del pueblo gitano. Como ya analizábamos en la parte I, la reflexión sobre la importancia de la religión entre los gitanos tampoco ha podido escapar a los paradigmas estructuralistas de la etnografía y la sociología, que han reducido la vivencia de la fe a la importancia que ha tenido en la articulación de sus relaciones colectivas (la denominada *sociología de la religión*, impulsada por Max Weber y Emile Durkheim). Sería bueno, aunque sobrepasa el espacio de este trabajo, que con el tiempo se desarrollasen investigaciones sobre la actitud que los gitanos muestran ante lo sagrado, lo que Sigmund Freud conceptualizó como *psicología de la religión*.

31. IMPORTANCIA DE LA RELIGIÓN EN EL PUEBLO GITANO

Evolución religiosa

Decíamos antes que el gitano es un pueblo muy religioso. De hecho, hablar de identidad gitana es hacerlo necesariamente de la función que la religión cumple en su proceso identitario. En pocos pueblos la religión tiene una importancia tan fundamental como en este grupo cultural, hasta el punto que su sistema de creencias religiosas es uno de los derechos fundamentales de su *Weltanschauung*. Ya decíamos en la parte III que, para los gitanos, la realidad es inaprehensible a través de la razón, que sólo sirve para captar su carácter práctico, porque su sentido último sólo se puede comprender a través de la fe. Sólo la religión puede dar una explicación completa a la realidad, como «estructura última de la conciencia» (Eliade, 1992: 14). De hecho, pese a la diversidad de tradiciones religiosas en las que los gitanos viven su fe, la religión es tan importante en la cultura gitana que está considerada como una cultura eminentemente religiosa.

Como hemos analizado en la parte II, los gitanos son un pueblo originario de la zona india del Punjab, donde formaban parte de la casta de los guerreros o *rajputs*. Esto hace que algunos de los rasgos fundamentales de la religiosidad gitana presenten una raíz claramente india, similares a los que conforman el hinduismo: la noción de divinidad inmanente y omnisciente es un claro rasgo.

A su paso por Persia, donde permanecieron cerca de un siglo, su sistema de creencias adoptó la noción de mal, opuesto al bien, hasta el punto de concebir el mundo como escenario entre los partidarios entre uno y otro (Clébert, 1965: 170). Este elemento del zoroastrismo, relativizado por el tiempo, subyace en la religiosidad gitana bajo la creencia en los *mēnga* (demonios). Como reconoce Ramírez Heredia, «el universo espiritual gitano está condicionado por cuatro grandes fuerzas [...]: Dios, los demonios, el hombre y la suerte» (Ramírez Heredia, 1974: 74). Hay que decir que la estigmatización que sufrieron, al asimilar su medicina natural a las prácticas de brujería, procedió en el contexto anglófono de la similitud entre las palabras gitana *devēl* (Dios) e inglesa *devil* (demonio), como señala el filósofo gitano Rajko Djurić (Mathur: 1990).

Del resto de su proceso migratorio hay que destacar dos préstamos más. En Armenia conocieron el judaísmo, que sitúa el alma en la sangre, elemento fundamental en la cultura gitana. La sangre es la vida y los lazos que se derivan de ella, absolutos. Y en Grecia entraron en contacto con el cristianismo, que hoy –bajo sus diferentes denominaciones– es la religión mayoritaria entre los gitanos.

APERTURA A LA TRASCENDENCIA

Dicho todo esto, hay que dejar claro que no existe una religión gitana. Como grupo, los gitanos no tienen religión propia. Al contrario, han acabado siempre por adoptar la mayoritaria del país que han habitado. Lo han constatado algunos autores, como el musicólogo español Ricardo Molina: «El gitano profesa la religión del país donde habita, pero sin un profundo libramiento a ella, aunque con una ostentosa exhibición de fe» (Molina, 1967: 158). Pero también lo reconocen ellos mismos: «Los gitanos no tenemos una religión especial ni nos hemos fabricado una complicada liturgia de ritos y creencias. Generalmente hemos adoptado la religión del país donde nos ha tocado vivir» (Ramírez Heredia, 1974: 68). Así, los pocos gitanos que quedaron en Persia adoptaron el zoroastrismo hasta la llegada del islam (de hecho, todavía quedan una comunidad gitana en Bagdad y otra en Diwaniya), mientras que los grupos que se instalaron en la zona de Armenia acabaron por hacerse judíos (en la actualidad, hay comunidades gitanas en Haifa y en el barrio de Bab el-Huta, en Jerusalén, conocidos en árabe como *nawar*: herreros). Se hicieron también musulmanes los que quedaron en el Kurdistán y Capadocia, conquistada por el islam en el siglo XII, siendo hoy conocidos como gitanos *xoraxanē* (en los Balcanes, sobre todo). Finalmente, todos los que accedieron a Europa en el siglo XIV adoptaron el cristianismo como religión.

Pero esa conversión fue auténtica. Para los gitanos, creencia y verdad tienen el mismo estatuto ontológico. No le sucedió como al pueblo judío, con el que guarda tantas afinidades. Los judíos, al verse obligados a convertirse o tener que huir, optaron por adoptar externamente el cristianismo o el islam, aunque conservando clandestinamente sus prácticas religiosas originarias. Es lo que se ha denominado *cripto-judíos*. A diferencia de ellos, los gitanos han adoptado con sinceridad las nuevas creencias que han ido encontrando en su proceso migratorio, aunque adaptándolas a su forma de ser.

Lo que sí existen son unas actitudes comunes ante el hecho religioso, independientemente de que los gitanos sean judíos, cristianos o musulmanes; es lo que denominaríamos *religiosidad gitana*. De hecho, al adoptar las religiones mayoritarias, los gitanos no han llevado a cabo un sincretismo de elementos (como apunta Liégeois: 1987, 82), sino que han canalizado su búsqueda de trascendencia a través de nuevas tradiciones; en algunos casos, incluso, estas nuevas formas religiosas han dado cabida análoga a algunos de los elementos de su religiosidad originaria. Se trata de los *equivalentes homeomórficos* que acuñó Raimon Panikkar, considerados como «una analogía de tercer grado, con la que diversos términos se pueden equiparar funcionalmente mediante una transformación topológica» (Panikkar, 1997: 106-113). Por ejemplo, adaptaron la palabra *rāsaj* (sacerdote brahmánico) para referirse a los rabinos, a los sacerdotes o a los imanes; *kanghrēri* (torre fortificada de defensa) para denominar a las sinagogas, las iglesias o las mezquitas; *devēl* (el Khrisna hindú) para hablar de Yahvé, Dios o Alá; *mēnga* para referirse a los entes que producen el mal, citados tanto por la Biblia como por el Corán; o *batx* para expresar el estado en el que vive el creyente gitano cuando cumple los preceptos del judaísmo (la justicia), el cristianismo (la gracia) o el islam (la *baraka*). En este último, por ejemplo, «las categorías islámicas de *halāl* (permitido) y *harām* (prohibido) se han superpuesto sobre las ancestrales gitanas de *ujo* (puro) y *melalō* (impuro)» (Oprisan-Grigore, 2002: 10).

32. ESTATUTO ONTOLÓGICO DE LA VERDAD REVELADA ENTRE LOS GITANOS

Decíamos antes que no es posible comprender plenamente a los gitanos sin considerar su dimensión religiosa. Como reconoce Ramírez Heredia, «nuestra vida no sería posible sin fe. Necesitamos la fe en Dios y la Providencia tanto como el aire que respiramos» (Ramírez Heredia, 1973: 173). De hecho, es una de las actitudes que más pronto son transmitidas de padres a hijos en el proceso educativo, que hasta hace pocos años se desarrollaba de forma totalmente ajena al sistema convencional. Incluso en los países donde los gitanos asisten a la escuela, las familias dan a sus hijos un *plus* educativo extraescolar que les facilita el hecho de creer. Se potencia, pues, su dimensión simbólica y trascendente para que puedan desarrollar la fe, que todas las religiones entienden como don.

Esta es la razón por la que, durante el comunismo, los jóvenes gitanos no se vieron afectados por el análisis materialista de la realidad que impregnaba la institución escolar en los países del este de Europa. Al caer el muro de Berlín, y desaparecer aquellos regímenes, los gitanos católicos y ortodoxos viven ahora una auténtica primavera vocacional. Hoy en día, sin ir más lejos, la secularidad que se vive en la mayoría de Europa, fruto de los hábitos sociales o del laicismo militante, tampoco está afectando al nivel de creencia religiosa entre los gitanos: no hay gitanos ateos o agnósticos, aunque sí gitanos que viven con una baja intensidad su fe religiosa. Los gitanos son personas constitutivamente abiertas a la trascendencia, *homini religiosi* por excelencia.

Explicación mitológica de la realidad

La dimensión religiosa tiene un papel fundamental en la cosmovisión gitana, porque es religiosa la explicación sobre el origen de la existencia. Como reconocen los propios gitanos, «la religión […] condiciona nuestra forma de ser y de entender» (Amaya: 1998). Con otras palabras, es la misma afirmación que sostiene Raimon Panikkar, al afirmar que «las religiones tratan de la auto-comprensión colectiva última de un grupo humano» (Panikkar, 1990: 115).

Analicemos los mitos que explican el origen del ser humano en la cultura gitana. Dice un relato oral muy extendido, independientemente de la tradición religiosa, que Dios creó al hombre negro al pasársele el tiempo de cocción cuando introdujo a su primera criatura humana en el horno (símil de matriz) creador; queriendo rectificar, después pecó de prudente y creó al hombre blanco; finalmente creó al hombre gitano, que con su color moreno quedó perfecto, porque con él Dios utilizó el tiempo ideal de cocción (Ville, 1956: 115; Ramírez Heredia, 1974: 75-76; Tong, 1997: 138). Otro cuento también muy difundido explica que Dios creó al hombre gitano soplando como un alfarero; y que, al acabar, hizo una flatulencia a través del mismo tubo y creó al hombre no gitano (Reyes, Manuel: 2003).

Según Mircea Eliade, los mitos «relatan una historia sagrada, es decir, un acontecimiento primordial que tuvo lugar al inicio de los tiempos. […] El hombre no la podría conocer si no le hubiese sido revelada. [...] No hablamos de lo que sucedió realmente [...] se trata, evidentemente, de realidades sagradas, pues lo sagrado es lo real por excelencia [...] Una vez revelado, el mito se convierte en una verdad apodíctica: fundamenta la verdad absoluta (Eliade, 1992: 84-85). Diane Tong destaca el carácter religioso de muchos de los cuentos gitanos: «Las creencias [...] gitanas aparecen junto a los principios morales en las historias» (Tong, 1997: 24). De esta forma, los mitos gitanos sobre la creación están siempre vinculados a la actividad creadora de Dios, en la que creación del hombre y fundación de la comunidad van unidos, así como la jerarquía ontológica de los gitanos en la creación.

Este mito sobre la creación del ser humano se complementa con el hecho de que, en lengua gitana, la palabra "hombre" y "gitano" son la misma: *rom* (mientras que *romī* sería "mujer" y *rroma* correspondería a "humanidad"). Contraponiéndose a ellos estarían los no gitanos o *gadjē* (y los *manūsha*, que corresponderían a "gente"), que en un sentido literal no serían propiamente personas *alter* (personas) sino *alia* (gente no individuada, extraños), porque no pertenecen a la comunidad. La persona gitana es así la persona por excelencia, no sólo porque ha sido creada por la divinidad sino porque –según los propios gitanos– el propio creador la ha dotado de unas cualidades que la sitúan en la jerarquía ontológica de la creación. Lo reconocen ellos mismos: «El tiempo que se pasa en el mundo no gitano (el *jadō*) quita energía espiritual (la *dji*)» (Hancock, 2002: 74-75). Eliade avalaba esta idea, según la cual «la existencia se constituye como tal, precisamente, por el hecho de considerarse situada en el centro del mundo» (Eliade, 1992: 13). Esta noción gitana se debe a razones históricas, como la cohesión grupal que han debido desarrollar para sobrevivir, aunque presenta un riesgo evidente: el racismo hacia los no gitanos. De ahí que los sistemas educativos hayan incidido sobre ello durante las últimas décadas.

Otros mitos gitanos avalan el carácter tradicionalmente nómada del pueblo gitano. Los gitanos judíos y cristianos creen haber sido destinados a no tener un territorio propio por ser «los descendientes de Caín, condenados a vagar por el mundo (Gn 4,12)» (Fonseca, 1997: 120); los gitanos cristianos y musulmanes lo atribuyen a haber sido herreros gitanos quienes habrían forjado los clavos de la crucifixión (Fonseca, 1997: 121). Según un cuento de los gitanos españoles, el pueblo gitano llegó tarde al reparto de funciones en la Creación, por lo que Dios les dijo: «apañaos como podáis» (Tong, 1997: 166). Otro cuento de los gitanos rusos, denominado *San Jorge y los gitanos*, explica que Dios transmitió a los gitanos, a través de ese santo, «que vivan bajo sus propias leyes. Ellos decidirán dónde rezar, dónde pedir y cuándo robar. Es cosa suya» (Tong, 1997: 171). Para Eliade, «una diferencia de experiencia comporta diferencias de economía, de cultura y de organización social: en una palabra, de Historia» (Eliade, 1992: 23)

Pero los gitanos también disponen, si no de mitos, sí de cuentos y de costumbres que afirman que el final de la existencia está también relacionado con Dios. La muerte está presente en muchos de sus cuentos, aludiendo a cómo los gitanos la contemplan (Tong, 1997: 25). Sienten un gran respeto hacia sus antepasados, a quienes consideran *difuntos* pero no *muertos*: han pasado a otra modalidad de existencia, que se desarrolla ya en el mundo sagrado. Esto les confiere la función de mediadores de la familia ante la divinidad misma, noción que los hindúes conocen con el nombre de *patjīv*. Hemos constatado ya que, entre los gitanos nómadas, persistió la costumbre del *phabaripē* –netamente indio– de quemar las posesiones del difunto hasta mediados del siglo XX (Liégeois, 1987: 76; Fonseca, 1997: 73; Hancock, 2002: 74-

75).[1] Este respeto llega hasta puntos poco comprensibles para los no gitanos, como analizábamos en la página 174, en referencia a la observación de McDowell.

La experiencia religiosa se sitúa así, para los gitanos, en el inicio, el transcurso y el final de su historia, porque sagrada es la creación del pueblo gitano, sagrado es su *pathos* y sagrado es su destino. Javier Melloni afirma, a este respecto, que la categoría *sagrado* es un «tipo de experiencia que pone en contacto [a la persona] con aquello que es auténticamente real [...] *Sagrado* viene de la raíz indoeuropea *sak*, que significa "conferir existencia" o "hacer que algo sea real"» (Melloni, 2003: 28-29). Eliade profundiza en el significado ontológico de lo sagrado, al decir que «está relacionado con los conceptos de ser, sentir y verdad [...] Gracias a la experiencia de lo sagrado, la mente humana puede captar la diferencia que existe entre lo que se revela a sí mismo como real y lo que no lo es» (Eliade, 1969: 7-8). Curiosamente, en lengua gitana, todas las palabras que tienen que ver con la visión contienen esta raíz *sak*, como *sakāi* (ojos) y *sakimōs* (mirada). Como hemos visto en la parte III, los procesos cognitivos de los gitanos tienen siempre su origen en los datos de los sentidos, es decir, en la propia experiencia.

CARÁCTER EXPERIMENTABLE DE LA FE

En este sentido, hay un segundo criterio que otorga un estatuto de verdad a las creencias de los gitanos, como es el ca-

---

1. Para Kenrick, ante la imposibilidad de quemar el cuerpo del difunto en la mayoría de reinos medievales, los gitanos sustituyeron esta costumbre por la quema de sus posesiones (Kenrick, 1990: http://www.hinduismtoday.com/archives/1990/08/1990-08-02.shtml).

rácter experimentable de la fe. Según Alessi, para que la experiencia religiosa sea posible hace falta un sujeto, un objeto y una intencionalidad (Alessi, 1998: 151). Los medios que facilitarían esta relación son lo que en teología –y, más concretamente, en antropología teológica– se denominarían religaciones (el término "religión" proviene de *religar* pero también de *releer*). Si la función de la creencia es religar a la persona con Dios, las religaciones serían aquellos mecanismos que ponen en relación lo divino (lo sagrado) con el mundo (lo profano) a través de unos medios naturales o humanos que son percibidos por los creyentes como manifestaciones divinas. Este concepto, evidente para la teología, sólo tiene encaje dentro de la filosofía si entendemos estas manifestaciones como *fenómenos* y las percepciones humanas, como *experiencias*. La actitud del creyente gitano es expresar con elementos del mundo real su experiencia subjetiva de la presencia de Dios en su vida cotidiana. En este sentido, al estar basada en el contacto con la naturaleza y la comunidad, la fe gitana es siempre experimentable por el propio sujeto, que accede al Dios creador a través de estas dos creaciones suyas; a la vez, atribuye a un Dios providente lo que le sucede en el día a día. Como ellos mismos reconocen: «El gitano cree en un destino que, como meta, hay que ir buscando» (Mendiola, 1997: 15).

Hay que decir que, una vez experimentada, esta fe se vuelve testimonio, reificando el *noumen* (pensamiento) en *fe-noumen* (hecho). Esto retroalimenta la creencia religiosa del grupo gitano, donde sus miembros pueden experimentar la fe de los demás gitanos con los hechos de sus obras. «La fe sin obras –diría el apóstol Santiago– es fe muerta» (Santiago 2, 26). La causa hay que buscarla en la idea de *conocimiento por confianza* o *conocimiento testimonial* para alcanzar las verdades no percibidas personalmente, así como la atribución del papel de maestros a quienes acumulan experiencia vital. El propio Ferrater Mora asimila la consistencia de la creencia a su carácter testimoniable. La palabra "testimonio" proviene de la raíz latina *monire*, con lo que el testimonio contiene una vertiente de *presencia* en el mundo y, por tanto, de *vivencia*. Puede ser verdad, pues, lo que es experimentable. Este sería el fundamento de la distinción entre sujeto cognoscente y objeto conocido que citábamos al hablar del nacimiento de la *filosofía de la religión*.

LA FE COMO VERDAD CONSENSUADA

Habría un tercer y último argumento que permite demostrar que la cultura gitana otorga un estatuto ontológico de verdad a las creencias religiosas. Se trata del carácter consensuado con que la fe ha sido asumida por la propia comunidad. Al margen de su contenido, lo creído es concebido también como verdadero porque lo dice el conjunto de gitanos, en la dinámica de asunción colectiva de consenso sobre la verdad analizada en la parte III. El propio Ferrater Mora considera que, para que un enunciado sea verdadero, debe responder tanto a una concepción subjetiva de la realidad como al asentimiento subjetivo a una comunidad de confianza.

Esto no sería posible sin la importancia que la obediencia a la norma (comunitaria, desde luego) tiene para los gitanos, como hemos visto en las partes IV y V. También los procesos de consenso colectivo sobre la verdad, descritos en las partes III y VI. Relacionando estas dinámicas con las explicaciones trascendentes sobre el origen de la realidad es fácil entender cómo tales creencias religiosas son asumidas como verdades en el seno de la comunidad y, aún más, por cada uno de sus miembros. Lo que se cree es lo que es verdad. Este criterio del asentimiento colectivo, trasladado al plano teológico, es lo que la propia Iglesia católica ha seguido en la definición de algunos de sus dogmas, como el de la Inmaculada Concepción. Cuando fue proclamado en 1854, por el papa Pío IX, hacía años que los católicos lo habían integrado en su sistema de creencias. Así que el Magisterio hizo el siguiente razonamiento: Dios no podría dejar que tanta gente estuviese equivocada sobre un tema de tanta trascendencia.

Botey va todavía más lejos, al afirmar que es el mismo hecho de creer el que da consistencia a la identidad comunitaria, con independencia de los contenidos de la creencia. «Nadie puede vivir sin fe [...] Lo importante no es creer en alguna cosa sino la creencia en sí misma» (Botey, 1970: 69). Este pensamiento recoge en buena medida una intuición de Raimon Panikkar sobre las culturas de la India. Si la filosofía de la religión es la relación del sujeto que cree con el objeto de su creencia, los creyentes gitanos no pueden por menos que compartir una misma actitud hacia la fe, con independencia de cuál sea su contenido. De hecho, la fe se sitúa por encima de la creencia en la que se expresa, como subyace en este pensamiento gitano: «Dios quiera que nuestras costumbres y tradiciones no desaparezcan nunca» (Ramírez Heredia, 1973: 92).

33. PROCESOS EPISTEMOLÓGICOS EN LAS CREENCIAS RELIGIOSAS DE LOS GITANOS

Hemos visto hasta ahora que los gitanos son un pueblo fundamentalmente religioso. Pero ¿cómo asume cada gitano la fe que le ha sido transmitida culturalmente? Y, lo que resulta aún más pertinente, ¿en qué medida las creencias religiosas dan respuesta a los interrogantes fundamentales de su existencia?

Empezábamos la parte III citando al papa Juan Pablo II, para quien el ser humano es «alguien que busca la verdad» (Juan Pablo II, 1998: 5). Desde el inicio de la Historia, las personas han intentado dar respuesta a los interrogantes fundamentales de su existencia, en buena medida a través del uso de sus capacidades racionales. Pero en este proceso intelectual, como afirma Alessi, el ser humano intuye que el puro «dato *de facto*» no basta para apagar su sed de verdad, entendida como «plena comunión con toda la realidad» (Alessi, 1998: 25). Conocer una realidad es aprender su esencia profunda y las causas que la hacen inteligible mediante la propia existencia (Alessi, 1998: 26).

En el caso de los gitanos, esta existencia tiene una dimensión fundamentalmente religiosa: los mitos que funda la propia comunidad lo son, el lugar último al que remite la existencia lo es, y el comportamiento gitano está fuertemente influenciado por el papel que la divinidad tiene en su vida cotidiana. De esta forma, la búsqueda de sentido a su existencia encuentra respuestas a través de la fe. Su experiencia religiosa se basa en creer que el objeto de su fe responde a sus dudas fundamentales; este objeto de fe, en la medida en que sea constatable como hecho, constituirá un fenómeno religioso. Existe cierto consenso acerca de que el fenómeno religioso se caracteriza por ser doctrinal (sobre el origen y el destino de la persona), moral (sobre el comportamiento hacia los demás y la naturaleza) y relacional (con la divinidad, individual o socialmente, mediante la oración y el culto). Por ello, para Alessi la filosofía de la religión debe dirigir sus investigaciones a los hechos religiosos (como datos histórico-culturales) y a la experiencia religiosa (como síntesis entre lo subjetivo y lo objetivo).

LOS FENÓMENOS RELIGIOSOS

Afirma Welte que pensar «es pensar siempre una cosa» (Welte, 1981: 13), mientras que Immanuel Kant establece que el proceso cognitivo es siempre una relación entre el hecho (*fe-noumen*) y el pensamiento (*noumen*), situando a la persona en el centro de la reflexión. El hecho se define por ser constatable a través de los sentidos, al tiempo que el pensamiento se delimita por ser comunicable. El fenómeno religioso aparece así como «una relación dialógica entre un sujeto que cree y una realidad creída» (Alessi, 1998: 223). La existencia de un objeto de fe es fundamental, de esta forma, en la consideración religiosa de un fenómeno.

¿Cuáles serían estos objetos de fe para los gitanos? Si prescindimos de la consideración subjetiva de la fe, veremos que la centran en el encuentro con lo divino a través de las mediaciones de la naturaleza y la comunidad. El misterio se materializa en las hierofanías, que otorgan una condición sagrada al medio que le da soporte. Ambas mediaciones son constatables a través de los sentidos, pero lo que les otorga una consideración religiosa es la relación intencional que los gitanos otorgan a estos dos elementos: son considerados como «imagen de una columna universal, *axis mundi*, que une el cielo con la tierra» (Eliade, 1992: 38). Los propios gitanos lo reconocen:

> El contacto con la naturaleza y el entorno humano en que transcurre la vida del gitano hace que su alma esté más abierta a las realidades transcendentes que la del hombre que vive encarcelado en un ambiente materialista e intranscendente [Ramírez Heredia, 1973: 16].

La naturaleza como mediación

El primero de ellos, la naturaleza, está históricamente vinculado a la existencia cotidiana de los gitanos. Verse obligados a emigrar, así como a vivir al margen de la sociedad mayoritaria, les hizo durante siglos tener un estilo de vida nómada, en contacto directo con la naturaleza, que pasó a ser el contexto de sus efímeros campamentos. Los gitanos han sentido tan cercana la naturaleza que, en 1971, situaron la representación del Cielo y la Tierra en su bandera. Pero este entorno natural no ha sido sólo su casa, sino que también ha permitido su subsistencia. Aún cuando los gitanos han dejado mayoritariamente de ser nómadas, las salidas familiares al medio natural siguen conformando una parte habitual de su tiempo libre.

Esta importancia del contacto con la naturaleza tiene su punto de partida en la concepción unitaria y orgánica de la realidad (Argullol/Mishra, 2004: 44) que avanzábamos en la parte III. Los gitanos se sienten miembros de una naturaleza de la que depende su supervivencia. De ahí su respeto fraterno, casi reverencial, a la manera de *hermana naturaleza* de san Francisco de Asís. Este rasgo les aleja del ideal occidental, de origen cristiano, de situarse en la Tierra para dominarla. La afirmación del gitano extremeño Antonio López, citada en la página 196, es sumamente ilustrativa.

El reencuentro con la naturaleza adquiere así un profundo significado religioso en la cultura gitana. Constituiría la actualización del mito de la creación, intuición de Eliade que Botey confirma al señalar:

> La contemplación de la naturaleza constituye una revelación, porque permite contemplar la pisada del Dios creador [...] Es más un reencuentro lleno de emoción religiosa [...], porque el universo natural es para él un dato inmediato de lo sagrado [Botey, 1973: 67 y 126].

Pero, de forma aún más importante, ese reencuentro tendría una función purificadora. Muchos gitanos refieren que el contacto con el agua, la tierra o el aire les permite recuperar la pureza primigenia del orden creado, que se contrapone al mundo artificial de los no gitanos en el que se ven obligados a vivir.

Ambas funciones serían coherentes con la antigua consideración oriental de que «los espíritus residían en todo tipo de cosas» (Nakamura, 1991: 350), por lo que «incluso la hierba y los árboles eran necesarios para la salvación» (Nakamura, 1991: 359) y «la tristeza desaparece cuando uno se acerca a la naturaleza» (Nakamura, 1991: 371). De hecho, son muy comunes entre los gitanos judíos, cristianos y musulmanes las peregrinaciones, las romerías o las fiestas de primavera a las riberas de los ríos, siempre en compañía de sus comunidades de fe. Pero, cuando esto no es posible, encender fuegos en la calle o consumir alimentos naturales les ayuda a reproducir aquel mundo natural que forma parte de su sentimiento religioso.

La comunidad como mediación

La segunda de las mediaciones sería la comunidad. Los gitanos han vivido siempre entre personas de su misma cultura. No se entiende un gitano fuera de su entorno familiar, como hemos visto en la parte IV.

De hecho, la comunidad tiene una importancia todavía mayor que la propia naturaleza. Desde 1499, en España los gitanos se han visto obligados progresivamente a ser sedentarios y, desde 1955, la mayor parte de ellos han pasado a vivir en entornos urbanos. La naturaleza ha desaparecido en el día a día, no así la comunidad: es muy excepcional encontrar una familia gitana que viva atomizada, fuera de un barrio con mayoría no gitana. De hecho, es en ella donde se produce la solidaridad grupal, que permite la supervivencia en entornos adversos.

La alteridad gitana aparece como la religación fundamental del creyente gitano: la *imago Christi* de san Pablo de Tarso (1 Col 1,15). Y lo es porque en ella se educa la fe y porque la institución familiar remite a los mitos creadores de la persona y fundadores de la propia comunidad. Pero también porque el tiempo que se pasa en comunidad sirve para purificarse del que se pasa entre los no gitanos (el *jadō*), que –como fuente de impureza– «quita energía espiritual (la *dji*)» (Hancock, 2002: 74-75). De esta forma, «la actualización periódica de los actos creadores efectuados por los seres divinos *illo tempore* constituye el calendario sagrado» (Eliade, 1992: 76).

La familia está formada también por los antepasados, a quienes se considera intercesores con la divinidad. Pese a que esta actitud es constatable entre todos los gitanos, los que son católicos lo explican diciendo que forman parte de la *Iglesia no visible*, unida a la *visible* por el misterio de la comunión de los santos. De ahí que no se les considere *muertos* sino *difuntos*. Esto genera una entrega a los demás como vía de salvación. Los gitanos consideran que el respeto al interés comunitario se convierte en la mejor garantía de que se vive según la ley divina. Esto implica tanto a los vivos como a los difuntos. Como reconoce Ramírez Heredia, «en una jerarquía de valores los gitanos damos la mayor importancia al hombre, después a la naturaleza y finalmente a la vida» (Ramírez Heredia, 1974: 77).

LAS EXPERIENCIAS RELIGIOSAS

Hemos visto que los fenómenos religiosos son percibidos como objetos a través de la mediación del intelecto. Analicemos ahora al sujeto que cree, a través de la exteriorización de la fe que son las experiencias religiosas.

Según Paul Ricoeur, «toda experiencia es una síntesis de presencia y de interpretación» (Martín Velasco, 1999: 43), es decir, un responder a la búsqueda de sentido existencial. A partir de los fenómenos religiosos, el ser humano da respuesta a su propia vida desde la fe, otorgando el estatuto de *sagrado* a determinados elementos del mundo y generando sistemas de creencias que llama *religiones*. «El hombre religioso no puede sino vivir en un mundo sagrado –afirma Eliade–, porque sólo en un mundo así participa del ser, existe realmente» (Eliade, 1992: 60). Las religiones se convierten así en «religaciones y relecturas de esta experiencia de lo real» [Melloni, 2003: 31].

Pero no es que se crea a partir de los objetos sagrados, sino que se les considera sagrados por el hecho de creer. Se hace una relectura de la propia experiencia a la luz de la fe. Para Ferrater Mora, «la experiencia es una confirmación, o posibilidad de confirmación empírica, y un hecho de vivir algo dado con anterioridad a toda reflexión o predicación» (Ferrater, 1994: 136). Eliade, en cambio, afirma:

> Lo sagrado se manifiesta como una realidad de un orden totalmente diferente al de las realidades naturales. […] El lenguaje se reduce a sugerir todo lo que sobrepasa la experiencia natural del hombre con términos tomados de ella misma [Eliade, 1992: 18].

Espacios y tiempo sagrados

El espacio y el tiempo serían los elementos del lenguaje con los que el ser humano sugiere que su experiencia, hecha a partir de fenómenos empíricamente constatables por los sentidos, remite a una realidad diferente. Es el *ganz andere* ("totalmente otro", sólo plenamente comprensible con los ojos de la fe) que acuñó Rudolf Otto en *La idea de lo sagrado* (1917). Ante esta nueva dimensión de la realidad (que no una realidad diferente), conceptualizada como sagrada, la persona experimenta una doble actitud religiosa, que el propio Otto califica de *tremens* (terrorífica) y *fascinans* (fascinante) al mismo tiempo. La persona pasa del miedo a la confianza a medida que integra este misterio en su sistema de creencias. La fe se convierte en una respuesta a su búsqueda de sentido y un fundamento a su existencia.

Si aplicamos las categorías *espacio* y *tiempo* al análisis de la experiencia religiosa del gitano o la gitana, o a los fenómenos religiosos que hemos analizado antes, veremos que la naturaleza se presenta como el espacio religioso por excelencia, mientras que la comunidad tiene el papel fundamental de regir el paso del tiempo. Esta jerarquización epistemológica es consustancial a la experiencia religiosa, que se expresa en la ordenación del tiempo y del espacio en dos categorías: lo *sagrado* y lo *profano*. Para Eliade, ambas categorías «constituyen dos modalidades de estar en el mundo, dos situaciones existenciales asumidas por el hombre a lo largo de su historia» (Eliade, 1992: 21). Melloni va todavía más lejos, al afirmar:

> El espacio y el tiempo humanos no son homogéneos, sino que están cargados de densidades diferentes, según lo que haya sucedido [...] Espacios y tiempos sagrados conmemoran indesligablemente una manifestación divina en la manera en que se ha revelado al propio grupo [Melloni, 2003: 203].

Sobre esta diferenciación se construyen los mitos creadores gitanos, especialmente la consideración como extraños de quienes no pertenecen a la propia comunidad, como anticipaba Eliade:

> Lo que caracteriza a las sociedades tradicionales es la oposición que tácitamente establecen entre su territorio habitado y el espacio desconocido e indeterminado que las rodea [...] Un cosmos lo es, precisamente, por haber sido consagrado previamente [Eliade, 1992: 32].

Para los gitanos, esta diferenciación entre espacio o tiempo sagrado es fundamental a la hora de distinguir si una experiencia es o no religiosa, entendida como tiempo o espacio donde lo divino se hace presente en lo humano. Esto genera la noción de pureza e impureza, de gracia y desgracia, de insatisfacción o de plenitud. El tiempo que se pasa fuera de la comunidad, como avanzábamos antes, será considerado impuro; algunos grupos gitanos, incluso, tienen establecidos rituales para recuperar la pureza (*marimē*) originaria y grupal. Sucede lo mismo con el espacio, que también será percibido como fuente de impureza en la medida en que no permita un contacto con la naturaleza o con los elementos naturales (fuego, frutos, etcétera). La purificación procederá sobre todo del reencuentro comunitario.

Eliade reconoce que «la persona de las sociedades arcaicas [primigenias] tiende a vivir lo máximo posible en lo sagrado» (Eliade, 1992: 20). De ahí la tendencia de los gitanos a frecuentar el mundo natural, especialmente los ríos. Pero también ciertos lugares: entre los siglos XVII y XX los gitanos de Granada vivieron en cuevas; no tanto porque quedaran libres con la expulsión de los musulmanes, sino porque la cueva es el arquetipo de cobijo natural por excelencia y, de esta forma, lugar sagrado (Molina, 1967: 125).

Sentido providencialista

Los gitanos sienten que la experiencia de lo divino no es concebible lógicamente, porque se trata de algo que sobrepasa los conceptos de espacio y tiempo. De ahí que se encuentren siempre abiertos a los acontecimientos que suceden a su alrededor, para poder discernir si la providencia divina se encuentra detrás. Sucedería como en aquel aforismo cristiano que asegura «no haber coincidencias sino providencias», que en el budismo se traduce como «no haber casualidades sino causalidades». Es lo que llevó a Botey a afirmar que los gitanos «tienen una sensibilidad especial para captar los milagros cotidianos, que no puede menos que interpretarse como capacidad mística» (Botey, 1970: 176). Ramírez Heredia recordaba antes que la suerte (o *baxt*, en lengua gitana) es el cuarto elemento en importancia en la cosmovisión gitana, como también reconoce el filósofo gitano Rajko Djurić: «*Baxt* es la idea dominante entre los gitanos de este mundo» (Fonseca, 1997: 313). Esa suerte, que se podría traducir también por destino (Fonseca, 1997: 313), es la que atribuye la condición de sagrados o no a determinados sitios, que pasan a tener *bajío* (y, por tanto, a estar bendecidos) o a tener *malaje* (y, por tanto, a estar malditos). Para los gitanos, el destino «es variable […] y está influido no sólo por acciones sino por bendiciones y maldiciones» (Mendiola, 1997: 15).

Para concluir habría que decir que la experiencia religiosa de los gitanos no se constituye sólo a partir de elementos naturales, como si fuera una religiosidad cósmica o telúrica, sino que contempla un principio de individuación. Es lo que permite pensar en la encarnación, que permite hacer humano lo divino en el plano de lo real. De hecho, el medio natural ha sido percibido como sacralizado, no por deificar los elementos naturales (como sucedería en las cosmovisiones primigenias), sino por ser estos una máscara inmanente bajo la que se esconde lo divino que la trasciende. Afirma Melloni:

> El carácter más o menos personalista u oceánico de este contacto con lo Divino depende tanto del momento interior en el que se encuentra la persona que lo experimenta como del marco religioso y cultural que se da [Melloni, 2003: 27].

Los gitanos consideran que lo divino se ha manifestado de formas diferentes a lo largo de la Historia, aunque sin dejar de ser él mismo. No creen en una multiplicidad de dioses sino en un mismo Dios, aunque revista formas distintas. Es lo que Alessi considera «una multiplicidad de formas para experimentar el misterio» (Alessi, 1998: 180). De ahí que, a lo largo de su encuentro con las principales tradiciones religiosas, han encontrado *equivalentes homeomórficos* como *Devel* (el Khrisna hindú) para hablar de Yahvé, Dios o Alá; o *Majarí* (la gran diosa Sakti) para hablar de la Virgen.[1] Courthiade llega a afirmar que Kali, la diosa negra, era la divinidad protectora de Kannauj, ciudad originaria de los gitanos en la India.

---

1. Hay quien dice que *santa Sara*, que se venera en el Santuario Parroquial de Saintes-Maries-de-la-Mer (Francia), sería el equivalente de Sakti.

34. LA DIMENSIÓN RELIGIOSA DE LA EXISTENCIA EN LA COMUNIDAD GITANA

Hemos visto hasta ahora que las actitudes religiosas de los gitanos se basan en una relación de la persona con el misterio a través de mediaciones naturales e históricas. Esa religiosidad gitana podría categorizarse, según la clasificación de Martín Velasco, como *primitivo-profética* (Martín Velasco, 1978: 82) porque hace próximo algo totalmente diferente (lo sagrado) a través de dos mediaciones (la naturaleza y la comunidad), que articulan la fe gitana.

Pero todo lo experimentable es siempre comunicable. José Luis López Aranguren define la comunicación como un doble proceso, en el que hay «una puesta en común» y «una comunicación de bienes» (Aranguren, 1986: 11). Comunicarse equivale, pues, a socializarse. De hecho, la comunicación forma parte del proceso cognitivo de la experiencia religiosa. Como no se comunica sin tener alguien a quien comunicar, la expresión de la experiencia religiosa se producirá siempre en el seno de la propia comunidad de fieles. Este proceso comunicativo, en el que se comparte la aprehensión sistemática de la verdad revelada, se podría considerar de nuevo un fenómeno religioso.

Podríamos analizarlo según el paradigma de Paul F. Lazarsfeld, según el cual hay un comunicador, un comunicado y un comunicando. Hemos analizado hasta ahora el estatuto del contenido y la experiencia del comunicando, pero faltaría hacer lo mismo con el papel del comunicador, entendido como aquel que modera la externalización de la fe en el seno de la comunidad. Es lo que la fenomenología de la religión considera *mediadores de lo sagrado*. Hay que decir que el papel de los mediadores, en la experiencia religiosa gitana, no reviste la misma importancia que el de las mediaciones. En términos generales, se vivencia aquello que se experimenta en primera persona, por lo que el sistema de religaciones gitanas, a través de los objetos de fe, favorece sobre todo un encuentro personal del sujeto con la divinidad.

El propio Martín Velasco comprueba que la actitud interior de la persona ante el Misterio sólo se puede constatar cuando se concreta en diferentes expresiones externas, que él analiza a través de las siguientes categorías: espacial, temporal, racional, cultural, ética, estética e institucional. A ellas añade, como principales actos comunes, la oración, el sacrificio (de la primicia, del homenaje, de la expiación), el ayuno y la limosna. Serán las que guiarán ahora nuestra interpretación de la trascendencia gitana.

Categoría espaciotemporal

Los gitanos no cuentan con ciudades sagradas, aunque sí una consideración especial por todo lo que tiene que ver con la India. El Instituto Indio de Estudios Gitanos, de Chandigarh, es visitado cada año por gitanos de todo el mundo. Esa visita reviste un gran significado, porque supone el reencuentro con lo que habrían sido de no haber tenido que emigrar en 1018. Pero no le dan un significado trascendente, porque no se considera un lugar sagrado. De hecho, los gitanos tienen como ciudades sagradas las propias de la religión que han adoptado: Jerusalén para los judíos, Roma para los cristianos y La Meca para los musulmanes.

Sucede igual con los templos: los gitanos no tienen templos propios, porque consideran como tales los propios de su religión (la sinagoga para los judíos, la iglesia para los cristianos y la mezquita para los musulmanes). Aun así, estas peregrinaciones adquieren un significado especial para ellos, a causa de su pasado nómada y de la posibilidad de reencuentro que ofrecen con otras comunidades gitanas. De hecho, los gitanos pentecostales sostienen que el carácter sagrado de los templos viene por ser un lugar de reencuentro comunitario más que un espacio donde lo divino privilegia su presencia, basándose en la afirmación evangélica de que «allá donde dos o más estén reunidos en mi nombre, allí estoy Yo en medio de ellos» (Mt 18,20).

Por lo que respecta al tiempo sagrado, los gitanos también han adoptado la codificación propia de su religión, en especial su sistema de fiestas. Sin embargo tienden a privilegiar ciertos momentos del año, básicamente relacionados con el sistema de mediaciones propio de su religiosidad. Así, entre los gitanos españoles tienen un gran predicamento las fiestas de san Juan y las de Navidad. La primera se suele celebrar con toda la familia reunida alrededor de la hoguera, lo que permite el reencuentro con la naturaleza y la comunidad; la segunda suele reunirla alrededor del *potaje de hinojos*, plato reservado para este momento del año, que vendría a tener una función similar al pan ácimo entre los judíos: recordar su partida forzosa de Kannauj... precisamente, un 20 de diciembre de 1018. Entre los gitanos del resto de Europa (cristianos o musulmanes) se celebran especialmente las fiestas de primavera, que reúnen a la familia junto al río, lanzando flores al agua como homenaje a los familiares difuntos. Esto permite el reencuentro con la naturaleza, la comunidad y los antepasados.

Habría un segundo nivel de lectura del tiempo y del espacio en clave sagrada, como decíamos en la parte V. El tiempo verdaderamente importante es el que se pasa entre gitanos, mientras que el espacio verdaderamente significativo es el que permite reencontrarse con la naturaleza. Ambos serían los momentos y los lugares religadores con el Misterio, en contraposición a los que surgen de los tiempos y espacios profanos, que muchos de los gitanos asocian a la noción de impureza y, en términos religiosos, al pecado.

Categoría racional

Continuando con la clasificación de Martín Velasco tendríamos la categoría racional, que se refiere al sistema de mitos que hemos descrito en la parte IV. Hay explicaciones míticas que hacen referencia al origen del hombre, a la creación de la comunidad, a su carácter nómada y al destino final de la existencia terrena, constituyendo así una auténtica experiencia religiosa (Melloni, 2003: 27). No hace falta que profundicemos más en ella.

Categoría cultual

Capítulo aparte merece la interpretación de la categoría cultual, que tanta relevancia tiene entre los gitanos. Ritos, ceremonias y celebraciones son de una enorme importancia en la religiosidad gitana, que contempla ritos de iniciación y de tránsito. Así, una de las primeras cosas que hacen los gitanos es introducir a sus hijos en la vida de la comunidad a través de los rituales establecidos para cada religión, básicamente el bautismo o la circuncisión. Superada la niñez, hombres y mujeres gitanos fundarán una nueva familia a través del matrimonio, por el que ambos pasaran a tener su propia vida común. En el extremo opuesto se encuentra el sufrimiento, que reunirá a la familia para acompañar a la persona enferma hasta el momento del tránsito, tras el cual lo velarán; después mantendrán un período de duelo.

Estos ritos no son puros formalismos, ni están vinculados a la religión concreta en que se formulan. Así, la iniciación en la vida cristiana o musulmana llevará siempre aparejada el hermanamiento entre padre y padrino, que pasarán a ser *compadres* de por vida, incluso más allá de la eventual muerte de la criatura. La boda, en cambio, es percibida como constitutiva de una nueva realidad, independientemente de la religión en la que se formule; incluso si no se produce en ninguna de ellas. Es lo que se denomina *boda gitana*:

> Cuando las gitanas mayores han verificado la pureza de la novia, la comunidad se reúne alegre para levantarla hacia el cielo, comunicando así a la comunidad no visible –y con ella a la divinidad– que, una generación más, se ha podido mantener la identidad grupal. Es un acto sagrado en el significado profundo de la expresión, porque parece ofrecerse a la divinidad el sacrificio de la primicia por el mantenimiento de la identidad colectiva. Es sólo entonces cuando en España suena la *alboreá*, tipo de música que utiliza la misma escala tonal *bairah* de la música carnática de la India [Molina, 1967: 44; Rodríguez López-Ros, 2007: 51].

También lo han constatado los musicólogos:

> La boda alcanza el rango de *sancta sanctorum* del flamenco […] El momento supremo lo marca siempre la *alboreá*, que es un cántico a la virginidad (*borī*, en lengua gitana), quizá de origen religioso […] emparentado con el sentimiento matriarcal […] que constituye la consciencia racial renovada […] que nos transporta a la himnología indoeuropea, esencialmente brahmánica [Molina, 1967: 72, 161, 162 y 200].

Antiguamente, el tiempo para hacerlo era el mes de junio, alrededor de la festividad de san Juan, las denominadas *fiestas de la luz* por su vinculación con el solsticio de verano, porque «los mitos no pueden recitarse indiferentemente en cualquier sitio y momento (Eliade, 1992: 86), y «frecuentemente el matrimonio se valoriza en un triple plano: individual, social y cósmico» (Eliade, 1992: 143). Finalmente, después del tránsito del difunto los miembros de toda la familia mantendrán un período de duelo, que puede durar entre tres meses y tres años, durante el cual no se podrá hacer ninguna actividad que se considere alegre o placentera: participar en grandes comidas, beber alcohol, mantener relaciones sexuales, cantar o bailar, estar en locales públicos, ver espectáculos, vestir ropa clara, usar colonia… en definitiva, que remita a la idea de plenitud.

El baile alcanza una función de culto a lo sagrado, de elemento de religación con la divinidad. Aún más: en la medida en que se baila, esta religación acaba por santificar al bailarín y hacerle tener una experiencia casi mística: «El pie es la corporal raíz de la persona […] identificarse sinceramente con el ritmo de los pies, como el derviche o el chamán […] el baile flamenco está en remota relación con danzas de tipo religioso» (Molina, 1967: 80, 81, 84). Claramente, este fenómeno tiene un trasfondo oriental, como señala el musicólogo español Alfredo Arrebola: «La música nunca fue considerada en la India como un simple entretenimiento [...] Fue exclusivamente un medio religioso para alcanzar un estado místico de adoración divina». Debemos traer a colación las palabras de Melloni, según las cuales los gestos «permanecen insertados en la memoria del cuerpo, de forma que al repetir los movimientos la persona se impregna de la resonancia de esta actuación» (Melloni, 2003: 244).

Todavía podríamos ir más allá, al entender que las emociones estéticas pueden ser susceptibles de convertirse en místicas, cuando son auténticas, como hemos visto en la parte VI. El artista, con su cuerpo (nexo entre la conciencia y el mundo), recrea la cosmogonía y actualiza el acto creador. La actuación se convierte así en una paraliturgia, en la que el artista asume el papel de un sacerdote que oficia una obra sagrada. El participante (recordemos que los gitanos, si se sienten atraídos, viven lo que ven) siente que entra en comunión con lo divino. Sucede algo parecido con los derviches que bailan extasiados. He visto a muchos gitanos emocionarse con el artista, hasta el punto de llorar a un mismo tiempo. Esta constatación puede aplicarse al baile y al toreo, actos estéticos dinámicos en los que el movimiento (como los brazos múltiples de Shiva) recrea situaciones primigenias. Autores muy diversos, desde Clébert a Albaicín, así lo confirman.

Categoría ética

La experiencia religiosa gitana comporta una vida de sacrificio en favor de la comunidad, que dura toda la vida y que es percibida como existencia santificada. De hecho, la entrega o no a otros gitanos será fuente de moralidad y, por tanto, de salvación o condena. Se trata de un concepto oriental: si los otros son el icono de la divinidad, convirtiéndose en medio de acceso a ella, «la realización de la persona (*ātman*) se convierte en la realización de la Persona (*Brahman*)» (Thuruthiyil, 2007: 106). La condena, expresada en términos filosóficos, estaría constituida por la pérdida de la condición gitana. Hoy en día los mayores, mediante la *ley gitana*, continúan regulando la distribución del espacio (el destierro sería un ejemplo), igual que antes señalaban el lugar de acampamiento, porque «instalarse en un territorio se convierte, en última instancia, en consagrarlo» (Eliade, 1992: 36).

Categoría estética

El respeto que los gitanos tienen hacia la comunidad, sobre todo hacia los hombres mayores, se transmite a menudo hacia los objetos de esas personas. Esto tiene que ver con determinados lugares (naturales pero también santuarios) especialmente vinculados a la historia grupal, especialmente a la familiar, aunque también a objetos personales (cadenas, bastón...) que adquieren una gran densidad afectiva. Aún más: parece resonar todavía en ellos la vibración de quien los llevó. Y también los tatuajes, habituales entre los gitanos *kalderāsh*, sobre los que el escritor francés Jean-Paul Clébert afirma:

> Originariamente era algo mágico y no sólo servía como defensa contra el mal [...], sino que asumía una función médica, hasta el punto que algunos autores han creído ver en su uso una vulgarización de la acupuntura [Clébert, 1965: 225].

Los gitanos pasan de una experiencia significativa a otra simbólica, sobre la que afirma Eliade:

La historia de las religiones, de las más primitivas a las más elaboradas, está constituida por una acumulación de hierofanías o manifestaciones de las realidades sagradas [...] se trata siempre del mismo acto misterioso: la transferencia de una realidad que no pertenece a nuestro mundo a objetos que forman parte integrante de nuestro mundo natural y profano. [...] La piedra sagrada o el árbol sagrado no son adorados como tales sino por el hecho de ser hierofanías. [...] La paradoja que constituye toda hierofanía es que, al manifestar lo sagrado, un objeto cualquiera se convierte en otra cosa sin dejar de ser el mismo [Eliade, 1992: 19].

CATEGORÍA INSTITUCIONAL

La categoría institucional es muy importante, de forma coherente con el significado trascendente que la propia comunidad tiene entre los gitanos (no de la iglesia o secta, porque recordemos que no hay una religión gitana).

Así pues, como la fe se recibe a lo largo de un proceso educativo que se inicia en la infancia, se podría definir a las *madres gitanas* como las primeras mediadoras, en el sentido que preparan a sus hijos e hijas para desarrollar el don que han recibido; de hecho, son ellas las que explican los mitos constitutivos de la identidad gitana. Al mismo tiempo, como el estatuto ontológico de la verdad revelada procede del testimonio de fe, entre otros, podríamos decir que los *gitanos mayores* se constituirían en los encargados de promover esta fe con el testimonio de su experiencia religiosa, pues son ellos los que indican los momentos que regulan la vida de la comunidad en función del tiempo sagrado.

Finalmente, como la vida en comunidad va más allá del abandono de la condición terrenal, los *difuntos* serían los intercesores ante la divinidad, por la proximidad espiritual entre ambos. Estos mediadores serían los que Melloni denominaría *carismáticos* (contrapuestos a los *institucionales*), que tienen como finalidad «cultivar el contacto con Dios, o con la dimensión sagrada de la existencia» (Melloni, 2003: 163). Curiosamente, sólo los difuntos gitanos hacen de mediadores para los gitanos, razón por la que sienten indiferencia por los difuntos no gitanos y, por tanto, «no les importa dormir en un cementerio» (Clébert, 1965: 188).

Hay momentos comunitarios que, desde esta óptica de la mediación de la comunidad con la divinidad, podrían asimilarse a ceremonias religiosas. Los gitanos, ante la lejanía de la naturaleza, optan por encontrarse alrededor del fuego, en el que se narran los cuentos o historias familiares y se canta o se baila, mientras se comparte la bebida y la comida. Para Melloni, «un rito se distingue de la simple práctica devocional porque contiene los elementos esenciales de la tradición a la que pertenece: está asociado a un lugar sagrado y se lleva a cabo por medio de unos mediadores oficiales, o al menos en su presencia» (Melloni, 2003: 244). Por lo que respecta a los alimentos, según Eliade, «se consideran como sagrados, […] como una ofrenda a los dioses» (Eliade, 1992: 143). Por ese motivo, muchos gitanos del este de Europa, antes de beber y comer, elevan la bebida y los alimentos, como ofreciéndolos a la divinidad.

Recordemos, sin ir más lejos, la similitud entre la gestualidad del baile flamenco y la del baile indio, donde el movimiento de los brazos intenta reproducir el dinamismo de la realidad y la ubicuidad total de la divinidad. Es más: inicialmente, el baile gitano se producía sólo en un contexto comunitario y alrededor del fuego, como experiencia paralitúrgica, porque los gestos «permanecen insertados en la memoria del cuerpo» (Melloni, 2003: 244), y su repetición hace que la persona se santifique. Son movimientos o posturas que sacralizan. De aquí que, como sucedía con el lenguaje (recordemos el ejemplo del *pudding*, en la parte III y también en la parte VII), no se reproducen movimientos que se asocian a los muertos: hacerlo supondría, de alguna forma, comenzar a morirse.

Como actitudes transversales a las categorías analizadas, hay que decir que la oración tiene una gran importancia entre los gitanos, tanto individual como comunitaria, porque crea un vínculo inmediato con la divinidad. Por lo que respecta a la limosna, se encontraría incluida en la entrega a la comunidad, propia de la moral gitana, mientras que el ayuno no es una práctica habitual entre ellos; sí lo sería, al contrario, el hecho de comer fruta, que tiene un sentido purificador para algunos gitanos. Hay autores, incluso, que consideran que en la práctica el luto por el tránsito de los familiares vendría a sustituir el ayuno. Y, en referencia al sacrificio, hemos visto ya que la boda representa una análogo a la de la primicia, mientras que ofrecer flores al río sería un sacrificio análogo al homenaje, ambos a los familiares difuntos.

Concluimos diciendo que la experiencia religiosa «no se trata de una búsqueda teorética de lo absoluto sino una relación afectiva con lo sagrado» (Alessi, 1998: 252). Este acto «con el que el creyente percibe la presencia de lo sagrado, es inicialmente más intuitivo que racional […] Sólo progresivamente la reflexión da paso a la reflexión sistemática» (Alessi, 1998: 244). Sólo cuando se ha vivido esta experiencia se puede exteriorizar, «es decir, se materializa en datos verificables que permiten analizar el fenómeno religioso» (Alessi, 1998: 262).

PARTE VIII. CONCLUSIONES
Destilando la esencia de la gitanidad

Concluimos aquí nuestra interpretación de la cultura gitana desde pautas filosóficas. A través de un proceso de reducción en lo que resulta constatable en el comportamiento y la expresión de los gitanos hemos podido inferir los rasgos esenciales de su identidad, que hemos interpretado desde la epistemología, la antropología, la ética y la estética, así como desde la filosofía del lenguaje y de la religión. Dicho de otra forma, sólo abstrayendo de su contexto lo constatado y analizándolo *sub specie aeternitatis*, a la manera de Baruch de Spinoza, hemos podido interpretar el alma gitana. Estos elementos fundamentales, que hemos denominado *gitanidad* o *romipēn*, son el resultado de la influencia que el proceso migratorio y las dinámicas de exclusión han tenido sobre unas raíces orientales en el transcurso de los siglos, debido a la necesidad de adaptarse al entorno para garantizar la supervivencia comunitaria. Esta matriz cultural es común a todas las personas que conforman la cultura gitana, porque va más allá de las diferencias constatables entre los propios gitanos, tanto a nivel colectivo (subgrupos culturales, diferencias sociales) como individual (talante de la propia persona).

Esta interpretación no hubiera sido distinta si la elección de las obras hubiese sido otra, porque he utilizado la práctica totalidad de la producción sobre esta temática. Tampoco cambiaría si la elección de las entrevistas hubiese sido otra, por la representatividad de las personas, créanme. Hay que recordar que, por las características del método fenomenológico, no he valorado la sinceridad de las afirmaciones o el comportamiento gitano observado, ni su representatividad en el seno de su cultura: he valorado lo percibido, más allá de cualquier consideración connotativa, según mi experiencia como observador calificado de esta realidad. Para mí, pues, las felicitaciones o las reprimendas. La fenomenología, como afirma Merleau-Ponty, es «el estudio de las esencias. [...] Pero es también una filosofía que resitúa las esencias en la existencia y cree que no se puede comprender a la persona más que a partir de su facticidad» (Merleau-Ponty, 1985: 7). Nunca se pueden juzgar intenciones.

Como llegamos al final de nuestro viaje, es momento de recoger el equipaje y valorar el trayecto realizado. Toca recapitular. Traducido científicamente, debemos comprobar en qué medida se han verificado las hipótesis de trabajo que planteábamos al inicio del libro.

35. PRIMERA HIPÓTESIS

Ser gitano va más allá de seguir ciertas costumbres y de comportarse según unos patrones sociales y culturales determinados, porque depende sobre todo de ver el mundo de una forma concreta, algo que va más allá de los vínculos puramente biológicos.

Hemos constatado la existencia de notables diferencias de tipo biológico y social entre los gitanos, incluso de grupos lingüísticos dentro de su propia cultura, producto de la dispersión de las diferentes comunidades gitanas a su llegada a Europa y de sus diferentes trayectorias comunitarias en la necesidad de adaptarse al entorno socio-cultural; en algunos casos, estas diferencias afectan a la forma de entender determinadas costumbres.

Pero también hemos evidenciado la existencia de una serie de elementos comunes a todos estos grupos, con independencia de esas diferencias biológicas, sociales y culturales; aún más: nos hemos asegurado de que la interpretación de esas constataciones podía ser asumida por cada uno de ellos. Hemos demostrado, por tanto, que estos elementos esenciales son comunes a todos los gitanos del mundo, superando así los paradigmas de las tesis genetistas o estructuralistas, que parten de la absolutización de lo concreto.

Más específicamente: hemos demostrado la existencia de un sistema epistemológico propio, producto de su origen indio y de sus circunstancias históricas, que configura la forma que tienen de aprehender la realidad. Esa manera de ver el mundo se basa en el *realismo*, porque es un conocimiento que se origina en la propia realidad; y por el *pragmatismo*, porque su función es sobre todo práctica. Al fin y al cabo, la identidad gitana está destinada a garantizar la supervivencia humana en el medio natural y a situar a la persona en el seno de una colectividad de carácter cultural.

Esta forma de conocer parte de la verificación, a través de la experiencia, de las actitudes que la persona ha percibido tanto de las tradiciones y mitos de su cultura como de la conducta referencial de las personas mayores. Al mismo tiempo hemos demostrado que, independientemente del grupo lingüístico o del conocimiento de la propia lengua, los gitanos hacen un uso presentativo del lenguaje, destinado a que el hablante describa su percepción subjetiva de la realidad mediante un modo perifrástico de construir la sintaxis, dos recursos semánticos (la metáfora y la hipérbole) y un subrayado gestual.

La transmisión de estas estructuras constituye un elemento de socialización, porque la cultura gitana no transmite un conjunto de conocimientos sino de actitudes de conocimiento, mediante postulados fácilmente experimentables en la existencia cotidiana. Gracias a estos hábitos cognitivos, los gitanos están constitutivamente abiertos a la realidad, siendo en especial sensibles a los estímulos intensos o persistentes, que percibirán como ciertos, con la intención de agotar su capacidad semántica.

Estas experiencias vividas serán después contrastadas con el resto de personas de la comunidad más cercana (familia, barrio), para memorizar o para imaginar sólo las que se perciban como útiles grupalmente. Sólo serán verdaderas las ideas de utilidad colectiva. En el caso del conocimiento indirecto, sólo serán auténticas las sensaciones referidas por testimonios de la propia comunidad o las que hayan sido fruto del consenso colectivo.

De ahí la importancia de disponer siempre de un doble nivel discursivo en el plano lingüístico, para acomodar el relato a quien lo escucha. La operación lógica por excelencia es la intuición, que permite comparar las vivencias entre sí, o estas con las aprendidas en la enseñanza, hasta obtener unas nociones que pasarán a formar parte de la propia cultura gitana.

36. SEGUNDA HIPÓTESIS

La visión gitana de la realidad está constituida por una forma propia de aprehenderla, de concebirse, de comportarse (con los demás y con la naturaleza), de expresarse y de trascenderse (de situarse ante lo absoluto).

También hemos visto que, al margen de una epistemología propia, la cultura gitana concluye la construcción de su identidad con una cosmovisión que sitúa la vida (natural y humana) como elemento de referencia y que prima la comunidad como referente de la propia existencia. A ese contexto comunitario se subordinarán la libertad y el trabajo y, en función de él, se percibirán el tiempo y el espacio. Se trata de una existencia vivida siempre en clave comunitaria y armonía natural.

Para transmitir esta *Weltanschauung*, la identidad gitana usa un sistema normativo basado en el criterio del interés comunitario y en valores como el respeto, la fraternidad, la coherencia, la libertad y la eficacia. Su transmisión se produce referencialmente, a través del testimonio de las personas de más edad; y culturalmente, mediante el arte y la literatura (sobre todo, canciones y cuentos) que producen también los mayores. Sin embargo, a pesar del carácter implícito de los valores, los gitanos disponen de un sistema propio para regular la convivencia: la *ley gitana*.

Esta misma cosmovisión impregna también la producción simbólica de los gitanos, porque la estética tiene una clara función humanizadora, según lo que la cultura gitana entiende por persona. Las manifestaciones artísticas y literarias permiten a los gitanos expresarse comunitariamente, compartiendo poética y barrocamente su percepción de la realidad (interior o exterior), así como liberar su personalidad profunda, en una especie de catarsis que a menudo alcanza una condición paralitúrgica, cuyo lenguaje estético está en consonancia con el uso gitano del lenguaje verbal.

La dimensión religiosa de la existencia gitana subyace bajo esta cosmovisión, cuyos elementos más importantes hacen referencia a la forma de trascender la propia realidad, porque la cultura gitana otorga a la verdad revelada el estatuto ontológico de verdad: la explicación sagrada sobre el origen, el transcurso y el final de la existencia está basada en mitos transmitidos culturalmente; las religaciones fenoménicas (naturaleza y comunidad) permiten a los gitanos constatar su fe a través de los sentidos; y el consenso colectivo que existe en la cultura gitana otorga a la fe un carácter indiscutiblemente verdadero.

Los gitanos viven, pues, en una cultura en que la dimensión religiosa es fundamental. Esta intuición se encuentra en la misma reflexión de Juan Pablo II sobre las respuestas que el ser humano se da en su «necesidad de sentido» y «progreso en el conocimiento de la verdad», que evidencian «la complementariedad de las diferentes culturas en las que vive el ser humano» (Juan Pablo II, 1998: 4 y 6).

37. TERCERA HIPÓTESIS

La visión gitana de la realidad está mucho más influenciada por sus raíces indias de lo que los científicos –incluso la mayoría de gitanos– consideran, hasta convertirse –pese a la lógica adaptación al contexto socio-temporal– en una porción de Oriente en Occidente.

Finalmente hemos demostrado que la matriz de la cultura gitana es sin duda alguna oriental, porque los elementos que son comunes a todos los gitanos resultan a la vez muy habituales entre las actuales poblaciones de la India, origen geográfico y cultural de la identidad gitana.

Al margen de rasgos genéticos e históricos, así como ciertas costumbres e instituciones, hemos verificado el paralelismo que existe entre algunos elementos identitarios de los gitanos y de los indios, es decir, de elementos que tienen la misma función en sus respectivas matrices culturales:

- En el plano antropológico, una misma concepción no jerárquica de la realidad, la subordinación del interés comunitario al individual, la relación armónica de la persona con la naturaleza y la percepción experiencial del tiempo y del espacio.
- En el plano ético, la preponderancia del respeto, la fraternidad o la coherencia en el sistema de valores, así como la existencia de instituciones reguladoras de los problemas de convivencia.

- En el plano estético, el carácter presentativamente expresivo de la interpretación de la realidad, el uso del contraste como recurso compositivo, la presencia de elementos naturales en las obras y la concepción purificadora y religadora del arte o la literatura, incluso paralitúrgica.
- En el plano metafísico, la explicación mitológica del origen y la finalidad de la realidad, el carácter religador del reencuentro con la naturaleza, la entrega a los demás como vía de salvación y el sentido providencialista de la relación entre la divinidad y la persona, así como el valor litúrgico de ciertos movimientos del cuerpo o la pronunciación de algunas palabras.

Pero es en el plano epistemológico donde hemos constatado más paralelismos entre ambas culturas, como la apertura sistemática a la realidad, la valoración del silencio, la preponderancia de los estímulos persistentes, la fijación en los particulares, la percepción subjetiva de la realidad, la lógica de carácter inductivo, un mismo despliegue categorial, la ordenación en categorías opuestas, la conceptualización aditiva, la afirmación negativa, la valoración del conocimiento interpretativo y la tendencia a la metáfora y la hipérbole, así como la importancia del lenguaje no verbal y su carácter presentativo.

Esto no significa que los gitanos y los indios tengan la misma identidad cultural, sino que comparten ciertos elementos culturales. Asimismo, por el número e importancia de esos rasgos cabría pensar que gitanos e indios son iguales, lo que tampoco es cierto: los gitanos se parecen a los indios, pero los indios no se parecen a los gitanos, porque su evolución ha sido diferente; de hecho, los indios tienen muchos otros elementos culturales que los gitanos desconocen. Finalmente, se podría pensar que estos elementos de la cultura gitana son comunes a las culturas primigenias, lo que tampoco es cierto, porque la importancia que les otorgan los gitanos, así como la forma como los combinan, les singulariza como grupo cultural.

Este hecho les hace más próximos a las culturas orientales que a las occidentales (sobre todo a las actuales), en las que la lectura de la realidad es más significativa que simbólica, remitiendo así a un mundo de carácter más inmanente que transcendente. Esta diferencia de mentalidades es el origen de la mayoría de problemas de convivencia que han existido –y aún existen– entre la cultura gitana y las culturas mayoritarias. En cierta forma, la cultura gitana constituye un elemento oriental en medio del mundo occidental. Es a lo que remite la afirmación del gitano serbio Rajko Djurić, filósofo y antiguo presidente de la Unión Romaní Internacional: «La filosofía de vida de los gitanos es claramente similar a la filosofía de vida de los indios» (Djurić, 1990: en internet).

38. LA IDENTIDAD GITANA

En nuestra aproximación a la realidad gitana, al ir singularizando el espíritu encarnado de la cultura gitana hemos visto que su identidad comporta ventajas y desventajas a los propios gitanos. Hay que hacer algunas consideraciones al respecto.

El carácter reduccionista y pragmático de su epistemología les aporta una gran rapidez de pensamiento, muy adecuada para la supervivencia, pero sin la precisión y extrapolación sobre las que se basa el pensamiento científico. Esto consagra a los gitanos a la vivencia del tiempo presente, limitando su capacidad de prever el futuro. Igualmente, la subordinación del criterio individual al interés comunitario condiciona la autonomía personal, tanto epistemológica como ética y estética, en la medida en que la capacidad crítica depende de criterios comunitarios.

Sin embargo, resulta una manera de ser totalmente lícita, que se puede entender como primigenia pero nunca como primitiva, como tradicional pero no conservadora. Sin que eso suponga un juicio moral, porque los gitanos tienen derecho a ser como quieran, son muchos los autores y las corrientes de la filosofía occidental que, sin saberlo, han llegado a las mismas conclusiones que los gitanos. Si nos preguntamos por su felicidad, la respuesta es positiva: pese al necesario ajuste de algunos de sus rasgos, están contentos de ser como son y quieren continuar siendo así. Debemos remitirnos siempre a su carácter neo-oriental para reflexionar, por ejemplo, por qué no valoran más la libertad personal o la previsión del futuro, rasgos que predominan en la cosmovisión occidental. Y a intentarlos comprender desde sus pautas culturales. Tal es el reto para los no gitanos.

Definición de "gitanidad" o "romipēn"

Estamos ya en condiciones de formular una definición de identidad gitana que explicite qué significa ser gitano, por primera vez en casi cinco siglos de reflexión sobre la realidad gitana. ¿Nerviosos? Pues ahí va:

> *Ser gitano es configurar la propia existencia, consciente y críticamente, según un sistema de comprensión afectiva, una concepción unitaria de la realidad, un código de conducta holístico y una forma de expresión emotiva, en los que la persona siente que se consagra a otras personas con las que comparte un mismo origen histórico-geográfico y una misma voluntad de pervivir en el tiempo.*

Desplegando esta formulación, en su versión completa, se configuraría de la siguiente manera:

> *Ser gitano es configurar la propia existencia, consciente y críticamente, según un sistema de comprensión de tipo realista, sensitivo, intuitivo y pragmático; una concepción de la realidad que prima la vida y la independencia comunitarias y que ordena el tiempo y el espacio en función de referentes afectivos; un código de conducta basado en valores como el respeto, la fraternidad, la coherencia, la libertad y la eficacia; y una forma de expresión que privilegia la emoción subjetiva compartida en el seno de la propia comunidad; en los que la persona siente que alcanza su pleni-*

tud en la medida en que se consagra a los demás miembros de su comunidad, cuyo bienestar antepone al propio, con quienes comparte un mismo referente histórico-geográfico y una misma voluntad de pervivir.

Todo lo que se sitúa fuera de esta definición, que marca los límites del mundo gitano, es lo que la cultura gitana califica como "cosas de payos". Ser gitano vendría definido como una disposición a configurar conscientemente la propia existencia de acuerdo con un sistema de pensamiento, una cosmovisión y un sistema de valores. Es lo que los gitanos han formulado basándose en la relación entre la palabra *gitanidad* y el binomio sentimiento/conducta. Más que una suma de elementos, como formulan algunos gitanos (URE, 1996: 19), ser gitano se basa en la forma de interpretar estos elementos. En este sentido, se asemejaría a un «calidoscopio» (Mendiola, 2000) o a una «calidad de sentido y una visión del mundo» (Albaicín, 1993: 135), al «espíritu de un conjunto cultural» (Liégeois, 1987: 22) o a un «estilo de vida» (Molina, 1967: 149). Sería lo que irónicamente define el musicólogo Domingo Manfredi:

> Hay en ellos algo de misterioso, un aura sutil, una sombra en los ojos, un pellizco en el canto o un toque en el toreo que les hace diferentes. Quien no sepa lo que es [esto], que lo deje por imposible, porque Dios no le llama por estos caminos [Manfredi/Albaicín, 1993: 8].

Surge un interrogante: ¿basta con esto para conformar una cultura? Es decir: si bien existe una identidad gitana, ¿existe también una cultura gitana?

La palabra "cultura" remite al término latino *cultura*, derivado del verbo *colere* (lit. "cultivar"; fig. "venerar"), del que proviene también la palabra "culto". A lo largo de la Historia han aparecido diversas definiciones de cultura. Tylor afirma que «la palabra cultura o civilización, tomada en su sentido más etnográfico, más amplio, designa todo el complejo que comprende a la vez las ciencias, las creencias, las artes, las costumbres y otras facultades y hábitos adquiridos por la persona como miembro de la sociedad» (Tylor, 1977: 1). Malinowski la define como una «totalidad integral de utensilios y bienes de consumo, de cartas constitucionales de diversos grupos sociales, de ideas humanas y artes, creencias y costumbres» (Malinowski, 1960: 36). Para Guardini, «cultura es todo aquello que la persona crea [...] en su encuentro vivo con el mundo que lo rodea» (Guardini, 1990: 50). En cambio, según García Cuadrado, «está constituida por los frutos adquiridos por la persona en el ejercicio de sus facultades, tanto espirituales como orgánicas» (García Cuadrado, 2001/2003: 195).

La definición más completa quizá sea la formulada por la UNESCO, la organización de las Naciones Unidas para la educación y la cultura:

> La cultura da a la persona la capacidad de reflexionar sobre sí misma. Es lo que hace de nosotros seres específicamente humanos, racionales, críticos y éticamente comprometidos. A través de ella discernimos valores y efectuamos opciones. A través de ella la persona expresa, toma conciencia de sí misma, se reconoce como un proyecto inacabado, pone en cuestión sus propias realizaciones, busca incansablemente nuevas significaciones y crea obras que la trascienden [UNESCO, 1982: *Declaración de México*].

En el caso de los gitanos, la cultura es lo que les permite reflexionar sobre sí mismos como comunidad. La cultura gitana les permite realizarse como personas. Pese a la falta de dimensión crítica con la tradición, los gitanos disponen de una cultura que constituye «el soporte y tejido nocional-afectivo donde toda experiencia [...] toma forma» (Melloni, 2003: 36). En este sentido, nuestra interpretación del mundo gitano ha puesto de relieve todos aquellos elementos que García Cuadrado constata en un hecho cultural, como «una visión del mundo, unos elementos técnicos y artísticos, una tradición y unas creencias religiosas» (García Cuadrado, 2001/2003: 201).

La cultura interviene en el proceso de formación de la persona, porque va más allá del conjunto de productos elaborados por ella, que Hegel denomina *objetivaciones del espíritu*. Los gitanos, pese a su heterogeneidad, serían un grupo humano (nunca una raza) con unos elementos culturales y una conciencia propia. Sería la suya una cultura claramente etnocéntrica, nunca relativista ni cosmopolita, porque gira alrededor de su antropología. Se trata «de una verdadera cultura» (Botey, 1967: 12) o, como me atrevo a decir, «una cultura verdadera». No cabe fingir ni esconderse: si se es gitano, se vive como tal. Eso prestigia su forma de ser, frecuentemente asimilada a un desfase evolutivo. Lo gitano no es producto de una falta de capacidades cognitivas occidentales, fruto de una hipotética falta de escolarización, sino el resultado de una voluntad de ser según pautas culturales neo-orientales. Hoy en día, en que lo *cool* es perderse en el piélago de las identidades, vivir conforme a una cosmovisión aparece como una proeza, siempre que no sea de forma intransigente ni integrista.

CARÁCTER ABIERTO Y DINÁMICO DE LA IDENTIDAD GITANA

Nuestra definición de identidad gitana se basa en una forma de comprender, de comportarse y de expresarse, por lo que la *gitanidad* o *romipēn* sería un estilo de vida consciente o, aún más, una forma de ser.

La primera ventaja que comporta esta definición es su *carácter abierto*. Si ser gitano es ser persona a la manera gitana, quien quiera y pueda está en disposición de convertirse en gitano. Sé que esta afirmación conmocionará a determinados sectores puristas de la cultura gitana, pero reconfortará a los más aperturistas. Según mi criterio, un no gitano puede ser aceptado por los gitanos como un miembro de su comunidad en la medida en que sepa pensar, comportarse y expresarse como un gitano más. Es lo que muchos gitanos definen como «estar agitanado» (Mendiola: 2000) o, todavía mejor, «ser gitano de corazón» (*El País*, 01/10/2006; Gila-Kochanowski, 1992: VII). Gitanos como Ximénez (2008) lo valoran aún más que serlo de nacimiento, por el paso consciente y voluntarioso que supone. Ser gitano implica sentir y pensar –vivir, al fin y al cabo– como los gitanos. Esto permite superar también los *paradigmas genetistas*, basados en lo biológico, según los cuales ser gitano comporta nacer de un padre o de una madre gitanos. La vida de Closa o Courthiade serían dos claros ejemplos de lo contrario, así como la de tantos niños que han sido adoptados por gitanos y se han educado en el seno de su comunidad. Y, al revés, muchas personas con una base biológica gitana no han sabido (o querido) después vivir a la manera gitana. Me vienen varios ejemplos a la cabeza, pero prefiero no decirlos...

Nuestra definición comporta una segunda ventaja, todavía más importante: su *carácter dinámico*. Las costumbres serían el reflejo de una forma de ser, no al revés. Esto explicaría la existencia de una identidad gitana pese a la diversidad entre los gitanos. Es más: sólo hemos inferido los rasgos esenciales de la identidad gitana en la medida en que hemos trascendido los particulares, pudiendo elevar las anécdotas a categorías. Esto permite superar los *paradigmas etnológicos*, según los cuales ser gitano es practicar unas determinadas costumbres. Pero también las *tendencias materialistas* que han caracterizado a estos paradigmas durante casi todo el siglo xx, al ir de lo existencial a lo esencial. De esta forma, los gitanos pueden prescindir o modificar algunas de sus costumbres sin dejar de ser lo que son. Lo contrario, como sostiene la etnología, supone condenar a los gitanos a un modelo estático de identidad, es decir, a ser siempre iguales.

Por ese motivo, nunca hemos basado la identidad gitana en el predominio del hombre sobre la mujer, en el seguimiento de una determinada tradición religiosa o en la práctica de una prueba para verificar la virginidad de la novia. Hay que diferenciar la cultura de las costumbres, que constituyen formas diferentes que la cultura asume en determinados contextos históricos y geográficos, por muy enraizadas que parezcan. Afirma Mendiola: «podemos encontrar costumbres gitanas que se adquirieron por culpa de circunstancias históricas pero que hoy en día pueden considerarse anacronismos» (Mendiola, 2000). De ahí el carácter universal de mi propuesta. Hago mías las palabras de Botey:

> El arroz con hinojo o erizo, típicos de la cocina gitana, no expresan la cultura gitana más que el pañuelo de seda anudado al cuello o un vestido de lunares. Hacer consistir en esto la cultura gitana sería una burla. Olvidaríamos que detrás de cualquiera de estas humildes expresiones radica una interpretación del mundo y de la vida [Botey, 1967: 79].

Esta forma tradicional de identidad se encuentra debilitada, aunque no perdida, a causa de los cambios de todo tipo que han afectado a la realidad gitana. A pesar de los procesos de asentamiento y asimilación, las dinámicas de persecución y exclusión, el paso del mundo rural al urbano, la irrupción de la droga o las sectas y la influencia de la televisión, el núcleo fundamental de la *gitanidad* o *romipēn* continúa inalterable, gracias en buena medida al alto grado de cohesión interna y al doble nivel epistemológico, ético y estético. Como en una rueda, según la metáfora propuesta por Mendiola (Mendiola, 1997: 15), el exterior se ha movido pero el centro ha continuado inalterable, porque el movimiento es inherente a la rueda misma (Mendiola, 2000). ¿Dónde estaría el límite de cambio? ¿Hasta dónde se puede cambiar sin dejar de ser gitano? Mendiola nos da la respuesta: hasta que se «deteriore o amenace la unión y el amor» comunitarios (Mendiola, 2000). En definitiva, hasta que la introducción del egoísmo rompa el sentimiento comunitario entre los gitanos: en la medida en que uno mire por su *propio bien* en lugar de por el *bien comunitario*.

Sin embargo, dado que la identidad no es un fenómeno estable los gitanos han iniciado ya hace décadas un contacto progresivo e inevitable con la sociedad mayoritaria, básicamente por la necesidad de garantizar –una vez más– la supervivencia. Esto representará, en un futuro próximo (de hecho, ya lo está representando), un reto para su identidad colectiva, pues tendrán que ser capaces de adaptar los elementos fundamentales de su cosmovisión a la posmodernidad occidental en la que viven. De lo contrario, los gitanos se verán condenados a acentuar todavía más su exclusión social, o a disolverse en el piélago de las uniformizadas identidades colectivas, como una muñeca de sal en un océano, según una bella metáfora india.

La muestra más clara la encontramos en la propia realidad gitana. Son cada vez más los gitanos que, orgullosos de su origen, son conscientes de la necesidad de emprender un proceso de depuración de la propia cultura con la finalidad de adaptar sus rasgos esenciales a la modernidad occidental, para participar plenamente en la sociedad mayoritaria desde el mantenimiento de lo esencial de su cultura. Como reconoce la gitana catalana María Amaya, trabajadora social en el Ayuntamiento de L'Hospitalet de Llobregat, «las culturas no son nunca estáticas [...]. No me puedo comparar con los gitanos del siglo XV. [...] Se está evolucionando en el sentido de saber lo que has de hacer con tu vida» (VV.AA.: 2003: 97). En esta misma línea se pronuncia el impulsor del Canal Gitano: «Hemos evolucionado mucho en la forma de pensar, pero nos queda muchísimo más; hemos de superar nuestras propias barreras psicológicas, ya que es muy difícil continuar siendo gitano y querer evolucionar» (*Presència*, 08-14/07/2005). Ya en el siglo XIX, Borrow constataba la evolución constante de los elementos que conforman la identidad gitana (Molina, 1967: 71), que encuentran nuevas formas para asumir viejas funciones, en tanto es un proceso abierto (Carmona, 2001). No en vano, como puntualiza Mendiola, el círculo perfecto no existe, porque todos son «espirales de Arquímedes, más o menos abiertas» (Mendiola, 2000).

Pero todavía falta mucho. La conciencia sobre la necesidad de emprender este proceso adaptativo debe llegar a todos los ámbitos de la cultura gitana, que ya no se puede limitar a mantener el doble nivel existencial como estrategia de supervivencia. Aun siendo un viaje totalmente necesario, les toca a ellos protagonizarlo. Los gitanos son perfectamente capaces de eso, porque «pueden levantar la rueda del carro, sacarla del fango, sin dejar por ello de ser gitanos» (Mendiola, 2000). Si estas páginas les ayudaran a hacerlo, no podría aspirar a más, tras todos estos años en el mundo gitano. Sólo así la cultura gitana podrá situarse de forma efectiva en la modernidad occidental, a la que pertenece sin escapatoria posible, por mucho que se añore un pasado idealizado.

39. A MODO DE EPÍLOGO

La estación nos espera. Ya vemos el andén y tenemos las maletas en la mano. Para concluir definitivamente este libro, al margen de las novedades puestas de relieve hay que decir que hace tres aportaciones adicionales:

- Incorpora la filosofía a la investigación sobre la realidad gitana, en un proceso de fecundación mutua. También ayuda a consolidar la filosofía de la cultura como ámbito de reflexión y supone un paso más en la exploración de las posibilidades de la *etnofilosofía*, lo que abrirá líneas de reflexión inexploradas.
- Interpreta académicamente, por primera vez, el espíritu de la cultura gitana y formula, también de forma original, una definición de identidad gitana. Se superan así las perspectivas biologista y estructuralista. Y, precisamente por ello, les aseguro que el *stablishment* arremeterá contra *Gitanidad* por desmarcarse de las tendencias dominantes. No teman en absoluto.
- Aporta unos elementos inéditos e innovadores a la hora de diseñar políticas globales sobre la cultura gitana en todo el mundo, de optimizar las acciones educativas destinadas a niños/as, jóvenes y adultos gitanos; de mejorar los mecanismos de inclusión social para la población gitana y las posibilidades de intervención socio-económica con comunidades gitanas; y de ofrecer nuevos elementos de reflexión para llevar a cabo cam-

pañas de sensibilización destinadas a mejorar la convivencia entre los gitanos y la sociedad mayoritaria.

Gracias por compartir este viaje por la cultura gitana. No olviden recoger no sólo sus maletas, sino también algo de lo visto desde la ventanilla. Ítaca no es sólo el destino sino, sobre todo, el viaje. Ojalá nuestro mundo fuera un poco más gitano.

BIBLIOGRAFÍA

FUENTES ORALES

Observaciones

Adiego, Ignasi-Xavier (2004)
Chércoles, Adolfo (2006)
Codina, Teresa (2010)
Cortés, Manuel (2000 y 2002)
Heredia, Manuel (1997)
Llopis, Rosa (2009)
Lozano, Feli (2010)
Ozcoz, Anna (1998)
Perona, Francisca (2004)
Porras, Manuel (1997)
Porras, Sebastián (1996)
Reyes, Juan (1994 a 2005)
Reyes, Manuel (2001, 2003 y 2005)
Roig, Mariona (2001)
Soler, Elisa (2004)
Ximénez, Joan (2008)

Entrevistas

Agujetas, Manuel (2002)
Amaya, María (1998 y *Presència*, 08-14/07/2005)
Andrade Ortega, Jesús (2008)
Bernal, Jorge (2007)
Carreras, Belén (2008)
Cebrián, Mónica (*La Vanguardia*, 31/01/2008)
Fernández Cortés, Manuel (2003)
Giménez Adelantado, Anna (2002)
Giménez García, Pere (*Presència*, 08-14/07/2005)

GIMÉNEZ VALENTÍ, Manel (*Presència*, 08-14/07/2005 y 2006)
GALJUS, Orjan (2007)
GATLIF, Tony (2002)
GONZÁLEZ FLORES, Dolores (*El Mundo*, 28/01/1996)
GONZÁLEZ, José; TOLEDO, Paco (*La Vanguardia*, 04/12/2007)
HANCOCK, Ian F. (2007)
HEREDIA CORTÉS, Antonio J. (2007)
HEREDIA JIMÉNEZ, Manuel (*La Vanguardia*, 15/02/2003)
JÁRÓKA, Lívia (*Mundo gitano*, 03/12/2010)
JIMÉNEZ, Domingo (*Educació Social*, 2003)
JIMÉNEZ, Elvira (2003)
JIMÉNEZ, José Ramón (*Nevipens Romaní*, 01-15/09/2004)
JIMÉNEZ, Gràcia
KNUDSEN, Marko D. (2007)
KYUCHUKOV, Hristo (2007)
MARTÍN MANZANO, Juana
MUÑOZ CORTÉS, Juan (2008)
MUÑOZ NIETO, Carlos (2007)
NEDICH, Jorge E. (*Clarín*, 24/07/2005; *Actualidad Étnica*, 11/08/2006; 2006; *Actualidad Étnica*, 23/05/2007 e Internet, 2008)
NICOLAE, Valeriu (2007)
ORTEGA, Ginesa (2003)
PAULA, Rafael de (*El Mundo*, 16/05/2004)
PERRATE, Tomás de (*El País*, 01/10/2006)
SANTIAGO REYES, Carmen (2003)
SANTIAGO SALIDO, Ana (2003)
ŠPIDLA, Vladimir (*El Mundo*, 08/04/08)
STANKIEWICZ, Stanislaw (2007)
TÁVORA, Salvador (2008)
URRUTIA, Roberto (*Consumer*, número 96, febrero de 2006)
VARGAS, Julio (*Presència*, 08-14/07/2005)
VARGAS, Manuel (*Hoy.es*, 14/10/2007)

FUENTES ESCRITAS

Parece una tendencia consolidada, en la reflexión académica y científica de temática gitana, que en la bibliografía el autor incluya o bien todos los libros posibles (que conformarían la biblioteca gitana ideal), o bien todos los libros que han caído en sus manos a lo largo de los años, aunque no tengan nada que ver con la obra en cuestión. Para desmarcarme de esa tendencia, sólo relaciono a continuación las fuentes citadas o referidas; dejo al margen aquellas obras que, incluso habiendo sido consultadas, finalmente no he utilizado. He priorizado las ediciones en español, y estas, a las de su lengua original.

Artículos

Sobre temática gitana

AMAYA, María. «La mujer gitana». En la revista *Akobà Kalò*, número 8. Federació d'Associacions Gitanes de Catalunya, Barcelona, 1998.

ARREBOLA, Alfredo. *Proyección musical del gregoriano en el flamenco*. En internet.

ARRIAGA, Mikel. «El propio y el extraño». En la revista *I Tchatchipen*, número 37. Instituto Romanó de Servicios Sociales y Culturales, Barcelona, 2002.

BELLIDO CARO, Rafael. «Proselitismo de las sectas entre los gitanos». En la revista *I Tchatchipen*, número 16. Instituto Romanó de Servicios Sociales y Culturales, Barcelona, 1996.

CABALLERO BONALD, José M. *El Flamenco y las sevillanas* (introducción a la película *Flamenco*, 1995, de Carlos Saura).

COMISSIÓ DE LA UNIÓ EUROPEA. «Discrimination in the European Union: Perceptions, Experiences and Attitudes». En *Eurobarómetro*, número 296. Bruselas, julio, 2008.

COURTHIADE, Marcel.
- «La lengua y la identidad gitana». En la revista *I Tchatchipen*, número 31. Instituto Romanó de Servicios Sociales y Culturales, Barcelona, 2000.
- «El origen del pueblo *rom*: realidad y leyenda». En la revista *I Tchatchipen*, número 33. Instituto Romanó de Servicios Sociales y Culturales, Barcelona, 2001.
- (con DJURIĆ, Rajko). «La literatura rromani». Seminario en Guatemala, agosto de 2002. En internet.
- «Estructura dialectal de la lengua rromani». Sin lugar ni fecha. En internet.
- «La lengua de los gitanos». Sin lugar ni fecha. En internet.

DICK ZATTA, Jane. «La tradizione orale dei Rom sloveni». A *Lacio Drom*, Milano, 1986, número 3-4.

FAJARDO, Luis A. *El «kriss», la justicia comunitaria gitana*. En internet.

FERNÁNDEZ ENGUITA, Mariano. «Escuela y etnicidad: el caso del pueblo gitano». En la revista *Pensamiento y Cultura*, número 11. Fundación Secretariado Gitano, Madrid, 2000.

FERNÁNDEZ-FRÍAS, María Luisa. *Malformaciones congénitas en la población gitana. Estudio epidemiológico en un grupo de población gitana*. Real Patronato de Prevención y de Atención a Personas con Minusvalía, Madrid, 1993.

FRESNO, José M. «La comunidad gitana española a las puertas del tercer milenio». En la revista *Cuadernos de realidades sociales*, número 53-54. Instituto de Sociología Aplicada, Madrid, 1999.

GATIUS, Sònia - TURTON, David. *Minorías étnicas en Lleida: dos estudios sobre etnicidad*. Edicions de la Universitat de Lleida, Lleida 1998.

GAVIRIA, Mario. «Las familias gitanas: castas dispersas en sociedades sin castas». En la revista *I Tchatchipen*, número 31. Instituto Romanó de Servicios Sociales y Culturales, Barcelona, julio de 2000.

GILA-KOCHANOWSKI, Vania de. «The origins of the Gypsies». En la revista *Rromā*, número de junio. Roma Publications, Chandigarh (la India), 1974.

GODWIN, Peter. «Los gitanos, perpetuos extraños». En la revista *National Geographic Magazine*, número 13. National Geographic Society, Washington (Estados Unidos), 2001.

GOLDSTON, James A. «Luces y sombras de la minoría romaní en la UE». En la revista *Foreign Affairs en Espanyol*, número de verano. 17-18, Madrid, 2002.

GOMEZ ALFARO, Antonio. «Gitanos, el estigma de la otredad». En la revista *I Tchatchipen*, número 18. Instituto Romanó de Servicios Sociales y Culturales, Barcelona, 1997.

HANCOCK, Ian F.
- «Problems in the creation of a standard dialect of Romanés». En la revista *Working Papers in Sociolinguistics*, número 25. Southwest Educational Development Laboratory, Austin (Texas, EUA), 1975.
- «On the migration and Affiliation of the Domba: Iranian words in Rom, Lom, and Dom gypsi». En la revista *International Romani Union Occasional Papers*, número 8 (serie F). International Romani Union, Berlín (Alemania), 1993.

JIMÉNEZ GONZÁLEZ, Nicolás.
- «Retrato socio-antropológico del pueblo rom». En la revista *I Tchatchipen*, número 38. Instituto Romanó de Servicios Sociales y Culturales, Barcelona, 2002.
- «La lengua nos enseña la historia». En la revista *I Tchatchipen*, número 39. Instituto Romanó de Servicios Sociales y Culturales, Barcelona, 2002.

JIMÉNEZ MONTAÑO, Domingo. «Acció socioeducativa i poble gitano». En la revista *Educació Social*, número 24. Fundació Pere Tarrés, Barcelona, 2003.

LAGUNAS, David. «De racismo y gitanos: aproximación a una incomprensión». En la revista *I Tchatchipen*, número 9. Instituto Romanó de Servicios Sociales y Culturales, Barcelona, 1995.

LERMO, José - ROMÁN, Jorge - MARRODÁN, Dolores - MESA, Soledad. «Modelos de distribución de apellidos en la población gitana española». En la revista *Anthropos*, número 13. Universidad Complutense, Madrid, 2006.

LUCÍA, Paco de - FERNÁNDEZ LÓPEZ, Justo. «El Flamenco y el Jazz. Análisis comparativo». En internet: *Hispanoteca de la Universidad de Innsbruck (Austria)*, 1999-2008.

MARCOS, Ramón de. «Minorías étnicas: Gitanos». En *La pobreza en España, extensión y causas*. Cáritas Española, Madrid, 1986.

MATHUR, Rakesh. «Language, Customs and Religious Practices Reveal the Hindu Origins of Romany Nomads». A *Hinduism Today* (Internet), agosto de 1990.

MENDIOLA, Miguel.
- «Una diferencia alegre». En la revista *I Tchatchipen*, número 17. Instituto Romanó de Servicios Sociales y Culturales, Barcelona, 1997.

- «El gitano del siglo XXI». En la revista *I Tchatchipen*, número 23. Instituto Romanó de Servicios Sociales y Culturales, Barcelona, 1998.
- «Algunas observaciones sobre la cultura y la "efectividad" gitana». En internet, *circa* 2000.

MORELLI, Bruno. «La estética romaní, entre el mito y la realidad». En la revista *I Tchatchipen*, número 20. Instituto Romanó de Servicios Sociales y Culturales, Barcelona, 1997.

MOYAL, Munir A. «The religious life of the tziganes». En la revista *The Muslim World*, número 43. Duncan Black McDonald Center, Hartford (Reino Unido), 1953.

MUÑOZ, Carlos. «Rromani Àrte». Ponencia en el curso *La cultura gitana, tan a prop i tan lluny*. Universidad de Verano Ramón Llull, Barcelona, 2007.

OLEAQUE, Joan Manuel. «Gitanos, un poble a la deriva». En la revista *El Temps*, Barcelona, febrero de 1996, número 607.

OPRISAN, Ana - GRIGORE, George. «Los gitanos musulmanes en Rumanía». En la revista *I Tchatchipen*, número 38. Instituto Romanó de Servicios Sociales y Culturales, Barcelona, 2002.

PÉREZ SENZ, Javier. «La fascinación por la música en libertad». En la revista *Cuadernos Gitanos*, número 1. Instituto de Cultura Gitana, Madrid, 2007.

PORRAS, Mercedes. «Los gitanos en la pintura catalana: Fortuny, Nonell y Anglada-Camarasa». En la revista *Cuadernos Gitanos*, número 2. Instituto de Cultura Gitana, Madrid, 2008.

PORRAS, Sebastián. «Medios de comunicación de masas y gitanos». En la revista *I Tchatchipen*, número 15. Instituto Romanó de Servicios Sociales y Culturales, Barcelona, 1996.

RISHI, Weer R. «Indian emigrations in the 10th and 11th centuries as seen by a Punjabi». En la revista *Rromā*, número 3. Roma Publications, Chandigarh (la India), 1974.

RODRÍGUEZ MALDONADO, Julio. «La modalidad musical flamenco». En la revista *Diálogo gitano*, número 103. Conferencia Episcopal Española, Madrid, 2005.

RODRIGUEZ LÓPEZ-ROS, Sergio.
- «Internet i la comunitat gitana». En la revista *I Tchatchipen*, número 24. Instituto Romanó de Asuntos Sociales y Culturales, Barcelona, 1998.
- «La red se llena de rromipèn». En la revista *Akobà Kalò*, números 44 y 45. Federació d'Associacions Gitanes de Catalunya, Barcelona, 2001.
- (con REYES, Manuel). *La India entre nosotros*. Conferencia en Casa Asia, organizada por el Centro Unesco de Cataluña. Barcelona, 2005.

Roig, Rosendo. «¿Qué hace la Iglesia por los gitanos? Diálogo con el P. Pedro Closa, capellán de gitanos». En la revista *Hechos y Dichos*, número 374. Compañía de Jesús, Zaragoza, 1967.
Sándor, Avraham. *El verdadero origen de los gitanos*. En internet, 2007.
San Román, Teresa.
- «Los gitanos en el mundo del trabajo». En la revista *Opinión pública*, número 45. Cumbre, Madrid, 1972.
- «Los miedos del gitano». En la revista *Historia 16*, número 22. Cambio 16, Madrid, 1978.

Thomas, JD; Doucette, MM; Thomas, DC; Stoeckle, JD. *Disease, lifestyle, and consanguinity in 58 American Gypsies*. The Lancet, Londres (Reino Unido), 1987.
Torres, Antonio. «Los gitanos y su convivencia con la sociedad general». En la revista *I Tchatchipen*, número 14. Instituto Romanó, Barcelona, 1996.
VV.AA. «El despertar gitano». En la revista *The Economist*, número de septiembre. The Economist, Londres (Reino Unido), 1999.
VV.AA. «Límites y posibilidades de la invisibilidad como estrategia étnica». En la revista *I Tchatchipen*, número 27. Instituto Romanó, Barcelona, 1999.
VV.AA. «Sobre la identidad gitana». En la revista *Gitanos. Pensamiento y cultura*, número 11. Asociación Secretariado General Gitano, Madrid, 2001.
Wagner, Max L. «El abolengo gitano-indio de chavó y su familia». En *Revista de Filología Española*, número 45. CSIC, Madrid, 1962.
Yates, Dora. «The Letter from the Gypsy of Cordova to George Borrow». En *Journal of the Gypsy Lore Society*, serie III, número 34. Gypsy Lore Society, Cheverly (Maryland), 1955.

Sobre temática filosófica

Marías, Julián. «Los estilos de la Filosofía». Conferencia en la Universidad Complutense de Madrid, curso 1999/2000. En internet.
Panikkar, Raimon. «Pluralismo hermenéutico en el hinduismo». En la revista *Estafeta Literaria*, número 248. Madrid, 1962.
Rodriguez, Sergi. Entrevista a Josep M. Esquirol. En la revista *Compartir*, número 66. Fundación Espriu, Barcelona, 2007.
Thuruthiyil, Scaria. «The concept of person in Indian philosophy». En la revista *Salesianum*, número 66. Università Pontificia Salesiana di Roma, Roma, 2004.

Libros

Sobre temática gitana

ABAJO, José Eugenio - CARRASCO, Silvia (eds.). *Experiencias y trayectorias de gitanas y gitanos en España*. CIDE / Instituto de la Mujer, Madrid, 2004.

ACTON, Thomas A.
- *Gitanos*. Espasa Calpe, Madrid, 1983.
- (con MUNDY, Gary). *Romani culture and Gipsy identity*. University of Hertfordshire Press, Hertfordshire, 1999.

ADIEGO, Ignasi-Xavier.
- *Un vocabulario español-gitano del marqués de Setmenat*. Publicaciones de la Universidad de Barcelona, Barcelona, 2002.
- *Del romaní comú als calós ibèrics* (en premsa). Publicacions de la Universidad de Barcelona, Barcelona, 2004.

ALBAICÍN, Joaquín.
- *Gitanos en el ruedo*. Espasa Calpe, Madrid, 1993.
- *En pos del sol. Los gitanos en la historia, el mito y la leyenda*. Obelisco, Barcelona, 1997.

AMÉRIGO, Adriano. *Gli Zingari, storia d'un popolo errante*. Ermanno Leoescher, Torino, 1989.

ANDALUZ, Máximo. *Gitanerías*. Gráficas Espejo, Madrid, 1964.

BAKKER, Peter. *The political status of the Romani language in Europe*. University of Aarhus, Aarhus (Dinamarca), 2001.

BALIC, Sait. *Romani language and culture*. Institut za Proucavanje Nacionalnih Odnosa, Sarajevo, 1989.

BARTHÉLÉMY, André. *Routes de Gitanie*. Le Centurion (París), 1982.

BECK, Eleonore. *O Del del duma peske shavenka*. Verbo Divino, Estella (Navarra), 2002.

BLOCH, Jules. *Los gitanos*. Eudeba, Buenos Aires, 1965.

BORETSKY, Norbert. *Interdialectal interference in romani*. John Benjamins Publishing Company, Ámsterdam, 1996.

BORROW, George.
- *La Biblia en España*. Alianza, Madrid, 2003 (1.ª edición: 1837).
- *Los Zincali*. Turner, Madrid, 1979 (1.ª edición: 1841).

BOTEY, Francesc. *Lo gitano, una cultura folk desconocida*. Nova Terra, Barcelona, 1970.

BREARLEY, Margaret. *The Roma/gypsies of Europe: a persecuted people*. Institute for Jewish Policy Research, Londres (Reino Unido), 1996.

CABALLERO BONALD, José M. *Luces y sombras del flamenco*. Lumen, Barcelona, 1997.
CABARRÚS, Francisco. *Historia, usos y costumbres de los* gitanos. Madrid, 1920.
CALLEJA,Seve.*Un pueblo trashumante: los gitanos*.Mensajero,Bilbao,1983.
CAMPUZANO, Ramón. *Origen, usos y costumbres de los gitanos*. Imprenta de MR y Fonseca, Madrid, 1848.
CANTÓN, Manuela. *Gitanos pentecostales*. Signatura, Sevilla, 2004.
CAPDEVILLA, José. *Errantes y expulsados. Normativas jurídicas contra gitanos, judíos y moriscos*. Francisco Baena, Córdoba, 1991.
CARMONA, Antonio. *Sobre la identidad gitana*. Asociación de Enseñantes con Gitanos, Murcia, 2002.
CASTILLO, Fermín. *Los gitanos*. La Editorial, Zaragoza, 1958.
CERVANTES, Miguel de. *La gitanilla*. Espasa-Calpe Argentina, Buenos Aires (Argentina), 1961 (1.ª edición: 1613).
CHAMAN, Lal. *The Gypsies, children forgotten of India*. Ministry of Information and Broadcasting, Delhi, 1962.
CIMORRA, C. *Los gitanos*. Atlántida, Buenos Aires (Argentina), 1944.
CLÉBERT, Jean-Pierre. *Los gitanos*. Ayora, Barcelona, 1970.
CODINA, Teresa. *Gitanos de Can Tunis, 1977-1983: crónica de un proceso educativo*. Mediterrània, Barcelona, 2000.
COMISIÓN DE POLÍTICA SOCIAL Y TRABAJO. *Informe de la Subcomisión creada en el seno de la para el estudio de la problemática del pueblo gitano*. Boletín Oficial de las Cortes Generales, Madrid, 1999 (VI Legislatura, Serie D, General, 17 de diciembre de 1999, N.º 520).
CONFERENCIA EPISCOPAL ESPAÑOLA. *La Iglesia de España y los gitanos*. Edice, Madrid, 2002.
COUNCIL OF EUROPE. *Roma Children Education Policy Paper: Strategic Elements of Education Policy for Roma Children in Europe*. Council of Europe, Estrasburgo (Francia), 1997.
COURTHIADE, Marcel. *Project of Recommendation on the Romani culture and language* (redactor). Council of Europe, Estrasburgo (Francia), 2003.
CROWE, David. *History of Gypsies of Eastern Europe and Russia*. St. Martin's Griffin, Nueva York, 1999.
DEPARTAMENT DE BENESTAR I FAMILIA. *Pla Integral del Poble Gitano a Catalunya*. Generalitat de Catalunya, Barcelona, 2006.
DIEZHANDINO, Pilar. *Narraciones gitanas*. Tantin, Santander, 1985.
DJURIĆ, Rajko - HANCOCK, Ian - DOWD, Siobhan (eds.). *The Roads of the Roma: A Pen Anthology of Gypsy Writers*. University of Hertfordshire Press, Hertfordshire, 2000.

EQUIPO GIEMS. *Gitanos al encuentro de la ciudad*. Edicusa, Madrid, 1976.
FERNÁNDEZ JIMÉNEZ, Diego Luis. *Situación y perspectivas de la juventud gitana en Europa*. Instituto Romanó, Barcelona, 1995.
FERNÁNDEZ MORATE, Segundo. *La identidad del pueblo gitano*. Ayuntamiento de Palencia, Palencia, 2001.
FERNÁNDEZ SANTIAGO, Rafael. *Color de bronce*. Autor-Editor, Córdoba, 1995.
FERRER BENIMELI, José A. *También los gitanos*. Secretariado Gitano de Barcelona, Barcelona, 1965.
FONSECA, Isabel. *Enterradme de pie. El camino de los gitanos*. Península, Barcelona, 1997 (1.ª edición: 1995).
FRASER, Angus. *The Gypsies*. Blackwell Publishers, Oxford (Reino Unido), 1995.
GARCÍA, Humberto. *La cultura de los gitanos*. Editorial CCS, Madrid, 1996.
GARCÍA DEL MORRAL, Amallo. *Gitanos*. Granada, 1957.
GARCÍA-DÍE, Jordi M. *Mater et Magistra. Sobre el reciente desarrollo de la cuestión social a la luz de la doctrina cristiana*. ICESB, Barcelona, 1962.
GARCÍA LORCA, Federico. *Romancero gitano*. Espasa-Calpe, Madrid, 1982.
GARRIDO, Albert. *Entre gitanos y payos*. Flor del viento, Barcelona, 1999.
GARRIGA, Carme.
 • (con GIMÉNEZ, Anna). *Ostalinda. Jo vinc de tot arreu*. La Galera, Barcelona, 1998.
 • *Els gitanos de Barcelona*. Diputació de Barcelona, Barcelona, 2000.
GHEORGHE, Nicolae - MIRGA, Andrzej. *The Roma in the Twenty-First Century: A Policy Paper*. Project on Ethnic Relations, Princeton (Estados Unidos), 1997.
GILA-KOCHANOWSKI, Vania de. *L'ame tsigane*. Wallada, Châteauneuf (Francia), 1992.
GOFFMAN, Erving. *Estigma. La identidad deteriorada*. Amorrortu, Buenos Aires (Argentina), 1963.
GÓMEZ ALFARO, Antonio. *La gran redada de gitanos*. Presencia Gitana, Madrid, 1993.
GONZÁLEZ CABALLERO, Alberto (Ed.). *El Evangelio de San Lucas en caló*. El Almendro, Córdoba, 1998 (reedición realizada por este franciscano de la traducción original de George Borrow, de 1837).
GRANDE, Félix. *Memoria del Flamenco*. Alianza, Barcelona, 1999.
GRASS, Günter. *Discurso de la pérdida*. Presencia Gitana, Madrid, 1994.

GUILLAMET, Joan. *Els gitanos, aproximació a un racisme*. Pòrtic, Barcelona, 1970.
HANCOCK, Ian F.
- *The pariah syndrome: An account of Gypsy Slavery and persecution*. Karoma Publishers, Michigan (Estados Unidos), 1987.
- *We are the Romany people (Ame san e Romani dzne)*. University of Heartfordshire Press, Heartfordshire (Reino Unido), 2002.

HEREDIA FERNÁNDEZ, José. *Hasta donde me acuerdo: memorias de un viejo chalán gitano*. Presencia Gitana, Madrid, 1995.
HEREDIA CORTÉS, Antonio Jesús. *Gitano de padre y madre*. Autor-editor, Granada, 2005.
HEREDIA MAYA, José. *Un gitano de ley* (Oratorio sobre «el Pelé»). Edice, Madrid, 1997.
HERRERO, Germán. *De Jerez a Nueva Orleáns. Análisis comparativo del flamenco y del jazz*. Don Quijote, Granada, 1991.
HEYMOWSKI, Adam. *Swedish «travellers» and their ancestry. A social isolate or an ethnic minority*. Almqvist et Wiksell, Upsal (Suecia), 1969.
HINIESTA, Alberto. *Los gitanos. Problemas escolares*. Narcea, Madrid, 1981.
INFANTE, Blas. *Orígenes de lo flamenco y lo secreto del cante jondo*. Junta de Andalucía, Sevilla, 1980.
INICIATIVAS CULTURALES DROMÁ. *El cine y los gitanos/romá*. Asociación Iniciativas Culturales Dromá, Torremolinos, 1999.
JIMÉNEZ, Nicolás. *Primer curso de romanō estàndard*. Autor-editor, Alacant, 2001 (material inédito).
JORDÁN, Fernando. *Religiosidad y moralidad de los gitanos en España*. ASGG, Madrid, 1991.
KATADA, Conies. *Gitanos*. Logroño, 1907.
KENRICK, Donald.
- (con PUXON, Graham). *The destiny of Europe's gypsies*. Sussex University Press y Chatto-Heinemann, Londres, 1972.
- *Los gitanos, de la India al Mediterráneo*. Presencia Gitana, Madrid, 1995.
- *Historical dictionary of the gypsies*. The Scarecrow Press, Londres (Reino Unido), 1998.

KNUDSEN, Marko. *Die Geschichte der Roma*. RomaBooks, Hamburgo (Alemania), 2003.
LAFUENTE, Rafael. *Los gitanos, el flamenco y los flamencos*. Barcelona, 1985.
LEE, Ronald. *El gitano*. Planeta, Barcelona, 1986.

LLOPIS, Rosa.
- *Curs de formació per a professionals que hagin d'intervenir en la comunitat gitana*. Unió Gitana de Gràcia, Barcelona, 1997.
- «La invisibilitat del poble gitano». En el libro *Anuari de Sos Racisme*. Icaria, Barcelona, 2001.

LEBLON, Bernard. *Los gitanos en España*. Gedisa, Barcelona, 1987.

LE COSSEC, Clément. *Mi aventura entre los gitanos*. RTVA, Madrid, 2003.

LIEGEOIS, Jean-Pierre.
- *Gitanos e Itinerantes*. Presencia Gitana, Madrid, 1987.
- *Roma, Gypsies, Travellers*. Council of Europe Publications, Estrasburgo (Francia), 1994.
- *Minoría y escolaridad: el paradigma gitano*. Centre de Recherches Tsiganes (Université René Descartes de París) - Editorial Presencia Gitana, Madrid, 1998.

MANFREDI, Domingo. *Los gitanos*. Publicaciones Españolas, Madrid, 1957 (2.ª edición: 1959).

MARSH, Adrian; STRAND, Elin. *Gypsies and the Problem of Identities: Contextual, Constructed and Contested*. I. B. Tauris Publishers, Estambul (Turquia), 2006.

MATRAS, Yaron. *Romani: a linguistic introduction*. Cambridge University Press, Cambridge (Reino Unido), 2002.

MAYO, Francisco de Sales. *El gitanismo. Historia, costumbres y dialecto de los gitanos*. Libreria de Victoriano Suarez, Madrid, 1870.

MCDOWELL, Bart. *Los gitanos*. Nauta, Barcelona, 1978 (1.ª edición: 1970).

MICHELIS, Poli. *Los gitanos*. EDAF, Madrid, 1971.

MINORITY RIGHTS GROUP. *Report Roma/Gypsies: A European Minority*. MRG, Londres, 1995.

MIRGA, Tersa. *Soské kawka?*. Kolo Podkowy-Spólka Poetów, Podkowalésna, 1994.

MITCHELL, Timothy. *Flamenco deep song*. Vail-Ballou Press, Nueva York, 1994.

MOLINA, Ricardo.
- (con MAIRENA, Antonio). *Mundo y formas del cante flamenco*. En *Revista de Occidente*, Madrid, 1963.
- *Misterios del arte flamenco. Ensayos de una interpretación antropológica*. Sagitario, Barcelona, 1967.

MUÑOZ VELASCO, Ignacio. *Los gitanos y el idioma sánscrito*. Gráficas CEYDE, Segovia, 1983.

NICOLINI, Bruno. *Bangladesh: Incontro con don Renato Rosso, il prete degli zingari*. En internet.

OKELY, Judith M. *The traveller-Gypsies*. Cambridge University Press (Reino Unido), 1983.
OPEN SOCIETY INSTITUTE.
- *Roma and Forced migration*. OSI, Nueva York (Estados Unidos), 1998.
- *Seguimiento de la protección de las minorías en la UE*. OSI, Nueva York (EUA), 2002.

ORGANISATION FOR SECURITY AND COOPERATION IN EUROPE. *Report on the situation of Roma and Sinti in the OSCE Area*. High Commissioner on National Minorities, Viena (Austria), 2000.

PABANÓ, Francisco M. *Historia y costumbres de los gitanos*. Muntaner y Simón, Barcelona, 1915.

PEÑA, Pedro. *Problemas culturales gitanos*. Secretariado Gitano, Barcelona, 1967.

PONTIFICIO CONSEJO PARA LA PASTORAL DE LOS MIGRANTES Y GITANOS. *Orientaciones para una pastoral de los gitanos*. Edice, Madrid, 2006.

PLANTÓN, José Antonio. *Aproximación al Caló*. Junta de Andalucía, Sevilla, 1993.

PRAT, Joan. *Los gitanos*. Dopesa, Barcelona, 1978.

RAMÍREZ HEREDIA, Juan de Dios.
- *Nosotros los gitanos*. Bruguera, Barcelona, 1974 (1.ª edición: 1971).
- *Vida Gitana*. Ediciones 29, Barcelona, 1973.
- *En defensa de los míos*. Ediciones 29, Barcelona, 1985.

RENAU, Jesús. *Pedro Closa, jesuita y gitano*. Cristianismo y Justicia, Barcelona, 2003.

RINGOLD, Dena; ORENSTEIN, Mitchell A.; WILKENS, Erika. *Roma in an Expanding Europe: Breaking the Poverty Cycle*. The International Bank for Reconstruction and Development, Washington (Estados Unidos), 2005.

RISHI, Weer R.
- *Romā. The Panjabi emigrants in Europe central and middle Asia, the USSR and the Americas*. Punjabi University, Patiala (la India), 1976.
- *Romani, Punjabi, English: Conversation Book*. Punjabi University, Patiala (la India), 1980.

RODRÍGUEZ LÓPEZ-ROS, Sergi.
- *La incidència d'Internet a la comunitat gitana*. Ponència per al Congrés Internacional de la Publicació Electrònica. Universitat Politècnica de Cataluña, Barcelona, 1994.
- (con PORRAS SOTO, Sebastián) *El pueblo gitano. Manual para periodistas*. Unión Romaní, Barcelona, 1997.

- (con Porras Soto, Sebastián) *El tractament del poble gitano a les televisions a Catalunya*. Consell de l'Audiovisual de Catalunya, Barcelona, 1999.
- *Informe sobre la introducció de les noves tecnologies de la informació en l'àmbit educatiu dels infants i joves gitanos*. Diputació de Barcelona, Barcelona, 2002.
- *Apuntes de pastoral gitana. Hacia una nueva evangelización del pueblo gitano*. CCS, Madrid, 2007.

Salinas, Jesús. *Curso de formación en compensación educativa e intercultural para agentes educativos*. Asociación de Enseñantes con Gitanos, Murcia, 2002.

Sánchez Dragó, Fernando. «Los gitanos, aproximadamente». A *Gárgoris y Habidis. Una história mágica de España*, Peralta, Pamplona, 1979, volumen 3.

San Román, Teresa.
- *Los dos mundos del gitano: gitanos y payos. Expresiones actuales de la cultura del pueblo*. Centro de Estudios Sociales del Valle de los Caídos, Madrid, 1976.
- *Gitanos de Madrid y Barcelona: ensayos sobre aculturación y etnicidad*. Universidad Autónoma de Barcelona, Bellaterra, 1984.
- «¿Hay un lugar para el pueblo gitano?». A *Marginados, fronterizos, rebeldes y oprimidos*. Serbal, Madrid, 1985, volumen 1.
- *Entre la marginación y el racismo. Reflexiones sobre la vida de los gitanos*. Alianza, Madrid, 1986.
- *La diferència inquietant*. Alta Fulla, Barcelona, 1994.
- *Identitat, pertinença i primacia a l'escola. La formació d'ensenyants en el camp de les relacions interculturals*. Universitat Autònoma de Barcelona, Bellatera, 2001.

Shashi, Shyam S. *Roma. The Gypsy world*. Sundeep Prakashan, Nueva Delhi (la India), 1990.

Silva, Dolores. *Ley gitana*. Don Quijote, Sevilla, 1992.

Starkie, Walter. *Casta gitana*. José Janés Editor, Barcelona, 1956.

Tong, Diane. *Cuentos populares gitanos*. Siruela, Madrid, 1989.

Torres, Antonio.
- *Vivencias gitanas*. Instituto Romanó de Servicios Sociales y Culturales, Barcelona, 1991.
- *Los gitanos somos una nación*. Instituto Romanó de Servicios Sociales y Culturales, Barcelona, 1998.

Unión Romaní Española.
- *Fundamentos del pensamiento gitano, hoy*. Unión Romaní, Barcelona, 1995.

- *I Congreso Europeo de la Juventud Gitana*. Instituto Romanó, Barcelona, 1998.

VAILLANT, Jean-Alexandre. *Les Rômes: histoire vraie des vrais Bohémies*. Dentu&Cie, París, 1857.

VALLMITJANA, Juli. *Els Zin-Calós*. Artís Impressor, Barcelona, 1912.

VAUX DE FOLETIER, François de. *Mille ans d'histoire des tsiganes*. Fayard, París (Francia), 1970.

VÁZQUEZ, Jesús M. *Estudios sociológicos sobre los gitanos españoles*. Instituto de Sociología Aplicada, Madrid, 1980.

VENTZEL, Tsiganski V. *The Gypsy language*. Moscow, Nauka (Rússia), 1983.

VERMEERSCH, Peter. *The Romani Movement. Minority Politics and Ethnic Mobilization in Contemporary Central Europe*. Berghahn Books, Oxford, 2006.

VILLE, Frans de. *Tsiganes. Témoins du temps*. Office de Publicité, Bruselas (Bélgica), 1956.

VV.AA. *Cincuenta mujeres gitanas en la sociedad española*. Fundación Secretariado General Gitano, Madrid, 2003.
- *Cocina gitana*. Icaria, Barcelona, 1996.
- *Gitanos y discriminación. Un estudio trasnacional*. Fundación Secretariado General Gitano, Madrid, 2002.
- *Gitanos, un pueblo*. Federación de la Enseñanza de Comisiones Obreras, Madrid, 1992.
- *Hechos gitanales. Conversaciones con tres gitanos de Sant Roc*. Universidad Autónoma de Barcelona, Bellatera, 2001.
- *Identity Formation among Minorities in the Balkans: The cases of Roms, Egyptians an Ashkali in Kosovo*. Studii Romani, Sofía (Bulgaria), 2001.
- *Informe mundial sobre la cultura 2000-2001: diversidad cultural, conflicto y pluralismo*. Unesco, París (Francia), 2001.
- *La Chiesa cattolica e gli Zingari. Storia di un difficile rapporto*. Centro Studi Zingari - Anicia, París (Francia) - Roma (Italia), 2000.
- *La promoción gitana*. Publicaciones de Cáritas Diocesana, Barcelona, 1967.
- *Le roma, la cultura gitana*. Diputació de Barcelona, Barcelona, 1996.
- *Libro del I Congreso Gitano de la Unión Europea*. Instituto Romanó de Servicios Sociales y Culturales, Barcelona, 1996.
- *Maj Khetane. Materiales interactivos para trabajar la cultura gitana*. Ministerio de Trabajo y Asuntos Sociales, Madrid, 2003.

- *Roma and the question of self-determination.* Project on Ethnic Relations, Princeton (Estados Unidos), 2002.
- *Roma in an expanding Europe.* World Bank, Washington (Estados Unidos), 2003.
- *Roma Rights in Europe.* European Roma Rights Center, Budapest (Hungría), 2002.
- *Romanó Suno.* Nova Escola, Praga (República checa), 2002.
- *The Roma/Gypsies of Europe: a prosecuted people.* Institute for Jewish Policy Research, Londres (Reino Unido), 1996.

YOORS, Jan. *The gypsies.* George Allen & Unwin, Londres (Reino Unido), 1967.

ZATREANU, Mihaela. *Anglutno lil.* Véritas, Bucarest (Hungría), 2001.

Sobre temática filosófica

ACADEMIA RUSA DE LAS CIENCIAS. *Manual de filosofía india.* En internet.

ALESSI, Adriano.
- *Sui sentieri del sacro. Introduzione alla filosofia della religione.* Librería Ateneo Salesiano, Roma (Italia), 1998.
- *Sui sentieri della verità. Introduzione alla filosofia della cognoscenza.* Librería Ateneo Salesiano, Roma (Italia), 2003.

ALSTON, William P. *Filosofía del lenguaje.* Alianza, Madrid, 1985.

AMOSSY, Ruth. *Estereotipos y clichés: enciclopedia semiológica.* Eudeba, Buenos Aires (Argentina), 2001.

ARANGUREN, José Luis. *La comunicación humana.* Tecnos, Madrid, 1986.

ARGULLOL, Rafael.
- (con TRÍAS, Eugenio). *El cansancio de Occidente.* Destino, Barcelona, 1992.
- (con NIVAS MISHRA, Vidya). *Del Ganges al mediterráneo.* Siruela, Madrid, 2004.

ARISTÓTELES. *Ética a Nicómaco.* Alborada, Madrid, 1989.

BALTHASAR, Hans U. von. *El espíritu de la verdad.* Encuentro, Madrid, 1998.

BARKER, Chris - GALASINSKI, Dariusz. *Cultural studies and discourse analysis: a dialogue on language and identity.* Sage, Londres (Reino Unido), 2001.

BARTHES, Roland.
- *Mitologías.* Siglo XXI, Madrid, 1990.
- *El imperio de los signos.* Mondadori, Madrid, 1991.

BASTIDE, Roger. *El prójimo y el extraño.* Amorrortu, Buenos Aires (Argentina), 1980.

BAUDRILLARD, Jean. *Cultura y simulacro.* Kairós, Barcelona, 1976.

BEARDSLEY, Monroe C. - HOSPERS, John. *Estética: historia y fundamentos.* Cátedra, Madrid, 1993.

BECH, Josep M. *La recerca del sentit i l'experiència del temps. Estudis sobre la crisi i la transformació del pensament contemporani.* Anthropos, Barcelona, 1991.

BENJAMIN, Walter. *L'obra d'art en l'era de la seva reproductibilitat tècnica.* Edicions 62, Barcelona, 1993.

BERGER, Peter.
- *Invitació a la sociología. Una perspectiva humanística.* Herder, Barcelona, 1992.
- (con LUCKMAN, Thomas). *La construcción social de la realidad.* Amorrortu, Buenos Aires (Argentina), 1979.

BERGSON, Henri. *La evolución creadora.* Espasa-Calpe, Madrid, 1985.

BERKELEY, George. *Tratado sobre los principios del conocimiento humano.* Altaya, Barcelona, 1995.

BILBENY, Norbert.
- *Aproximación a la ética.* Ariel, Barcelona, 1992.
- *Por una causa común. Ética para la diversidad.* Gedisa, Barcelona, 2002.

BOURDIEU, Pierre. *Language and symbolic power.* Polity Press, Cambridge (Reino Unido), 1988.

BRAH, Avtar. *Thinking identities: ethnicity, racism and culture.* 1999.

BROEDER, Peter. *Language, ethnicity and education: case studies on immigrant minority groups and immigrant minority languages.* Clevendon, Londres (Reino Unido), 1999.

CAMPS, Victòria. «Comunicación, democracia y conflicto». En APEL *et al.*: *Ética comunicativa y democracia.* Crítica, Barcelona, 1991.

CHOMSKY, Noam. *Política y cultura a finales del siglo xx. Un panorama de las actuales tendencias.* Ariel, Barcelona, 1994.

CHOZA, Jacinto.
- *Manual de antropología filosófica.* Rialp, Madrid, 1988.
- *La realización del hombre en la cultura.* Rialp, Madrid, 1990.

CODINACHS, Pere (ed.). *Ecologia i ètica mundial.* Facultat de Teologia de Catalunya-Publicacions de l'Abadia de Montserrat, Barcelona, 1996.

COLLIER, Mary J. *Constituting cultural difference through discourse.* Sage, Londres (Reino Unido), 2000.

COOMARASWAMY, Ananda K. *The dance of Shiva.* Sagar Publications, Nueva Delhi 1991.

CORAZÓN GONZALEZ, Rafael.
- *Filosofía del conocimiento.* Eunsa, Pamplona, 2002.
- *Saber, entender, vivir.* Rialp, Madrid, 2002.

CORTINA, Adela.
- *Ética mínima. Aproximación a la filosofía práctica*. Tecnos, Madrid, 1994.
- *Ética sin moral*. Madrid, Tecnos, 1990.
- *Razón comunicativa y responsabilidad solidaria*. Sígueme, Salamanca, 1985.

CRUZ HERNÁNDEZ, Miguel (ed.). *Filosofías no occidentales*. Trotta, Madrid, 1999.

CRUZ ROCHE, Rafael. *Psicoanálisis. Refleciones epistemológicas*. Espasa-Calpe, Madrid, 1991.

DEWEY, John. *La reconstrucción de la Filosofía*. Aguilar, Madrid, 1960.

DÍAZ, Carlos. *Epistemología genética y persona*. Arbor, Madrid, 1975.

DILTHEY, William. *Hermenèutica, filosofia, cosmovisió*. Edicions 62, Barcelona, 1997.

DESCOLA, Philippe - PALSSON, Gisli. *Nature and society, anthropological perspectives*. Ed. G, Londres (Reino Unido), 1996.

ECO, Umberto.
- *Tratado de semiótica general*. Lumen, Barcelona, 1975.
- *Semiótica y filosofía del lenguaje*. Lumen, Barcelona, 1995.

ELIADE, Mircea. *Lo sagrado y lo profano*. Labor, Barcelona, 1992.

ESQUIROL, Josep M.
- *Responsabilitat i món de la vida. Estudi sobre la fenomenologia husserliana*. Anthropos, Barcelona, 1992.
- *El respecte o la mirada atenta*. Gedisa, Barcelona, 2006.

FERRATER MORA, Josep. *Diccionario de filosofía abreviado*. Edhasa, Barcelona, 1994 (1.ª edición: 1962).

FORMENT GIRALT, Eudald. *Fenomenología descriptiva del lenguaje*, Barcelona, Condal Editora, 1981.

FREGE, Gottlob. *Los fundamentos de la aritmética*. Laia, Barcelona, 1972.

GAOS, José. *Introducción a la fenomenología*. Encuentro, Madrid, 2007.

GARCÍA-BARÓ, Miguel.
- *Vida y Mundo. La práctica de la fenomenología*. Trotta, Madrid, 1999.
- (con ECHEGOYEN, Javier). *Suma teológica, I-II. Cuestión 94 de la ley natural: Santo Tomás de Aquino*. Mare Nostrum, Madrid, 2000.

GARCÍA CUADRADO, José Ángel. *Antropología filosófica. Una introducción a la filosofía del hombre*. Eunsa, Pamplona, 2003.

GARCÍA DEL MURO, Joan. *Ser y conocer*. PPU, Barcelona, 1992.

GARCÍA SIERRA, Pelayo. *Diccionario filosófico*. Pentalfa Ediciones, Oviedo, 2000.

GEVAERT, Joseph. *El problema del hombre*. Sígueme, Salamanca, 1983 (1.ª edición: 1974).
GÓMEZ GARCÍA, Pedro (coord.). *Las ilusiones de la identidad*. Càtedra, Madrid, 2000.
GUÉNON, René. *Introducción general al estudio de las doctrinas hindúes*. LC, Buenos Aires, 1988.
GUISÁN, Esperanza. *Introducción a la ética*. Cátedra, Madrid, 1995.
GURWITSCH, Aron. *El campo de la conciencia. Un análisis fenomenológico*, Madrid, Alianza, 1979.
HABERMAS, Jürgen.
- *Conocimiento e interés*. Taurus, Madrid, 1982.
- *Història i crítica de l'opinió pública*. Gustavo Gili, Barcelona, 1981.
- *Ciencia y técnica como «ideología»*. Tecnos, Madrid, 1984.
- *Conciencia moral y acción comunicativa*. Península, Barcelona, 1991a.
- *Escritos sobre moralidad y eticidad*. Paidós, Barcelona, 1991b.

HALL, Edward T. *La dimensión oculta. Enfoque antropológico del uso del espacio*. Instituto de Estudios de Administración Local, Madrid, 1982.
HAMPSON, Sarah. *The construction of personality: an introduction*. Routledge, Londres (Reino Unido), 1982.
HAYES, Richard P. *Indian and Tibetan philosophy*. A *Concise Routledge Encyclopedia of philosophy*. Routledge, Londres, 2000.
HEGEL, Georg F.
- *Enciclopedia de les ciencias filosóficas*. Alianza, Madrid, 1997.
- *La filosofia del dret*. Edhasa, Barcelona, 2005.

HIPONA, Agustín de. *Confesiones*. Bruguera, Barcelona, 1984.
HUME, David. *Investigación sobre el conocimiento humano*. Alianza, Madrid, 1984.
HUSSERL, Edmund.
- *La idea de la fenomenología*. Fondo de Cultura Económica, Madrid, 1982.
- *Ideas relativas a fenomenología pura y filosofía fenomenológica*. Fondo de Cultura Económica, Madrid, 1993.

IZUZQUIZA, Ignacio. *Caleidoscopios. La filosofía occidental en la segunda mitad del siglo XX*. Alianza, Madrid, 2000.
JAMES, William. *El significado de la verdad*. Aguilar, Madrid, 1958.
JUAN PABLO II.
- *Max Scheler y la ética cristiana*. Biblioteca de Autores Cristianos, Madrid, 1982.
- Carta Encíclica *Fe y razón*. Libreria Editrice Vaticana, Ciudad del Vaticano, 1998.

GUARDINI, Romano. *Persona e libertà. Saggi di fondazione della teoria pedagogica*. La Scuola, Bescia, 1990.
KANT, Immanuel.
- *Crítica de la razón práctica*. RBA, Barcelona, 2002 (1.ª edición: 1782).
- *Fundamentación de la metafísica de las costumbres*. Tecnos, Madrid, 2002 (1.ª edición: 1785).
- *La religión entro de los límites de la mera razón*. Alianza, Madrid, 1995 (1.ª edición: 1795).

KIERKEGAARD, Søren. *El concepto de angustia*. Espasa-Calpe, Madrid, 1982.
KNAPP, Mark L. *La comunicación no verbal*. Paidós, Barcelona, 1992.
KOHLBERG, Lawrence. *Psicología del desarrollo moral*. Desclée de Brouwer, Bilbao, 1992.
KOLAKOWSKI, Leszek. *Husserl y la búsqueda de la certeza*. Alianza, Madrid, 1977.
KRISHNA, Daya. *The Problematic and Conceptual Structure of Classical Indian Thought about Man, Society and Polity*. Oxford University Press, Nueva Delhi (la India), 1996
KÜNG, Hans (ed.). *Reivindicació d'una ètica mundial*. Trotta, Madrid, 2002.
LAÍN ENTRALGO, Pedro. *Teoría y realidad del otro*, Madrid, Alianza, 1983.
LLANO, Alejandro. *Gnoseología*. Eunsa, Pamplona, 2000.
MACHADO, Evelio F. *La fenomenología, el intuicionismo, el pragmatismo y el existencialismo como referentes de la tendencia cualitativa de la investigación en las ciencias sociales y educativas*. En internet.
MACINTYRE, Alasdair. *Tras la virtud*. Crítica, Barcelona, 1987.
MADAN, Triloki N. *Non-Renunciation, Themes and Interpretations of Hindu Culture*. Oxford University Press, Delhi (India), 1987.
MAÑARA, Miguel de. *Discurso de la verdad*. Extramuros, Mairena del Aljarafe (Sevilla), 2006 (1.ª edición: 1778).
MARÍAS, Julián.
- *Historia de la Filosofía*. Revista de Occidente, Madrid, 1941.
- *Mapa del mundo personal*. Alianza, Madrid, 1994.

MARÍN, Enric - TRESSERRAS, Joan Manuel. *El regne del subjecte*. El Llamp, Barcelona, 1987.
MARÍN, Xavier. *Filosofia i etnofilosofia. Possibilitats d'existència d'una filosofia a Àfrica*. Tesi de doctorat. Universitat de Barcelona, 1991.
MERLEAU-PONTY, Maurice. *Fenomenología de la percepción*, Barcelona, Planeta-De Agostini, 1985.
MERLO, Vicente. *La auto-luminosidad del Âtman. Aproximación al pensamiento hindú clásico*. Biblioteca Nueva, Madrid, 2001.

MOHANTY, Jitendranah N. *Classical Indial Philosophy*. Rowman&Littlefield, Oxford (Reino Unido), 2000.

MONDIN, Battista. *St. Thomas Aquinas philosophy in the commentary to the sentences*. Martinus Nijhoff, La Haya (Países Bajos), 1975.

NAKAGAWA, Hisayasu. *Introducción a la cultura japonesa*. Melusina, Barcelona, 2006

NAKAMURA, Hajime. *Ways of thinking of Eastern peoples: India, China, Tibet and Japan*. Motilal Banarsidass, Delhi (la India), 1991 (1.ª edición: 1964).

ORS, Eugeni d'. *Lo Barroco*. Tecnos, Madrid, 1993 (1.ª edición: 1944).

OSHIMA, Hitoshi. *La estructura fundamental del pensamiento japonés*. Ediciones Universidad Autónoma de Madrid, 2006.

PALOP JONQUERES, Francisco. *Epistemología genética y filosofía*. Ariel, Barcelona, 1981, colección Ariel Quincenal.

PANIKKAR, Raimon.
- *La experiencia filosófica de la India*. Trotta, Madrid, 1997 (1.ª edición: 1993).
- *La intuición cosmoteándrica. Las tres dimensiones de la realidad*. Trotta, Madrid, 1999.

PÉREZ OTERO, Manuel. *Aproximació a la filosofia del llenguatge*. Edicions de la Universitat de Barcelona, Barcelona, 2001.

PIAGET, Jean.
- *El criterio moral en el niño*. Martínez Roca, Barcelona, 1984.
- *La epistemología genética*. Debate, Madrid, 1986.

PLATÓ. *La República*. Espasa-Calpe, Madrid, 2001.

POLO, Leonardo. *Curso de teoría del conocimiento*. Eunsa, Pamplona, 1984.

PUIG ROVIRA, Josep M. *La construcción de la personalidad moral*. Paidós, Barcelona, 1996.

PUTNAM, Hilary. *Razón, verdad e historia*. Tecnos, Madrid, 2006.

RADHAKRISHNAN, Sarvepalli - MOORE, Charles A. *Indian Philosophy*. Princeton University Press, Nueva Jersey (Ustados Unidos), 1989.

REINACH, Adolf. *Introducción a la Fenomenología*. Encuentro, Madrid, 1986.

RIVERA, Milagros. *Nombrar el mundo en femenino: pensamiento de las mujeres y teoría feminista*. Icaria, Barcelona, 1998.

SAVATER, Fernando. *Ética para Amador*. Círculo de Lectores, Barcelona, 1992.

SCHELER, Max. *El formalismo en la ética y la ética material de los valores*. Caparrós, Madrid, 2001.

Schramm, Wilbur. *La ciencia de la comunicación humana*. Grijalbo, México (México), 1982.

Shaftesbury, Anthony. *Ensayo sobre la virtud o el mérito*. CSIC, Madrid, 1997.

Terrón, Eloy. *Cosmovisión y conciencia como creatividad: la conciencia, ese conocimiento*. Endimión, Madrid, 1997.

Thiebaut, Carlos. *Conceptos fundamentales de filosofía*. Alianza, Madrid, 2003.

Tresserras, Joan Manel - Marin, Enric. *El regne del subjecte*. El Llamp, Barcelona, 1987.

Trías, Eugenio. *¿Por qué necesitamos la religión?* De Bolsillo, Barcelona, 2000.

Vattimo, Gianni. *Las aventuras de la diferencia. Pensar después de Nietzsche y Heidegger*. Península, Barcelona, 2002.

Vélez Correa, Jaime. *El hombre, un enigma*. Consejo Episcopal Latinoamericano, México (México), 1995.

Verneaux, Roger. *Epistemología general o crítica del conocimiento*. Herder, Barcelona, 1994 (1.ª edición: 1981).

Welte, Bernhard. *Filosofía de la religión*. Herder, Barcelona, 1982.

Wittgenstein, Ludwig.
- *Investigaciones filosóficas*. Crítica, Barcelona, 1988.
- *Tractatus logico-philosophicus*. Alianza, Madrid, 2007.

Zubiri, Xavier. *Cinco lecciones de filosofía*. Alianza, Madrid, 1999.

Sobre otras temáticas

Alegret, Joan Ll. (y otros). *Cómo se enseña y cómo se aprende a ver al otro*. Ajuntament de Barcelona, Barcelona, 1991.

Allport, Gordon W. *La naturaleza del prejuicio*. Edubeda, Buenos Aires, 1977.

Bakker, Donald G. *Race, ethnicity and power*. Routladge and Kegal Poul, Londres (Reino Unido), 1983.

Barth, Fredrik. *Ethnic groups and bounderies*. Little, Brown and Co., Boston (PH, Estados Unidos), 1969.

Bastide, Roger. *Antropología aplicada*. Amorrortu, Buenos Aires (Argentina), 1971.

Baud, Michiel. *La etnicidad como estrategia en América Latina y el Caribe*. Abya Yala, Quito, 1996.

Baumann, Gerd. *El enigma multicultural*. Paidós Studio, Barcelona, 2001.

BOURHIS, Ricard - LEVENS, Bouris. *Estereotipos, discriminación y relaciones entre grupos*. Mc Graw Hill, Madrid, 1996.
CAMPBELL, Joseph. *Los mitos en el tiempo*. Emecé, Barcelona, 2002.
CARDELUS, Jordi - PASCUAL, Àngels. *Movimientos migratorios y organización social*. Península, Barcelona, 1979.
CARDOSO DE OLIVEIRA, Roberto. *Etnicidad y estructura social*. Centro de Investigaciones y Estudios Superiores en Antropología Social, México, 1992, Colección Miguel Othón de Mendizábal.
CUCÓ, Joan J. - PUJADAS, Josepa (coords.). *Identidades colectivas: etnicidad y sociabilidad en la Península Ibérica*. Generalitat Valenciana, Valencia, 1990.
GOLEMAN, Daniel. *Inteligencia emocional*. Kairós, Barcelona, 1999.
GÓMEZ, Genoveva - GUERRA, Rolando del. *Llengua, dialecte, nació i ètnia*. La Magrana, Barcelona, 1991.
GONZÁLEZ, Julia. *Cultural identities and ethnic minorities in Europe*. Oxford University Press (Reino Unido), 1996.
GIBSON, James J. *La perceción del mundo visual*. Infinito, Buenos Aires (Argentina), 1974.
GUBERN, Romà. *La mirada opulenta. Exploración de la iconosfera contemporànea*. Gustavo-Gili, Barcelona, 1992.
HASTINGS, Adrian. *La construcción de las nacionalidades: etnicidad, religión y nacionalismo*. Cambridge University Press, Londres (Reino Unido), 2000.
IGNATIEFF, Michael. *Blood and belonging: Journeys into the new nationalism*. BBC Books - Chatto&Windus, Londres, 1993.
JASPERS, Karl T. *La fe filosófica ante la revelación*. Gredos, Madrid, 1968.
KANDINSKI, Vasili. *De lo espiritual en el arte*. Paidós Ibérica, Barcelona, 1996
KIMLYCKA, Will. *Ciudadanía multicultural*. Paidós, Barcelona, 1996.
LÉVI-STRAUSS, Claude (ed.). *La identidad*. Petrel, Barcelona, 1981.
LEVINE, Robert A. - CAMBELL, Donald T. *Ethnocentrism: Theories of conflict, ethnic attitudes and groups behavior*. Wiley, Nueva York (Estados Unidos), 1982.
LEWONTIN, Richard C. - ROSE, Steven - KAWIN, Leon J. *No está en los genes: racismo, genética e ideología*. Crítica, Barcelona, 1987.
MALINOSWSKI, Bronislaw. *A Scientific Theory of Culture and other essays*. Oxford University Press (Reino Unido), 1960.
MARCEL, Gabriel. *El misterio ontológico*. Encuentro, Madrid, 1987.
MARTÍN VELASCO, Juan de Dios. *Introducción a la fenomenología de la religión*, Cristiandad, Madrid, 1999.

May, Stephen. *Language and minority rights: ethnicity, nationalism and politics of language*. Harlow-Longman, Nueva York (Estados Unidos), 2001.
Méndez, Lucía I. (coord.). *Identidad. Análisis y teoría, simbolismo, sociedades complejas, nacionalismo y etnicidad*. Ponència per al III Coloquio Paul Kirchhoff (México). Instituto de Investigaciones Antropológicas (UNAM), México (México), 1996.
Meyer, Birgit (Ed.). *Globalization and identity, dialectics of flow and closure*. Blackwell, Oxford, 1999.
Metger, Wolfgang. *Los prejuicios*. Herder, Barcelona, 1979.
Miret Magdalena, Enrique. *Occidente mira a Oriente*. Plaza&Janés, Barcelona, 1999.
Melloni, Xavier. *L'u en la multiplicitat*. Mediterrània, Barcelona, 2003.
Montoya, María Ángeles. *Las claves del racismo contemporáneo*. 1994.
Morsy, Zaghloul. *La tolerancia. Antología de textos*. Popular/Unesco, Madrid, 1994.
Naïr, Sami. *El desplazamiento en el mundo: inmigración y temáticas de identidad*. Instituto de Migraciones y Servicios Sociales (Ministerio de Trabajo y Asuntos Sociales), Madrid, 1998.
Otto, Rudolf. *Lo santo*. Alianza, Madrid, 1998 (1.ª edición: 1917).
Pagden, Anthony. *La caída del hombre natural*. Alianza, Madrid, 1988.
Peplau, Letitia A. (ed.). *Gender, culture and ethinicity*. 1999.
Pla, Josep. *El quadern gris*. Destino, Barcelona, 1997 (1.ª edición: 1918).
Pontificio Consejo para la Pastoral de los Migrantes y Gitanos. *Orientaciones para una pastoral de los gitanos*. Edice, Madrid, 2006.
Pujadas, Joan J. *Etnicidad: identidad cultural de los pueblos*. Eudema, Madrid, 1993.
Sartre, Jean-Paul. *El ser y la nada*. Altaya, 1993, Barcelona.
Serrano, Sebastià. *Lingüística i qüestió nacional*. 3i4, Valencia, 1979.
Simmel, Georg. *Cultura femenina y otros ensayos*. Espasa Calpe, Buenos Aires (Argentina), 1999.
Spinoza, Baruch de. *Tratado teológico-político*. Editorial Tecnos, Madrid, 1985.
Tylor, Edward B. *La cultura primitiva*. Ayuso, Madrid, 1977.
Unamuno, Miguel de. *Del sentimiento trágico de la vida*. Alianza, Madrid, 1995.
Vallescar, Diana de. *Cultura, multiculturalismo e interculturalidad: hacia una racionalidad intercultural*. UCM, Madrid, 2000.
Varennes, Fernand de. *Language, minorities and human rights*. Kluwer Academic Publishers, Dordrecht (Países Bajos), 1996.

OTRAS FUENTES
(AUDIOVISUALES Y SONORAS)

GATLIF, Tony. *Latcho drom*. KG Productions, París (Francia), 1993.
PEÑA, Juan («El Lebrijano»).
  • *Persecución*. Polygram, Madrid, 1976.
  • *A los humildes*. Polygram, Madrid, 1992.
VV.AA. *Road of Gypsies* (2 cd). Network Media, Fráncfort (Alemania), 1996.

ANEXO

REAL PRAGMÁTICA DE LA REINA ISABEL I DE CASTILLA (1499)

Mandamos a los egipcianos que andan vagando por nuestros reinos y señoríos con sus mujeres e hijos, que del día que esta ley fuera notificada y pregonada en nuestra corte, y en las villas, lugares y ciudades que son cabeza de partido hasta sesenta días siguientes, cada uno de ellos viva por oficios conocidos, que mejor supieran aprovecharse, estando atada en lugares donde acordasen asentar o tomar vivienda de señores a quien sirvan, y los den lo que hubiese menester y no anden más juntos vagando por nuestros reinos como lo facen, o dentro de otros sesenta días primeros siguientes, salgan de nuestros reinos y no vuelvan a ellos en manera alguna, so pena de que si en ellos fueren hallados o tomados sin oficios o sin señores juntos, pasados los dichos días, que den a cada uno cien azotes por la primera vez, y los destierren perpetuamente destos reinos; y por la segunda vez, que les corten las orejas, y estén sesenta días en las cadenas, y los tornen a desterrar, como dicho es, y por la tercera vez, que sean cautivos de los que los tomasen por toda la vida.

Fuente: Novísima Recopilación, Libro XII, título XVI.

INFORME DE LA SUB-COMISIÓN, CREADA EN EL SENO DE LA COMISIÓN DE POLÍTICA SOCIAL Y OCUPACIÓN, PARA EL ESTUDIO DE LA PROBLEMÁTICA DEL PUEBLO GITANO

Fuente: Boletín Oficial de las Cortes Generales. VI Legislatura
Serie D: General. 17 de diciembre de 1999. Núm. 520

**PROPORCIÓN DE HOGARES Y PERSONAS
EN LOS DISTINTOS NIVELES DE POBREZA
SOBRE EL TOTAL DE HOGARES Y PERSONAS POBRES**

	Española en general		Española gitana	
Nivel de pobreza	Hogares	Población	Hogares	Población
Extrema pobreza	2,8	4,4	17,8	21,9
Pobreza grave	9,1	12,3	26,7	29,8
Pobreza moderada	36,1	42,8	39,9	38,8
Precariedad social	52,0	40,5	15,6	9,5
Total	100,0	100,0	100,0	100,0

Fuente: Fundación Foessa (1998)

TASAS DE ANALFABETISMO ABSOLUTO Y FUNCIONAL ENTRE LA POBLACIÓN POBRE DE MÁS DE 16 AÑOS

Población	Analfabetismo absoluto	Analfabetismo funcional	Analfabetismo Total
Española general	8,9	45,3	54,2
Española gitana	25,7	63,5	89,2

Fuente: Fundación Foessa (1998).

PRINCIPALES ACTIVIDADES LABORALES DE LA COMUNIDAD GITANA (datos aproximativos)

	Descripción	Sectores profesionales	Porcentaje sobre total*
Profesiones tradicionales de los gitanos (generalmente ejercidas por cuenta propia)	*En proceso de transformación*	• Venta ambulante • Recogida de residuos sólidos urbanos • Temporerismo	50-80%
	Profesiones liberales	• Anticuarios • Comerciantes • Profesiones relacionadas con el mundo de las artes	5-15%
Nuevas profesiones entre los gitanos (generalmente ejercidas por cuenta ajena)	*No cualificados:*	• Sector construcción • Obras públicas • Funcionarios no cualificados • Otros	10-15%
	Cualificados	• Funcionarios cualificados • Otros	—

Fuente: Asociación Secretariado General Gitano.
(*) Estos porcentajes representan horquillas amplias de aproximación a los sectores de ocupación de la población gitana.

**PROPORCIÓN DE INACTIVOS SOBRE EL TOTAL DE CABEZAS
DE FAMILIA, Y TASAS DE PARO Y SUBEMPLEO
SOBRE EL TOTAL DE CABEZAS DE FAMILIA
POTENCIALMENTE ACTIVOS**

	C.F. españoles en general	C.F. españoles gitanos
Inactivos (%)	44,0	24,1
Tasa de paro	39,5 52,0	46,8 82,0
Tasa de subempleo	12,5	35,2

Fuente: Fundación Foessa (1998).

**TASAS DE PARO Y SUBEMPLEO
SOBRE EL TOTAL DE POBRES POTENCIALMENTE ACTIVOS**

	Población española en general	Población española gitana
Tasa de paro	58,0 70,9	61,3 88,4
Tasa de subempleo	12,9	27,1

Fuente: Fundación Foessa (1998).

ENCUESTA DE POBLACIÓN ACTIVA, ELABORADA POR EL CENTRO DE INVESTIGACIONES SOCIOLÓGICAS (4º TRIMESTRE DE 2004)

	Población española	Población gitana
Pob. de 16 y más años	34.474.300	475.000
Tasa de actividad %	56,1	69,3
Tasa de paro %	10,4	13,8
Tasa de empleo %	50,3	59,7
Ocupados en la industria %	18,0	4,7
Ocupados en los Sservicios %	64,6	75,9
Tasa de temporalidad %	30,9	70,9
Tasa de jornada tiempo parcial %	8,5	42,0

Fuente: Internet

PROCESO DE CLARIFICACIÓN DEL SISTEMA DE VALORES GITANOS

Percepción de los gitanos sobre sus valores

VALOR	FUENTE
Respeto a los mayores	Elvira Jiménez, misionera (VV.AA., 2003: 19) Gracia Jiménez, médico (VV.AA., 2003: 8) María del Carmen Laso, ama de casa (VV.AA., 2003: 54) Marysol Pérez, poetisa (VV.AA., 2003: 63) Dolores González Flores, artista (*El Mundo*, 28/01/1996) Domingo Jiménez, psicopedagogo (*Educació Social*, 2003)
Saber comportarse	Elvira Jiménez, misionera (VV.AA., 2003: 19) Juana Martín, diseñadora (VV.AA., 2003: 11)
Solidaridad	Antonio Carmona, maestro (Carmona: 2001) María del Carmen Laso, ama de casa (VV.AA., 2003: 54) José Ramón Jiménez, dirigente (*Diario Vasco*, 16/11/2006) Juana Martín, disenyadora (VV.AA., 2003: 11)
Providencialismo	Antonio Carmona, maestro (Carmona: 2001)
Respeto a las personas	Juan de Dios Ramírez Heredia, político (Ramírez Heredia, 1974: 77) Jorge Bernal, escritor (Bernal: 2007)
Respeto a la naturaleza	Juan de Dios Ramírez Heredia, político (Ramírez Heredia, 1974: 77) Dolores González Flores, artista (*El Mundo*, 28/01/1996)

▶

VALOR	FUENTE
▶ Respeto a la vida	Juan de Dios Ramírez Heredia, político (Ramírez Heredia, 1974: 77) Juan de Dios Ramírez Heredia, político (Ramírez Heredia, 1973: 14) Jorge Bernal, escritor (Bernal: 2007) Rajko Djurić, filósofo (Djurić, 1990: Internet) Domingo Jiménez, psicopedagogo (*Educació Social*, 2003)
Amor a la comunidad	Juan de Dios Ramírez Heredia, político (Ramírez Heredia, 1973: 89) José Ramón Jiménez, dirigente (*Diario Vasco*, 16/11/2006) Gracia Jiménez, médico (VV.AA., 2003: 8)
Prudencia	Miguel Mendiola, ingeniero (Mendiola, 1997: 16)
Eficacia	Miguel Mendiola, ingeniero (Mendiola, 1997: 16)
Agradecimiento	Juan de Dios Ramírez Heredia, político (Ramírez Heredia, 1973: 13)
Respeto a los grupos de edad	Ana Giménez, profesora (VV.AA., 2003: 33) Ian F. Hancock, profesor (Hancock, 2002: 74-75) Jorge Bernal, escritor (Bernal: 2007)
Pertenencia a la comunidad	Ana Giménez, professora (Giménez Adelantado: 2002)
Pureza	Ian F. Hancock, professor (Hancock, 2002: 74-75)
Amor a la libertad	Rajko Djurić, filòsof (Djurić, 1990: Internet) Jorge E. Nedich, profesor (*Clarín*, 24/07/2005) Rafael de Paula, torero (*El Mundo*, 16/05/2004) Dolores González Flores, artista (*El Mundo*, 28/01/1996)
Generosidad	Antonio Carmona, maestro (Carmona: 2001)
Flexibilidad	Miguel Mendiola, ingeniero (Mendiola, 2000: Internet)
Amistad	Juan de Dios Ramírez Heredia, político (Ramírez Heredia, 1973: 13) ▶

VALOR	FUENTE
▶ Respeto a las tradiciones	Marko D. Knudsen, dirigente (Knudsen: 2007)
Presentismo	Juana Martín, diseñadora (VV.AA., 2003: 11)
Sostenibilidad	Jorge E. Nedich, profesor (*Actualidad Étnica*, 11/08/2006) Domingo Jiménez, psicopedagogo (*Educació Social*, 2003)
Pureza de la mujer	Marysol Pérez, poetisa (VV.AA., 2003: 63)
Amor por los hijos	Marysol Pérez, poetisa (VV.AA., 2003: 63)
Unión de la familia	Dolores González Flores, artista (*El Mundo*, 28/01/1996)
Honestidad	Domingo Jiménez, psicopedagogo (*Educació Social*, 2003)
Reciprocidad	Rafael Albaicín (Albaicín, 1993: 170)
Amor	Rafael Albaicín (Albaicín, 1993: 170)
No violencia	Nicolás Jiménez, sociólogo (Jiménez, 2002: 17)
No contaminación	Nicolás Jiménez, sociólogo (Jiménez, 2002: 17)
Biofilia	Nicolás Jiménez, sociólogo (Jiménez, 2002: 17)
Alegría	Miguel Mendiola, ingeniero (Mendiola, 1997: 16)

PERCEPCIÓN DE LOS NO GITANOS SOBRE LOS VALORES GITANOS

VALOR	FUENTE
Libertad	Jesús Andrade, jesuita (Andrade: 2008) Walter Starkie, escritor (Starkie, 1956: 268)
Presentismo	Jesús Andrade, jesuita (Andrade: 2008) Jean-Pierre Liégeois, antropólogo (Liégeois, 1987: 82-83)
Sinceridad	Pere Closa, jesuita (Closa: 1967) José A. Ferrer Benimeli, jesuita (Ferrer Benimeli, 1965: 40) Isabel Fonseca, periodista (Fonseca, 1997: 306)
Compañía	Isabel Fonseca, periodista (Fonseca, 1997: 37)
Orgullo	Diane Tong, folclorista (Tong, 1997: 22) Walter Starkie, escritor (Starkie, 1956: 173)
Pureza	Jean-Pierre Clébert, escritor (Clébert, 1965: 209)
Respeto a la naturaleza	Walter Starkie, escritor (Starkie, 1956: 268)
Solidaridad	Ricardo de Molina, musicólogo (Molina, 1967: 27 i 153) Bart McDowell, escritor (McDowell: 1965: 56) Francesc Botey, escritor (Botey, 1970: 58)
Reciprocidad	Lal. Chaman, escritor (Chaman, 1962: 163)

Primer paso - Percepción gitana sobre sus valores

VALOR	PERSONAS
Respeto a los mayores	6
Respeto a la vida	5
Amor a la libertad	4
Solidaridad	4
Amor a la comunidad	3
Respeto a los grupos de edad	3
Saber comportarse	2
Respeto a las personas	2
Respeto a la naturaleza	2
Sostenibilidad	2
Providencialismo	1
Prudencia	1
Eficacia	1
Agradecimiento	1
Pertenencia a la comunidad	1
Pureza	1
Generosidad	1
Flexibilidad	1
Amistad	1
Respeto a las tradiciones	1
Presentismo	1
Pureza de la mujer	1

▶

VALOR	PERSONAS
▶ Amor por los hijos	1
Unión de la familia	1
Honestidad	1
Reciprocidad	1
Amor	1
No violencia	1
No contaminación	1
Biofilia	1
Alegría	1

Primer paso - Percepción no gitana sobre los valores gitanos

VALOR	PERSONAS
Sinceridad	3
Solidaridad	3
Libertad	2
Presentismo	2
Orgullo	2
Compañía	1
Pureza	1
Respeto a la naturalesa	1
Reciprocidad	1

Segundo paso - 1.ª reducción de la percepción gitana sobre los valores gitanos

VALOR	FRECUENCIA	VALOR
Respeto a los mayores	6	Respeto
Respeto a la vida	5	Respeto
Amor a la libertad	4	Independencia
Solidaridad	4	Solidaridad
Amor a la comunidad	3	Solidaridad
Respeto a los grupos de edad	3	Respeto
Saber comportarse	2	Prudencia
Respeto a las personas	2	Respeto
Respeto a la naturaleza	2	Respeto
Sostenibilidad	2	Respeto
Providencialismo	1	Independencia
Prudencia	1	Prudencia
Eficacia	1	Eficacia
Agradecimiento	1	Generosidad
Pertenencia a la comunidad	1	Fidelidad
Pureza	1	Pureza
Generosidad	1	Generosidad
Flexibilidad	1	Flexibilidad
Amistad	1	Amistad
Respeto a las tradiciones	1	Fidelidad
Presentismo	1	Independencia
Pureza de la mujer	1	Pureza

VALOR	FRECUENCIA	VALOR
▶ Amor por los hijos	1	Amor
Unión de la familia	1	Fidelidad
Honestidad	1	Honestidad
Reciprocidad	1	Generosidad
Amor	1	Amor
No violencia	1	Respeto
No contaminación	1	Pureza
Biofilia	1	Respeto
Alegría	1	Eficacia

SEGUNDO PASO - 1.ª REDUCCIÓN DE LA PERCEPCIÓN NO GITANA SOBRE LOS VALORES GITANOS

VALOR	FRECUENCIA	VALOR
Sinceridad	3	Sinceridad
Solidaridad	3	Solidaridad
Libertad	2	Libertad
Presentismo	2	Presentismo
Orgullo	2	Orgullo
Compañía	1	Compañía
Pureza	1	Pureza
Respeto a la naturaleza	1	Respeto
Reciprocidad	1	Reciprocidad

Tercer paso - 2.ª reducción de la percepción gitana sobre los valores gitanos

VALOR	FRECUENCIA
Respeto	22
Solidaridad	7
Libertad	6
Prudencia	3
Generosidad	3
Fidelidad	3
Pureza	4
Amor	2
Eficacia	2
Flexibilidad	1
Amistad	1
Honestidad	1

Tercer paso - 2.ª reducción de la percepción no gitana sobre los valores gitanos

VALOR	FRECUENCIA
Sinceridad	3
Solidaridad	3
Libertad	2

VALOR	FRECUENCIA
▶ Presentismo	2
Orgullo	2
Compañía	1
Pureza	1
Respeto	1
Reciprocidad	1

Cuarto paso - Agrupación de la percepción gitana sobre los valores gitanos

VALOR	FRECUENCIA	VALOR	FRECUENCIA
Respeto	22	Respeto	22
Solidaridad	7	Fraternidad	13
Amor	2		
Generosidad	3		
Amistad	1		
Libertad	6	Libertad	6
Fidelidad	3	Coherencia	8
Honestidad	1		
Pureza	4		
Eficacia	1	Eficacia	3
Flexibilidad	1		
Prudencia	1		

Cuarto paso – Agrupación de la percepción no gitana sobre los valores gitanos

VALOR	FRECUENCIA	VALOR	FRECUENCIA
Sinceridad Pureza Orgullo	3 1 2	Coherencia	6
Solidaridad Compañía Reciprocidad	3 1 1	Fraternidad	5
Libertad	2	Libertad	2
Presentismo	2	Eficacia	2
Respeto	1	Respeto	1

ÍNDICE ONOMÁSTICO

ABAJO ALCALDE, José Antonio (pedagogo español), 24, 75, 76
ACTON, Thomas A. (sociólogo británico, MBE), 23, 130, 229
ADIEGO LAJARA, Ignasi-Xavier (filólogo español), 145, 148, 153, 181, 439
ADORNO, Teodor (filósofo y sociólogo germano-estadounidense), 136, 319
AGUILERA CORTÉS, Antonia (funcionaria gitana española), 220, 248
AL-ISPAHAM, Hamza (historiador persa), 56
AL-MISRI, Muhammad Ibn Menzur (lingüista árabe), 21
AL-UTBI, Abu Nasr (cronista árabe), 56
ALBERT, Hans (filósofo y sociólogo alemán), 318
ALESSI, Adriano (sacerdote católico, religioso salesiano y filósofo italiano), 89, 91, 96, 106, 107, 109, 129, 318, 330, 333, 334, 342, 354
ALSTOM, William P. (filósofo estadounidense), 165, 169, 182
ALTHUSSER, Louis (filósofo francés), 179
AMAYA SANTIAGO, María (trabajadora social gitana española), 217, 244, 326, 375
ANDRADE ORTEGA, Jesús (sacerdote católico y religioso jesuita español), 98, 217, 225, 249
AQUINO, santo Tomás de (sacerdote católico, religioso dominico y filósofo italiano), 96, 118, 121, 278
ARAGÓN Y DE ALBURQUERQUE, Alfonso V de (conde-rey de Aragón), 59
ARGULLOL MURGADAS, Rafael (filósofo español), 120, 127, 132, 197, 214, 220, 225, 228, 335
ARISTÓTELES DE ESTAGIRA (filósofo griego), 88, 118, 127, 135, 137, 187, 213, 220, 223, 235, 249, 277, 278, 303
ARREBOLA SÁNCHEZ, Alfredo (musicólogo español), 308, 350
Asís, san Francisco de (monje católico italiano, fundador de diversas órdenes religiosas), 336

BAKKER, Peter (filólogo danés), 23, 155
BALTZAR, Veijo (escritor gitano finés), 156
BARI, Karoly (escritor gitano húngaro, 156

BARTHES, Roland (sociólogo francés), 37, 179
BATHÉLÉMY, *abbé* André (sacerdote católico francés y activista pro gitano), 215
BAUDELAIRE, Charles (escritor francés), 291
BAUMAN, Zygmunt (sociólogo polaco), 229
BAUMGARTEN, Alexander G. (filósofo alemán), 276, 294, 318
BEARDSLEY, Monroe C. (filósofo estadounidense), 285, 289, 293, 305
BECKETT, Samuel (escritor irlandés), 170
BELUGUINE, Alexander («Lèksa Manush», escritor gitano letón), 156
BENJAMIN, Walter (filósofo alemán), 276, 303
BERGSON, Henri (filósofo francés), 36, 103, 121, 224, 295
BERNADÓ ALBAICÍN, Joaquín («Joaquín Albaicín», escritor gitano español), 98, 107, 115, 190, 224, 254, 282, 283, 303, 309, 350, 369, 416
BERNAL, Jorge (escritor gitano argentino), 195, 196, 226, 414, 415
BERNE, Walter (filósofo alemán), 88
BERTRANPETIT I BUSQUETS, Jaume (biólogo español), 51
BILBENY I GARCÍA, Norbert (filósofo español), 13, 233, 234, 254, 257, 258, 260, 263, 264, 265, 266
BOORDE, Andrew (monje cartujo y físico británico), 152

BORBÓN Y DE BAVIERA, Felipe de («Felipe V», rey de España), 62
BORBÓN Y DE FARNESIO, Carlos de («Carlos III», rey de España), 63, 64, 133
BORBÓN Y DE SABOYA, Fernado de («Fernando VI», rey de España), 63
BORROW, George (pastor anglicano y escritor británico), 23, 63, 133, 151, 162, 167, 170, 180, 194, 196, 242, 259, 375, 387
BOTEY I VALLÈS, Francesc (sacerdote católico y religioso escolapio), 28, 40, 41, 43, 44, 52, 53, 75, 81, 83, 93, 98, 107, 111, 116, 119, 171, 191, 192, 194, 201, 205, 206, 207, 209, 215, 216, 217, 219, 220, 225, 227, 242, 243, 249, 254, 256, 261, 267, 332, 336, 341, 371, 373, 417, 439
BRENTANO, Franz (filósofo alemán), 36, 121
BRYANT, Jacob (lingüista británico), 152
BRYNER, Yuliy B. («Yul», actor gitano ruso-estadounidense), 66

CABALLERO BONALD, José M. (escritor español), 115, 283, 284
CAMPBELL, Joseph (antropólogo estadounidense), 226
CAMPS I CERVERA, Victòria (filósofa española), 236
CAMPUZANO, Ramón (lingüista español), 153
CARMONA FERNÁNDEZ, Antonio (maestro gitano español), 98,

116, 117, 216, 217, 248, 266, 375, 414, 415
Carrasco Pons, Silvia (antropóloga española), 75, 76
Carreras Maya, Belén (religiosa idente gitana española), 98
Cassano, Samaris (actriz y cantante gitana portorriqueña), 290
Cassirer, Ernst (filósofo polaco-germano), 123, 126, 189, 279, 299
Cebrián, Mónica (diseñadora española), 299
Çelebi, Evliya (Ibn Darwish Mehmed Zilli Evliya, explorador otomano), 152
Cervantes Saavedra, Miguel de (escritor español), 93, 94, 165, 171
Chércoles Medina, Adolfo (sacerdote católico, religioso jesuita y teólogo español), 129, 239
Choza Armenta, Jacinto (filósofo español), 200, 202, 204, 206, 220, 240, 282
Clébert, Jean-Paul (escritor francés), 192, 195, 210, 225, 261, 263, 302, 308, 322, 350, 351, 353, 417
Closa i Farrés, Pere («Pedro Closa», sacerdote católico y religioso jesuita), 53, 100, 104, 166, 209, 372, 417
Codina i Mir, Teresa (maestra española), 93, 208, 218, 228, 242
Coomaraswamy, Ananda K. (pensador indio), 309
Corazón González, Rafael (filósofo español), 88, 89, 94, 95, 101, 102, 103, 110, 112, 116, 117, 118, 124, 128, 131, 139, 168, 196, 204, 212, 219, 276, 277, 278, 304
Cortina Orts, Adela (filósofa española), 236
Courthiade, Marcel (lingüista francés), 23, 57, 66, 75, 79, 143, 343, 372
Crick, Francis (biólogo británico, OM, FRS), 50
Croce, Benedetto (filósofo italiano), 293
Cruz Hernández, Miguel (filósofo español), 120

Daróczi, József («Choli», pedagogo húngaro), 156
Darwin, Charles R. (naturalista británico, FRS), 53
Derrida, Jacques (filósofo francés), 37
Descartes, René (filósofo francés), 36, 37, 198, 213, 278, 318
Dewey, John (filósofo estadounidense), 96
Diezhandino Nieto, Pilar (comunicóloga española), 101, 180, 200
Dilthey, Wilhelm (filósofo alemán), 35, 41
Djurić, Rajko (filósofo y escritor gitano serbio), 75, 156, 297, 322, 342, 366, 415
Doba, Andor Székely von (pintor húngaro), 152
Drudak, Eslam (escritor gitano), 151
Durkheim, Émile (sociólogo francés), 129, 320

Eco, Umberto (filósofo italiano), 170

ÉFESO, Heráclito de (filósofo griego), 223
EGINA, santa Atanasia de (eremita bizantina), 57
EINSTEIN, Albert (físico germano-estadounidense), 213, 214, 223, 228
EISENSTEIN, Sergei M. (cineasta ruso), 295
ELEA, Parménides de (filósofo griego), 223
ELEA, Zenón de (filósofo griego), 213
ELIADE, Mircea (antropólogo y teólogo rumano), 191, 321, 326, 327, 328, 329, 335, 336, 337, 338, 339, 340, 341, 349, 351, 352, 353
ESQUIROL I CALAF, Josep M. (filósofo español), 254, 255
EWSUM, Johan van (humanista holandés), 152

FALLA Y MATHEU, Manuel de (compositor español), 308
FARRÉ I MURO, Jordi (sacerdote católico y académico español), 439
FERNÁNDEZ-SAVATER Y MARTÍN, Fernando («Fernando Savater», filósofo español), 247, 282
FERNÁNDEZ CORTÉS, Manuel (activista gitano español), 248
FERNÁNDEZ ENGUITA, Mariano (pedagogo español), 157, 158
FERNÁNDEZ LÓPEZ, Justo (hispanista y lingüista español), 283, 290, 304
FERNÁNDEZ SANTIAGO, Rafael (funcionario gitano español), 297, 298

FERNÁNDEZ SOTO, Tomás («Tomás de Perrate», *cantaor* gitano español), 139, 226, 307
FERRATER I MORA, Josep (filósofo español), 30, 36, 88, 90, 101, 102, 118, 119, 125, 128, 130, 135, 136, 202, 331, 339
FERRER BENIMELI, José Antonio (sacerdote católico y religioso jesuita), 251, 417
FICOWSKI, Jerzy (escritor polaco), 156
FIDANZA, san Buenaventura de (cardenal católico, religioso franciscano y teólogo italiano, Doctor de la Iglesia), 121
FIDIAS (escultor griego), 223
FINCK, Franz N. (filólogo alemán), 154
FINK, Eugen (filósofo alemán), 37
FIRDAWSĪ TŪSĪ, Hakīm Abul-Qāsim («Firdusi», poeta persa), 57
FLOR HEREDIA, Antonia de la (psicopedagoga gitana española), 98
FONSECA, Isabel (periodista estadounidense), 105, 108, 127, 149, 150, 156, 161, 166, 167, 168, 178, 180, 200, 210, 214, 215, 218, 225, 227, 242, 268, 302, 307, 328, 342, 417
FREGE, Gottlob (filósofo alemán), 136, 170, 182
FREIRE, Paulo (pedagogo brasileño), 82
FREUD, Sigmund (psicólogo austríaco), 320
FROMM, Erich (psicólogo germano-estadounidense), 123, 300

GANDHI, Indira (política india), 66, 154
GARCÍA BARÓ, Miguel (filósofo español), 37, 38, 40
GARCÍA CUADRADO, José Ángel (filósofo español), 29, 40, 89, 94, 95, 100, 101, 102, 109, 110, 113, 114, 122, 123, 128, 130, 131, 132, 137, 159, 200, 201, 243, 271, 370, 371
GARCÍA I GIMÉNEZ, Pere (mediador gitano español), 248
GARCÍA MÁRQUEZ, Gabriel (escritor colombiano), 223
GARGALLO CATALÁN, Pablo (escultor español), 223
GARRIDO, Albert (periodista español), 95, 173, 190, 220, 224, 245, 261
GATLIF, Tony (cineasta gitano franco-argelino), 98, 300
GERMANO, Alexander V. (escritor gitano ruso), 155
GEVAERT, Joseph (sacerdote católico, religioso salesiano y filósofo belga), 201, 204, 205, 222, 228, 229, 243
GHAZNAWI, Mahmud («Mahmud de Ghazni», sultán de los Ghaznavidas), 56
GHEORGHE, Nicolae (activista gitano rumano), 72
GILA-KOCHANOWSKI, Vania de (historiador y lingüista gitano leto-francés), 56, 156, 372
GILLIAT-SMITH, Bernard (filólogo británico), 154
GIMÉNEZ I ADELANTADO, Anna, (antropóloga gitana española), 149, 248, 265, 415

GIMÉNEZ I VALENTÍ, Manuel («Oncle Manel», activista gitano español), 161, 242
GJERDMAN, Olof (filólogo sueco), 154
GOBLOT, Edmond (filósofo francés), 129
GODWIN, Peter (periodista estadounidense), 178, 229
GOEJE, Michael Jan de (orientalista holandés), 153
GOLEMAN, Daniel (psicólogo estadounidense), 103, 256
GOMBRICH, *sir* Ernst (historiador austríaco-británico, OM, CBE), 283
GÓMEZ ALFARO, Antonio (historiador español), 23, 63
GÓMEZ ORTEGA, Rafael («El Gallo» o «El Divino Calvo», torero gitano español), 132, 302
GONZÁLEZ FLORES, Dolores («Lolita», cantante gitana española), 98, 414, 415, 416
GONZÁLEZ MORANDI, José (periodista español), 193
GRANDE, Félix (musicólogo español), 115, 283, 290
GRASS, Günter (escritor alemán), 67
GRELLMANN, Heinrich (lingüista alemán), 152
GRIGORE, George (escritor rumano), 324
GUARDINI, Romano (teólogo católico italo-germano), 370
GUBERN Y GARRIGA-NOGUÉS, Román (comunicólogo español), 103, 104, 123, 295, 299
GUILLAMET I TUÉBOLS, Joan (sacerdote católico español), 171, 227

HABERMAS, Jürgen (filósofo alemán), 129, 236, 319
HABSBURGO Y DE CASTILLA, Carlos de («Carlos I», rey de las Españas y «Carlos V», emperador del Sacro Romano Imperio), 62
HABSBURGO Y DE HABSBURGO, Felipe de («Felipe IV», rey de las Españas), 62
HABSBURGO Y DE PORTUGAL, Felipe de («Felipe II», rey de las Españas), 62
HAMARTOLOS, GIORGIOS («san Jorge anacoreta», eremita bizantino), 58
HANCOCK, Ian F. (lingüista gitano británico-estadounidense), 24, 133, 149, 150, 154, 183, 184, 192, 210, 226, 243, 256, 258, 261, 308, 327, 328, 337, 415
HARRIS, Marvin (antropólogo estadounidense), 37
HEGEL, Georg F. (filósofo alemán), 36, 95, 188, 220, 236, 299, 371
HEIDEGGER, Martin (filósofo alemán), 36, 90, 224, 279, 319
HENGSTENBERG, Hans E. (filósofo alemán), 189
HERDER, Johann G. von (filósofo alemán), 279
HEREDIA CORTÉS, Antonio J. (sacerdote católico gitano español), 97
HEREDIA JIMÉNEZ, Manuel (activista gitano español), 217, 238
HEREDIA MAYA, José (escritor y filólogo gitano español), 156, 297
HERRERO, Germán (guitarrista y musicólogo español), 298, 304

HESÍODO (poeta griego), 277
HIPONA, san Agustín de (obispo católico y teólogo romano, Padre de la Iglesia), 88, 187, 221, 223, 278, 316
HOBBES OF MALMESBURY, Thomas (filósofo británico), 220
HOMERO (poeta y rapsoda griego), 277
HORKHEIMER, Max (filósofo alemán), 136, 319
HOSPERS, John (filósofo estadounidense), 285, 289, 293, 305
HÜBSCHMANNOVÁ, Milena (filóloga checa), 155
HUME, David (filósofo británico), 121, 278
HUNGRÍA, Segismundo de (soberano Hungría y de Bohemia), 59
HUSSERL, Edmund (filósofo alemán), 36, 37, 39, 40, 107, 279

JAMES, William (filósofo estadounidense), 96, 136
JÁRÓKA, Lívia (política gitana húngara), 208
JASPERS, Karl T. (filósofo alemán), 317
JIMENEZ, Augusto (lingüista español), 153
JIMÉNEZ GONZÁLEZ, Nicolás (sociólogo gitano), 81, 151, 195, 196, 416
JIMÉNEZ HEREDIA, Elvira (misionera católica gitana española), 267, 414
JIMÉNEZ JIMÉNEZ, Adelina (maestra gitana española), 246
JIMÉNEZ JIMÉNEZ, Pascual (activista gitano español), 111, 256

JIMÉNEZ LÉRIDA, Gracia (médica gitana española), 98, 210, 217, 414, 415
JIMÉNEZ MAYA, José Ramón (activista gitano español), 224, 266, 414, 415
JIMÉNEZ MONTAÑO, Domingo (psicopedagogo gitano español), 82, 220, 255, 261, 414, 415, 416
JOVANOVIĆ, Jarko J. (músico gitano croata, autor de la música del himno gitano), 65
JUNCOSA I CARBONELL, Artur (sacerdote católico, religioso jesuita y filósofo español), 439
JUNG, Carl G. (psiquiatra suizo), 116, 229, 256, 291, 300
JUSUF, Šaip (traductor gitano macedonio), 155

KALININ, Valdemar (escritor gitano ruso), 156
KANDINSKI, Vasili Vasilievich (pintor ruso), 32, 171
KANT, Immanuel (filósofo alemán), 36, 90, 188, 202, 213, 223, 235, 236, 241, 279, 318, 334
KASLOV, George (activista gitano estadounidense), 177, 229
KENRICK, Donald (historiador británico), 23, 56, 175, 193, 218, 329
KEPESKI, Krume (filólogo gitano macedonio), 155
KIERKEGAARD, Søren A. (filósofo danés), 188, 317
KNUDSEN, Marko D. (activista gitano alemán), 226, 416
KOHLBERG, Lawrence (psicólogo estadounidense), 269
KUREETHADAM, Joshtrom I. (sacerdote católico, religioso salesiano y filósofo indio), 34
KYUCHUKOV, Hristo (pedagogo gitano búlgaro), 24

LAMARCK, Jean B. (biólogo francés), 53
LAMBERT, Johann H. (matemátifo, físico y astrónomo suizo), 36
LAMENNAIS, François (filósofo francés), 129
LANDMANN, Michael (filósofo helvético-israelita), 189
LAZARSFELD, Paul F. (sociólogo estadounidense), 344
LEBLON, Bernard (etnógrafo francés), 23, 139
LEE, Bruce (actor y depostista estadounidense, de origen chino), 229
LEE, Ronald (lingüista gitano canadiense), 156, 205, 256
LÉVI-STRAUSS, Claude (antropólogo francés), 37
LIÉGEOIS, Jean-Pierre (sociólogo francés), 23, 43, 70, 72, 105, 206, 210, 211, 216, 224, 229, 296, 302, 324, 328, 369, 417
LISTZ, Ferenc (compositor húngaro), 290
LJUNGBERG, Eric (lingüista sueco), 154
LLANO CIFUENTES, Alejandro (filósofo español), 90, 107, 114, 127
LLOPIS I LLORT, Rosa (antropóloga española), 81
LLULL, beato Ramón (filósofo y teólogo de la Corona de Aragón), 121

LOCKE, John (filósofo británico), 107
LOGOTHETES MEGAS, Nicéforo I (emperador de Bizancio), 57
LOMBROSO, Marco E. («Cesare», médico, antropólogo y criminólogo italiano), 49
LÓPEZ, Antonio (buscavidas gitano español), 133, 196, 259, 336
LÓPEZ-ARANGUREN Y JIMÉNEZ, José Luis (filósofo español), 234, 344
LOZANO MATUTE, Feli (maestra y antropóloga española), 93
LUDOLF, Hiob (orientalista alemán), 152

MACHADO RAMÍREZ, Evelio F. (pedagogo cubano), 36
MACINTYRE, Alasdair C. (filósofo británico), 237, 249
MAKELIN, Barbara (gitana alemana), 152
MALINOWSKI, Bronisław (antropólogo polaco), 370
MANFREDI CANO, Domingo (musicólogo español), 150, 200, 268, 307, 369
MANJÓN MANJÓN, Andrés (sacerdote católico español), 64
MAÑARA Y VICENTELO DE LECA, Miguel de (altruista y filósofo español, declarado Venerable), 439
MARCEL, Gabriel (filósofo francés), 317
MARÍAS AGUILERA, Julián (filósofo español), 38, 121, 122, 213, 229
MARÍN OTTO, Enric (comunicólogo español), 151

MARTÍNEZ PORCELL, Joan B. (sacerdote católico y filósofo español), 439
MARTÍN VELASCO, Juan de Dios (teólogo español), 36, 314, 338, 344, 345, 347
MARX, Karl H. (filósofo español), 220, 315
MASTAI FERRETTI, Giovanni M. (beato «Pío IX», sumo pontífice católico), 332
MATHUR, Rakesh (periodista británico de origen indio), 322
MATISSE, Henri (pintor francés), 223
MATRAS, Yaron (filólogo alemán), 23, 144, 155
MAXIMOFF, Matéo (escritor gitano francés, de origen ruso), 149, 156, 263
MAYO SÍABA, Francisco de Sales (etnógrafo español), 153
McDOWELL, Hobart K. («Bart», periodista estadounidense), 99, 174, 215, 329, 417
MELLONI RIBAS, Javier (sacerdote católico, religioso jesuita, antropólogo y teólogo español), 210, 226, 329, 338, 340, 342, 347, 350, 353, 371
MENDIOLA, Miguel (ingeniero gitano español), 82, 92, 95, 102, 103, 104, 111, 119, 120, 122, 123, 127, 172, 173, 183, 207, 214, 215, 216, 217, 218, 219, 224, 229, 248, 253, 256, 258, 259, 300, 330, 342, 369, 372, 373, 374, 375, 415, 416, 439
MENGELE, Joseph (médico alemán), 49

MERLEAU-PONTY, Maurice (filósofo francés), 37, 38, 40, 42, 101, 106, 112, 196, 279, 302, 358
MERLO LILLO, Vicente (filósofo español), 120, 292, 299, 302, 309
MESA SATURNINO, Soledad (bióloga española), 49
MIKLOSICH, Ferenc von (lingüista húngaro), 153
MISHRA, Vidya N. (sanscritista indio), 120, 127, 132, 197, 214, 220, 225, 228, 335
MOHANTY, Jitendranah N. (filósofo indio), 115, 116, 123, 132, 309
MOLINA TRÉNOR, Ricardo A. (poeta y musicólogo español), 132, 164, 166, 167, 168, 194, 205, 208, 210, 217, 218, 227, 243, 268, 283, 284, 290, 291, 292, 296, 298, 306, 308, 322, 323, 341, 348, 349, 369, 375, 417
MONDIN, Battista (sacerdote católico, religioso javeriano y filósofo italiano), 188
MONÓMACO, Constantino IX (emperador de Bizancio), 58
MORELLI, Bruno (pintor gitano italiano), 215, 287, 291, 295, 299, 300, 302, 303
MUNDY, Gary (sociólogo británico), 130, 229
MUÑOZ CORTÉS, Juan (sacerdote católico gitano español), 239
MUÑOZ NIETO, Carlos (traductor gitano español), 281, 283, 290, 296, 297, 301, 306, 307

NAKAGAWA, Hisayasu (filólogo japonés), 95, 218, 219, 220, 226, 295

NAKAMURA, Hajime (filósofo japonés), 99, 100, 115, 120, 122, 124, 126, 170, 171, 172, 174, 197, 217, 228, 294, 336
NEDICH, Jorge E. (escritor gitano argentino), 100, 104, 106, 133, 156, 171, 202, 205, 208, 210, 217, 224, 225, 226, 265, 285, 303, 415, 416
NERI, san Felipe (sacerdote católico italiano, fundador de la Congregación del Oratorio), 64
NEWTON, *sir* Isaac (físico británico, PRS), 213, 223
NIETZSCHE, Friedrich W. (filósofo alemán), 188, 223, 279, 313

OPRISAN, Ana (socióloga rumana), 324
ORS I ROVIRA, Eugeni d' (filósofo español), 280, 302
ORTEGA CORTÉS, Ginesa (*cantaora* gitana), 104, 200
OSHIMA, Hitoshi (filósofo japonés), 172
OTTO, Rudolf (teólogo alemán), 339
OZCOZ I SACANELL, Anna (activista pro-gitana española), 200

«POHOPOL» (poeta gitano), 95
PABANÓ, Francisco M. (funcionario y lingüista español), 154
PACELLI, Eigenio M. (venerable «Pío XII», sumo pontífice católico), 65
PÁNIKER Alemany, Salvador (ingeniero y filósofo español, de origen indio), 314
PÁNIKER Vilaplana, Agustín (editor y escritor español), 34, 439

PANIKKAR Alemany, Raimon (químico, filósofo y teólogo español, de origen indio), 120, 171, 172, 175, 324, 326, 332
PANKOVA, Olga (traductora y poetisa gitana rusa), 155
PASCAL, Blaise (filósofo francés), 188, 317
PASPATI, Alexandre (orientalista turco), 153
PEIRCE, Charles S. (filósofo estadounidense), 136
PERETTI, Felice («Sixto V», sumo pontífice católico), 59
PÉREZ OTERO, Manuel (filósofo español), 137, 138
PÉREZ VALIENTE, Marysol (poetisa gitana española), 202, 414, 416
PERONA CORTÉS, Francisca (mediadora gitana española), 205
PERSIA, *sah* Bahram Ghur de (soberano persa), 21, 57
PETROVSKI, Trajko (etnógrafo gitano macedonio), 23
PIAGET, Jean (psicólogo suizo), 235, 269
PÍNDARO (poeta griego), 223, 277
PIRENNE, Henri (historiador belga), 129
PLANCK, Max K. (físico alemán), 213
PLATÓN (filósofo español), 223, 235, 277, 278, 299, 316
POLO BARRENA, Leonardo (filósofo español), 95, 125
POPPER, *sir* Karl R. (filósofo austríaco-británico), 129, 318
PORRAS SOTO, Sebastián (periodista gitano), 192, 194, 255

POTT, August Friedrich (lingüista alemán), 153
PRADES, Maties P. (sacerdote católico y religioso cisterciense español), 439
PROUST, Marcel (escritor francés), 223
PUIG I ROVIRA, Josep M. (pedagogo español), 240, 265, 266, 267, 268, 269, 270, 271
PUJOL I SOLEY, Jordi (político español), 115
PUTNAM, Hilary W. (filósofo estadounidense), 172

QUINE, Willard V. (filósofo estadounidense), 136

RAMÍREZ HEREDIA, Juan de Dios (maestro, periodista, abogado y activista gitano español), 88, 94, 96, 111, 127, 128, 161, 184, 192, 193, 194, 195, 196, 202, 205, 210, 215, 217, 242, 256, 282, 302, 322, 323, 325, 326, 332, 335, 338, 341, 414, 415
REYES CATÓLICOS (Fernando II de Aragón e Isabel I de Castilla, reyes de España), 61
REYES REYES, Juan A. (activista gitano español), 53, 55, 75, 198, 252, 260, 439
REYES REYES, Manuel (torero, orientalista y activista gitano español), 97, 106, 107, 114, 115, 161, 169, 175, 182, 192, 194, 199, 206, 210, 270, 292, 308, 326, 439
RICOEUR, Paul (filósofo francés), 338

RISHI, Weer R. (diplomático indio), 154

RODRÍGUEZ MALDONADO, Julio (sacerdote católico y musicólogo español), 284, 292

RODRÍGUEZ Y LÓPEZ-ROS, Sergio (periodista y comunicólogo español),103,122,209,216,308,348

ROIG SITJAR, Mariona (maestra española), 239

RORTY, Richard M. (filósofo estadounidense), 237

ROUSSEAU, Jean-Jacques (filósofo helvético-francés), 220

RÜDIGER, [Johann] Christopher («Clarmundus», lingüista alemán), 152

RUSSELL, Bertrand (filósofo británico, OM, FRS), 136, 162

SALAZAR, Antonio (esquilador gitano español), 162, 163

SALINAS CATALÁ, Jesús (maestro y fotógrafo valenciano), 76, 115, 283, 307

SAMPSON, John (filólogo irlandés), 154

SÁNDOR, Avraham (traductor gitano argentino, de origen húngaro), 218, 262

SAN ROMÁN ESPINOSA, Teresa (antropóloga española), 23, 65

SANTIAGO REYES, Carmen (abogada gitana española), 98, 179, 219, 248

SANTIAGO SALIDO, Ana (bailarina gitana española), 248

SANTOS PASTOR, Manuel de los («Manuel Agujetas», *cantaor* gitano español), 115, 283, 307

SARTRE, Jean-Paul (filósofo francés), 37, 317

SCHELER, Max (filósofo alemán), 189, 236

SCHELLING, Friedrich W. Von (filósofo alemán), 279

SCHLICK, Moritz (filósofo alemán), 129, 136

SCHÜTZ, Alfred (filósofo austríaco-estadounidense), 37

SĆUKA, Emil (abogado y activista gitano checo), 69

SEETZEN, Ulrich J. (naturista y orientalista alemán), 153

SENTMENAT-TORRELLES I D'AGULLO, Francesc de (II marqués de Sentmenat), 153

SHAFTESBURY, *lord* Anthony of (Anthony Ashley-Cooper, III *Earl* [conde] de Shaftesbury), 278

SIMEONIS, Simón (religioso franciscano, palmero), 57

SOLER I REVERTER, Elisa (maestra), 93, 94, 99, 103, 119

SOTO LORETO, Manuel («Manuel Torre», *cantaor* gitano español), 290, 292

SOTO MORENO, Rafael («Rafael de Paula», torero gitano español), 104, 290, 291, 303, 415

ŠPIDLA, Vladimir (historiador y político checo), 68

SPINELLI, Alexian («Santino», músico gitano italiano), 156, 297, 298

SPINOZA, Baruch de (filósofo holandés), 318, 357

STARKIE, Walter F. (hispanista irlandés, CMG y CBE), 229, 290, 292, 301, 308, 417

STEWART MACALISTER, Robert A. (arqueólogo irlandés), 154
STORCHENAU, Sigismund von («Sigmund Storchenau», sacerdote católico, religioso jesuita y filósofo alemán), 318
SUCHEN, Ludolphus von (orientalista alemán), 57

TARSO, san Pablo de (teólogo romano, apóstol de Jesucristo), 240, 337
TEÓFANES («Teófanes el Confesor», eremita bizantino), 57
THEOTOKÓPOULOS, Doménikos («El Greco», pintor greco-español), 309
THURUTHIYIL, Scaria (filósofo indio), 166, 219, 351
TINEO REBOLLEDO, José (lingüista español), 154
TOLEDO, Paco (periodista chileno), 193
TONG, Diane (etnógrafa estadounidense), 150, 168, 169, 192, 193, 268, 326, 327, 328, 417
TRESSERRAS I GAJU, Joan Manuel (comunicólogo español), 151
TRÍAS SAGNIER, Eugenio (comunicólogo español), 316
TRUJILLO, Enrique (lingüista español), 153
TURNER, *sir* Ralph (lingüista británico), 154
TYLOR, *sir* Edward B. (antropólogo británico), 370

UNAMUNO Y JUGO, Miguel de (filósofo español), 317
URRUTIA UGAL, Roberto (educador social gitano español), 217, 218, 248, 263, 271

VÁLYI, Štefán (teólogo húngaro), 22, 152
VARGAS SUÁREZ, Manuel (escritor gitano español), 192
VÉLEZ CORREA, Jaime (sacerdote católico, religioso jesuita y filósofo colombiano), 29
VERNEAUX, Roger (filósofo francés), 88, 89, 126, 127
VILLE, Frans de (escritor belga), 192, 326
VULCANIUS, Bonaventura (Bonaventura de Smet, humanista holandés), 152

WAJS, Bronislawa («Papusza», poetisa gitana polaca), 155, 297
WALLACE, Alfred R. (naturalista británico, OM, FRS), 53
WATSON, James D. (biólogo estadounidense), 50
WEBER, Max C. (sociólogo alemán), 210, 320
WELTE, Bernhard (filósofo alemán), 318, 319, 334
WHITEHEAD, Alfred N. (filósofo británico, OM), 136
WINDFUHR, Gernot L. (filólogo alemán, especialista en lingüística iraní), 154
WITTGENSTEIN, Ludwig J. (filósofo austríaco), 107, 136, 149, 159, 175, 216, 318
WOJTYŁA, Karol J. (beato «Juan Pablo II», sumo pontífice católico), 68, 87, 88, 91, 187, 333, 363

XIMÉNEZ, Joan (anticuario gitano español), 97, 98, 372

ZEBEDEO, san Yago (Yaakov Bar-Zebdi, «Santiago», apóstol de Jesucristo), 330

AGRADECIMIENTOS

Dice el refrán que «es de bien nacidos el ser agradecidos». Así que no quiero dejar de agradecer el estímulo o la colaboración de todas aquellas personas que, directa o indirectamente, han intervenido en esta obra. En primer lugar, a Juan Reyes, auténtico Séneca gitano, por sugerírmela, aun sin ser consciente; a Francesc Botey y Miguel Mendiola, ambos *in memoriam*, por la sagacidad de sus intuiciones; a Joan B. Martínez Porcell, por la tutoría de la tesis original; a Manuel Reyes, estoico gitano donde los haya, por sus profundas aportaciones; a Ignasi Adiego, por sus lúcidos matices; a Jordi Farré y Maties P. Prades, por su apoyo espiritual; a Agustín Pániker, por permitirme pasar de lector a autor de Kairós; y a Artur Juncosa, *in memoriam*, maestro de filósofos, por sus críticas observaciones. También a mis padres, José Miguel y Ángela, por transmitirme la inquietud observadora. Y, *last but not least*, a mi esposa Olga, sin cuya paciencia y ánimo nada hubiera sido posible.

Me viene a la cabeza la sentencia del filósofo sevillano Miguel de Mañara, quien en pleno siglo XVIII decía: «Estoy seguro que un día de estos, en las clases de Teología, os hablarán del amor. Pero yo, en las mías de Metafísica, os hablaré antes del ser. Porque poco podría yo amar si no tuviera a nadie a quien amar» (Mañara, 1778: 4). Así que un agradecimiento genérico pero profundo: a los gitanos, porque sin ellos esta obra nunca hubiera visto la luz. Gracias a su obstinación y a su coherencia, pocos colectivos humanos han sido capaces de mantener una densidad tan honda de valores, en un mundo que invita precisamente a lo contrario.